Weimarer Schriften zur Republik

Herausgegeben von
Michael Dreyer und Axel Mössinger

Wissenschaftlicher Beirat:
Prof. Dr. Ursula Büttner, Prof. Dr. Alexander Gallus, Prof. Dr. Kathrin Groh,
Prof. Dr. Christoph Gusy, Prof. Dr. Marcus Llanque, Prof. Dr. Walter Mühlhausen,
Prof. Dr. Wolfram Pyta, Dr. Nadine Rossol, Prof. Dr. Martin Sabrow

Band 28

www.steiner-verlag.de/brand/Weimarer-Schriften

DIE SELBSTBEHAUPTUNG DER LIBERALEN DEMOKRATIE

Das Krisenjahr 1923

Herausgegeben von
Michael Borchard und Ewald Grothe

Franz Steiner Verlag

Gedruckt mit freundlicher Unterstützung der Friedrich Naumann Stiftung für die Freiheit und der Konrad-Adenauer-Stiftung.

Umschlagabbildung: Kinder mit einem aus wertlosem Inflationsgeld gebastelten Drachen auf dem Tempelhofer Feld in Berlin, um 1930. © Ullstein Bild

Bibliografische Information der Deutschen Nationalbibliothek:
Die Deutsche Nationalbibliothek verzeichnet diese Publikation in der Deutschen Nationalbibliografie; detaillierte bibliografische Daten sind im Internet über dnb.d-nb.de abrufbar.

Dieses Werk einschließlich aller seiner Teile ist urheberrechtlich geschützt.
Jede Verwertung außerhalb der engen Grenzen des Urheberrechtsgesetzes
ist unzulässig und strafbar.
© Franz Steiner Verlag GmbH 2025
Maybachstraße 8, 70469 Stuttgart
service@steiner-verlag.de
www.steiner-verlag.de
Layout und Herstellung durch den Verlag
Satz: primustype Hurler GmbH, Notzingen
Druck: Beltz Grafische Betriebe, Bad Langensalza
Gedruckt auf säurefreiem, alterungsbeständigem Papier.
Printed in Germany.
ISBN 978-3-515-13930-4 (Print)
ISBN 978-3-515-13931-1 (E-Book)
DOI 10.25162/9783515139311

Inhaltsverzeichnis

MICHAEL BORCHARD
„Möge 1923 besser werden ..."
Einführung 7

EWALD GROTHE
Die Kanzlerschaft Gustav Stresemanns im Krisenjahr 1923
Eine historische Einordnung 15

HORST MÖLLER
Außenpolitik, Versailler Vertrag und die internationalen Beziehungen 23

I. Die Ruhrkrise und ihre innenpolitischen Folgen

KARL-PETER ELLERBROCK
Die Ruhrbesetzung
Ursachen, Verlauf und Folgen 35

HOLGER LÖTTEL
„Los von Berlin"
Separatistische Bestrebungen im Rheinland und in der Pfalz 47

WALTER MÜHLHAUSEN
Regierungsbildung und Parteiensystem
*Aspekte der Stabilisierung und Destabilisierung unter den Kabinetten
Cuno und Stresemann* 63

II. Politische Kultur – Republikanismus und Antirepublikanismus

ECKHARD JESSE
Gefahren von links 81

VOLKER STALMANN
Gefahren von rechts
Der Hitler-Putsch im November 1923 97

DESIDERIUS MEIER
Liberale Konzeptionen demokratischer Ordnung
Der Weimarer Liberalismus vor den Herausforderungen des Krisenjahrs 1923 107

III. Transformationsprobleme der Wirtschaft

JOHANNES BÄHR
Als das Geld seinen Wert verlor
Die Große Inflation 121

HEIKE KNORTZ
Marktwirtschaft ohne Marktwirtschaftler
Zu den Ordnungsvorstellungen der Weimarer Wirtschaftseliten 137

WERNER PLUMPE
Ordnungsverlust
Das Scheitern der internationalen Arbeitsteilung nach dem Krieg 147

„Möge 1923 besser werden..."
Einführung

MICHAEL BORCHARD

Wie trügerisch die alte sprichwörtliche Beschwichtigungsformel ist, „gräme Dich nicht, denn es könnte schlimmer kommen...", das hat sich die Schwiegermutter des großen Thomas Mann, Hedwig Pringsheim, wohl kaum träumen lassen, als sie am Silvesterabend 1922 Stift und Tagebuch in die Hand nahm und schrieb: „Möge 1923 besser werden, als dies nach jeder Richtung schlimmste 1922. Amen!"[1] Sie grämte sich nicht und es kam leider schlimmer, viel schlimmer.

Andere Autoren haben damals und später versucht in Worte zu fassen, welchen Charakter dieses ebenso dramatische wie ereignisreiche Schlüsseljahr für sie hatte. Die Geschichte habe, so Stefan Zweig, „nie eine ähnliche Tollhauszeit in solchen riesigen Proportionen produziert".[2] Damals und bis heute überschlagen sich Autoren in der Wahl dramatischer Titel für dieses Krisen-, Katastrophen-, Schicksals- und Untergangsjahr, und überdies ist auffällig, ja fast eine Modeerscheinung, welche Fülle von Büchern und Betrachtungen dieses Jahr in den Blick nehmen.

Tatsächlich türmten sich schon zu Beginn des Jahres 1923 die Herausforderungen und Katastrophenmeldungen in einem Maß auf, das auch für den größten Pessimisten kaum vorstellbar war: Da ist schon in den ersten Tagen des Jahres die sich abzeichnende Hyperinflation. „Die Geldsache wird immer dunkler und unübersehbarer", schreibt Victor Klemperer am 11. Januar 1923[3]; da ist am gleichen Tag die Besetzung des Ruhrgebietes durch französische und belgische Soldaten; da sind gravierende Streiks im Rahmen des passiven Widerstandes, der nachwirken wird – der DVP-Politiker Karl Jarres spricht im September 1923 von der „klaffenden Wunde, mit der wir aus dem Abwehrkampf herausgehen" und die „tief schmerzlich" sein und brennen werde[4]; da sind Separatisten, vor allem im Rheinland, die mit der Unterstützung der französischen Besatzer versuchen, einen eigenen Staat zu etablieren; da ist das Jahr der Extremisten und im November der Hitler-Putsch, der, wie Volker Ullrich schreibt, „dilettantisch" ist[5] und ebenso scheitert wie der sogenannte Hamburger Aufstand der Kommunisten; da ist das Jahr, in dem so viele Menschen

---

1 Herbst (2017): Hedwig Pringsheim, S. 335.
2 Zweig (o. J.): Die Welt von gestern, S. 346 f.
3 Zitiert nach: Käfer (2023): Historischer Rückblick.
4 In: Erdmann/Vogt (1978): Die Kabinette Stresemann I u. II, Dokumente Nr. 115 bis 282, S. 926.
5 Ullrich (2022): Deutschland 1923, S. 215.

in bittere Armut und Arbeitslosigkeit absinken wie selten zuvor; da ist die anhaltende politische Gewalt.

Wenn man sich dieses dystopische Szenario, diese Weltuntergangsstimmung ansieht, dann stellt sich schon die Frage, warum es so sinnvoll ist, sich 100 Jahre später mit diesem ereignisreichen Jahr so eingehend auseinanderzusetzen. Gilt es gar in den unruhigen Tagen nach der Zeitenwende einen überdeutlichen pessimistischen Fingerzeig auf angebliche Parallelitäten mit den gegenwärtigen Entwicklungen zu richten: Müssen wir aus dieser historischen Brille auf Polarisierungen in Politik und Gesellschaft, auf einen gewissen Prozentsatz von Menschen schauen, der auch heute das Vertrauen in die Demokratie verloren hat, auf eine Abfolge von Krisen in den letzten Jahren, die die öffentlichen Kassen und die gesellschaftliche Geduld strapazieren? Spielen wir damit gar das Spiel jener Polarisierer und Extremisten, die den baldigen und unabwendbaren Untergang unserer gegenwärtigen und bewährten demokratischen Strukturen vorhersagen. Oder treibt uns im Kontrast dazu gar der tausendste Versuch, deutlich zu machen, dass zunächst Bonn und dann Berlin nicht Weimar sind, obwohl die Bundesrepublik längst als krisenfestes Staatswesen gilt, das einen solchen Vergleich eigentlich gar nicht mehr notwendig macht? Wenn es stimmt, was der Zeithistoriker Ulrich Herbert im Blick auf die Weimarer Zeit sagt, nämlich, dass Historiker schlechte Zukunftsdeuter seien,[6] warum geschieht dann diese auffällige Auseinandersetzung mit diesem Jahr?

Historiker mögen schlechte Zukunftsdeuter sein, die Deutung der kommenden Ereignisse ist im Übrigen ja auch gar nicht ihr wissenschaftlicher Anspruch, aber sie sind gewiss gute Interpreten der Vergangenheit, weil sie dazu fähig sind, das gilt wenigstens für die kompetenten Vertreter dieser Zunft, Verknüpfungen herzustellen, Kontexte aufzuzeigen. Der Hype um die Parallelitäten von 1923 und 2023, die Bereitschaft, in 1923 allzu simpel jenes Jahr zu sehen, von dem aus sich eine ganz direkte Brücke in das Jahr 1933 bauen lässt, vor allem aber der Versuch, das Schicksalsjahr 1923 allzu singulär als dunklen einzelnen Stein zu betrachten, der eben nicht in eine Fassung von Ereignissen eingegossen ist, alles das macht es doch sinnvoll, differenzierter hinzuschauen. Dann blitzt hinter dem dystopischen Weltuntergangsszenario schnell auch hervor, dass der Eindruck der Zwangsläufigkeit von historischen Ereignissen aus der Rückschau eben täuscht und das Jahr 1923 nicht nur ein Krisen-, sondern auch ein Aufbruchsjahr war. Nicht ganz zu Unrecht schreibt der Historiker Robert Gerwarth, die Weimarer Republik hätte bis zum Ende des Jahres 1923 „ungleich dramatischere Herausforderungen überstanden als sie die Bundesrepublik nach 1949 bewältigen musste."[7] In der Tat kündet das Jahr 1923 mehr von der „Selbst-

---

6 Zitiert nach: Aubreville (2022): Krise als Häppchen.
7 Gerwarth (2023): Wie sich die Weimarer Republik behauptete.

behauptung der liberalen Demokratie", so der Titel dieses Bandes und der ihr zugrunde liegenden Tagung, als von ihrem Untergang.

Am Ende des Schicksalsjahres waren die Extremisten, die der Republik nach dem Leben getrachtet hatten, wenigstens vorübergehend marginalisiert. Die Separatismusbestrebungen waren zurückgedrängt und das Reich als nationaler Einheitsstaat war bewahrt worden. Die Inflation, die das Land so erschüttert hatte, konnte beendet werden.

Die Frage, die aus heutiger Sicht entscheidend bleibt, ist, ob die nach 1923 rasch zurückgewonnene Stabilität nur eine Illusion war und alles Vertrauen dahin war, wie etwa Peter Longerich vermutet[8], oder ob, wie die Reichstagswahlen von 1928, die eine klare Mehrheit für das prorepublikanische Lager erbrachten, eben doch zeigen, dass die Katastrophe 1933 nicht vorgezeichnet war.

Wir freuen uns außerordentlich, dass es uns gelungen ist, so viele hervorragende Wissenschaftler für unser Experiment eines differenzierten Blickes zu gewinnen – zunächst für die gemeinsame Tagung der Friedrich-Naumann-Stiftung für die Freiheit und der Konrad-Adenauer-Stiftung im Jahr 2023 und nun auch für dieses Buch, das wesentliche Beiträge dieser Tagung mit teils neuen Erkenntnissen aus den unterschiedlichsten Perspektiven zusammenfasst.

Weil es unmöglich ist, den Verlauf und die Wirkung dieses Jahres zu verstehen, ohne mit dem Ersten Weltkrieg das Ereignis in den Blick zu nehmen, das als „Urkatastrophe" des 20. Jahrhunderts in die Geschichte eingegangen ist und weil bei nicht wenigen deutschen Historikern der Versailler Vertrag als die „kritische Masse" gesehen worden ist, die die fatale Kettenreaktion hin zum Nationalismus mit in Gang gesetzt habe, ist gerade bei diesem Thema ein differenzierter Blick auf die deutsche Außenpolitik, den Vertrag von Versailles und auf die internationalen Beziehungen dieser Zeit so besonders wichtig. Horst Möller geht als Autor eines der Standardwerke zur Weimarer Zeit[9] eingehend auf die Kernfrage ein, die Geschichtswissenschaftler umgetrieben hat: Sei der Vertrag zu hart gewesen, weil er mit seinen Lasten erst den Nährboden für die Nationalisten und Revisionisten geboten habe, oder eben zu weich, weil er Deutschland als Großmacht im Wesentlichen bestehen ließ? Dass der Vertrag, der nicht nur bei deutschnationalen und extremistischen Kräften, sondern auch bei den Liberalen und den Sozialdemokraten als „Diktat" empfunden worden ist, einen wesentlichen Anteil an der Instabilität des Jahres 1923, aber eben nicht nur dieses Jahres hatte, scheint heute unstreitig. Die damalige Auseinandersetzung über den Vertrag jedenfalls hat nahezu alle Stürze der Regierungen zwischen 1919 und 1930 mit beeinflusst. Die Debatte über den Vertrag erhält freilich mit der Ruhrkrise 1923 noch einmal eine ganz neue Brisanz. Die Vereinbarung zur Räumung des Ruhr-

---

8 Zitiert nach: Gallus (2023): Das Weimarer Doppelgesicht; siehe auch Longerich (2022): Außer Kontrolle.
9 Möller (1994): Weimar. Die unvollendete Demokratie; ders. (2018): Die Weimarer Republik.

gebietes und die Vereitelung von separatistischen Bewegungen sind nur zwei der Verdienste, die sich Gustav Stresemann in der kurzen Zeit seiner Kanzlerschaft als Krisenmanager erworben hat. Horst Möller sieht ihn als den wesentlichen Stabilisator des Jahres 1923 und auch der Weimarer Demokratie.

Ewald Grothe ordnet Stresemanns – gegenüber den Erfolgen als Außenminister zu Unrecht bisweilen vergessene – Rolle in diesem Jahr in seinem Beitrag dementsprechend positiv ein. Er verweist zugleich auf die unterschiedliche Sicht der Zeitgenossen, die eher aus der Unmittelbarkeit heraus die Probleme betonten, die das Kabinett Stresemann hinterlassen hatte und der Historiker, die herausgestellt haben, dass in dieser kurzen Zeit wesentliche Weichen für eine vorübergehende Gesundung „Weimars" gestellt worden sind. Diese Erfolge, darunter die Entschärfung der Ruhrkrise, die erfolgreiche Bekämpfung der Inflation und die Abwehr radikaler Kräfte in Bayern und Sachsen, seien, so Grothe, ein „Jahrhundertvermächtnis" des Kanzlers gewesen.

Das erste Kapitel dieses Buches trägt der Tatsache Rechnung, dass die Ruhrkrise nicht nur oft missinterpretiert worden ist, sondern heute anders als die Inflation beim Blick auf 1923 auch weitgehend aus dem allgemeinen Bewusstsein verschwunden ist. Karl-Peter Ellerbrock vom Westfälischen Wirtschaftsarchiv weist in seinem Beitrag nach, dass die Reparationsleistungen und der Einmarsch französischer und belgischer Truppen im Ruhrgebiet und die damit verbundenen Krisensymptome Ausdruck einer mehrfach gebrochenen historischen Identität seien, die das Ruhrgebiet bis heute prägen.

Holger Löttel von der Stiftung Bundeskanzler-Adenauer-Haus beschäftigt sich mit den separatistischen Bestrebungen im Rheinland und der Pfalz mit jenem Thema, das bei allen propagandistischen Angriffen auf Konrad Adenauer – vornehmlich aus der DDR – als „schlagender Beweis" für die angebliche politische Unzuverlässigkeit des rheinischen Politikers herhalten musste. Holger Löttel schildert die politischen Strategien Adenauers als Krisenmanagement des Kommunalpolitikers, betont aber zugleich, dass der „Legalist" Adenauer jede Aktion als von der Zustimmung der preußischen Regierung und der Reichsregierung abhängig ansah und sich keinesfalls über deren Beschlüsse hinweggesetzt hätte.

Walter Mühlhausen von der TU Darmstadt wiederum nimmt die innenpolitischen Folgen der beiden Ereignisse, vor allem aber das Wirken der insgesamt vier Regierungen des Jahres 1923 und insbesondere der Kabinette Cuno und Stresemann in den Blick. Dabei beschreibt er nicht nur die Beziehung der Machtzentren Reichspräsident, Regierung, Reichstag und Parlamentsfraktionen und die Verlagerung von Kräften in diesem Geflecht, sondern auch, dass ein Krisenmanagement, das zeitweilig auch verfassungsrechtlich nicht vorgesehene Wege gegangen sei, letztlich mit verhindert habe, dass das Reich in den Abgrund gestürzt sei. Der Demokrat Stresemann schreibt in einem Brief an den Industriellen Hugo Stinnes 1923: „Wir kämpfen jetzt um die nackte Existenz des deutschen Volkes und müssen diesem Gesichtspunkte alles andere unterordnen."¹⁰

Der Blick wäre unvollständig, wenn wir nicht auch in diesem Buch die politische Kultur und die Gefahren von rechts und links außen, den massiven Grad der politischen Polarisierung in diesem Jahr unter die Lupe nehmen würden. Im Grunde tobt bis heute, salopp formuliert, die publizistische Schlacht, welche Seite nun gravierendere Schäden angerichtet habe und folglich stärker zur Sprache kommen müsse. Über die Gefahren von links berichtet Eckhard Jesse, der es als gleichermaßen verstörend wie auch verständlich betrachtet, dass die linksextremen Attacken gegen die Weimarer Republik in der Öffentlichkeit wie auch in der Wissenschaft bis heute eher marginal wahrgenommen werden. Wer antidemokratisches Denken und den Hang zur Gewalt auf der einen Seite erwähne, bagatellisiere nicht automatisch die zerstörerische Potenz und die Militanz der rechten extremistischen Seite.

Den Ruf nach einem nationalen Messias auf der rechten Seite spricht Volker Stalmann von der Kommission für die Geschichte des Parlamentarismus und der politischen Parteien an, der in seinem Beitrag zugleich deutlich macht, dass der gescheiterte Hitler-Putsch zwar ein lokales Ereignis von begrenzter Wirkung gewesen sei, das aber schon damals zugleich brisante Verbindungslinien zwischen den Rechtsextremen und dem rechtskonservativen Establishment aufzeige, die dann eben doch sehr deutlich von Bayern nach Berlin reichten.

Die Prorepublikaner bei der liberalen Bewegung lässt Desiderius Meier von der Universität Passau gleichsam als Antithese in den Vorschein treten, nicht ohne auch auf die Ambivalenzen zu verweisen, die noch aus dem Kaiserreich herrühren. Zugleich widerspricht er aber der These, dass die Krise des Liberalismus zwangsläufig auf das Jahr 1933 als negativen Zielpunkt hinausläuft. Mit dem Eindruck, dass der gesellschaftliche Rückhalt des Liberalismus durch eine schwere Krise liberaler Ordnungsmodelle erschüttert worden sei, schlägt Meier zugleich einen Bogen in das dritte Kapitel dieses Buches, das sich mit den Transformationsproblemen der Wirtschaft beschäftigt.

Dass die „Große Inflation" nicht aus heiterem Himmel als Blitz 1923 in die vermeintlich oder tatsächlich fragile Konstruktion der Weimarer Republik eingeschlagen hat, sondern schon mit dem Aussetzen der Golddeckung im Ersten Weltkrieg hatte, zeigt Johannes Bähr von der Universität Frankfurt, so wie er auch verdeutlicht, warum gerade in Deutschland die Inflation, die zum Beginn der Weimarer Zeit keinesfalls so dramatisch erschien, dann auch um das Jahr 1923 herum eine so gravierende Beschleunigung erfahren hat. Nicht zuletzt der Mord an Walther Rathenau sei als Zeichen der Schwäche der Weimarer Republik an den internationalen Finanz-

---

10 Vgl. Der Reichskanzler an Hugo Stinnes. 12. Oktober 1923, Bundesarchiv R 43 I/453, Bl. 23–25, Reinkonzept [Betrifft: Stellungnahme zu den Wünschen der Sechserkommission.]. In: Erdmann/Vogt (1978): Die Kabinette Stresemann I u. II., Nr. 131, S. 560–562, hier: S. 560.

märkten gedeutet worden und habe zu einer Flucht aus der Reichsmark zumindest beigetragen.

Heike Knortz von der Pädagogischen Hochschule Karlsruhe variiert den gängigen, aber umstrittenen Vorwurf, die Zeit von Weimar sei eine Demokratie ohne Demokraten gewesen und stellt die Frage, ob diese Periode eine Marktwirtschaft ohne Marktwirtschaftler gewesen sei. Tatsächlich verweist sie darauf, dass die Unternehmer in Deutschland nicht der reinen Lehre des klassischen Liberalismus gefolgt seien, der staatliche Interventionen in die Wirtschaft ablehnte, sondern in gewisser Weise an staatliche Interventionen gewöhnt waren und deshalb Eingriffe, die ihren Unternehmen Nutzen brachten, begrüßten. Noch fataler und krisenverschärfender sei hingegen der Hang gewesen, sich zu Kartellen zusammenzuschließen und Preisabreden zu treffen.

Werner Plumpe weitet diese Perspektive mit der Frage nach der weltwirtschaftlichen Arbeitsteilung nach dem Krieg und der Rolle Deutschlands im internationalen Wirtschaftsgefüge. Sei Deutschland vor dem Ersten Weltkrieg Profiteur der ersten großen Globalisierung gewesen, so sei es aus vielfältigen Gründen eben nicht gelungen, nach dem Krieg einen reibungslosen Handel und eine entsprechende Arbeitsteilung zu rekonstruieren. Ein wirtschaftliches Wiedererstarken Deutschlands war für viele Staaten ebenso unwillkommen wie in Deutschland bei einer offenen Weltwirtschaft die Angst vor neuen Abhängigkeiten von internationalen Zulieferungen herrschte, was auch zu einem hohen Niveau protektionistischen Handelns führte. Der Versuch, über den Völkerbund eine neue weltwirtschaftliche Ordnung zu etablieren scheiterte ebenso, wie die Wiederherstellung der Währungsordnung des Goldstandards als „Schmiermittel" für einen freien Welthandel wegen unterschiedlicher Interessen der Staaten misslang. Alle diese Konstellationen hätten letztlich anders als im Jahr 1923, als das abgewendet werden konnte, zum Scheitern der freien Weltwirtschaft 1931 beigetragen.

Am Silvesterabend 1923 sticht erneut ein Tagebucheintrag hervor, diesmal nicht von Hedwig Pringsheim, sondern vom britischen Botschafter in Deutschland, Lord D'Abernon: „Nun geht das Krisenjahr zu Ende. Die inneren und äußeren Gefahren waren so groß, dass sie Deutschlands ganze Zukunft bedrohten [...] Wenn man zurückblickt, sieht man klarer, wie nahe das Land am Abgrund stand." Damals gelang die Brücke über den Abgrund und die Verteidigung der liberalen Demokratie auch deshalb, weil es Männer an Schlüsselstellen gab, die entschlossen waren, die Demokratie mit allen Mitteln zu verteidigen. Das Zitat D'Abernons setzt sich fort: „Politische Führer in Deutschland sind nicht gewohnt, dass ihnen die Öffentlichkeit Lorbeeren spendet, und doch haben diejenigen, die das Land durch diese Gefahren hindurchgesteuert haben, mehr Anerkennung verdient, als ihnen zuteil werden wird."[11]

Das war knappe sechs Jahre später in der zweiten existentiellen Bedrohung der Republik in der Weltwirtschaftskrise 1929 bereits anders. Von hier zieht sich vielleicht etwas deutlicher der historische Bogen in das Jahr 1933 als das bereits für das Jahr 1923 zutreffend wäre.

Auch wenn man mit allzu vorschnellen Vergleichen, Gegenwartsbezügen und allen Brückenschlägen von Weimar zu den äußeren und inneren Bedrohungen der liberalen Demokratie im 21. Jahrhundert stets vorsichtig sein muss, so ist doch die These von Udo Di Fabio zur Belastbarkeit der Weimarer Verfassung interessant, der angesichts der Vielschichtigkeit von Problemen und Polarisierungen überzeugt ist, dass die Republik von Weimar auch mit dem Grundgesetz nicht „überlebt" hätte, unterlegt mit der ebenso umstrittenen wie nicht ganz widerlegbaren Erkenntnis, dass es am Ende die Demokraten waren, die für das Überleben der Weimarer Republik gefehlt haben.[12]

Das Zitat D'Abernons zur „Anerkennung", die politisch Verantwortliche verdienen, wenn sie dieser Verantwortung gerecht werden, verweist allerdings auf ein Problem der 1920er Jahre, auch und gerade des Jahres 1923, das uns leider auch aktuell zunehmend bekannt vorkommt: Die Verächtlichmachung politischer Funktions- und Entscheidungsträger und die Bereitschaft, diese Geringschätzung auch in Gewalt zum Ausdruck kommen zu lassen.

Jene Kräfte immer wieder neu zu stärken, die mit Augenmaß und Entschlossenheit für die Bewahrung der Demokratie eintreten und die belastbare Ordnungsmodelle und supranationale sowie Ansätze internationaler Zusammenarbeit zu fördern, das kann – deutlich mehr als der eher pessimistische Verweis auf die dystopischen Elemente des Jahres 1923 – eine wichtige Botschaft sein, die von dieser Publikation ausgeht und die die Aktualität dieses Buches ausmachen kann.

Quellen- und Literaturverzeichnis

Aubreville, Philip: Krise als Häppchen. In: Berliner Zeitung vom 30. Dezember 2022.
Bommarius, Christian: Im Rausch des Aufruhrs. Deutschland 1923, München 2022.
Di Fabio, Udo: Die Weimarer Verfassung. Aufbruch und Scheitern. Eine verfassungshistorische Analyse, München 2018.
Erdmann, Karl Dietrich/Vogt, Martin (Bearb.): Die Kabinette Stresemann I u. II. 13. August bis 6. Oktober 1923. 6. Oktober bis 30. November 1923. Bd. 2: 6. Oktober bis 30. November 1923. Boppard am Rhein 1978.

---

11 Zitiert nach: Spaenle (2013): Vergesst die Demokraten von 1914 und Weimar nicht!
12 Di Fabio (2018): Die Weimarer Verfassung.

Gallus, Alexander: Das Weimarer Doppelgesicht. Das Jahr 1923. In: Frankfurter Allgemeine Zeitung vom 3. Dezember 2023.
Gerwarth, Robert: Wie sich die Weimarer Republik behauptete. In: Süddeutsche Zeitung vom 02. Januar 2023.
Herbst, Christina (Hg.): Hedwig Pringsheim: Tagebücher, Bd. 6: 1917–1922. Göttingen 2017.
Käfer, Armin: Historischer Rückblick. 1923 – Ein Jahr wie im Tollhaus. In: Stuttgarter Zeitung vom 02. Januar 2023.
Leonhard, Jörn: Der überforderte Frieden. Versailles und die Welt 1918–1923, München 2019.
Longerich, Peter: Außer Kontrolle. Deutschland 1923, Wien 2022.
MacMillan, Margaret: Die Friedensmacher. Wie der Versailler Vertrag die Welt veränderte, Belrin 2015.
Möller, Horst: Weimar. Die unvollendete Demokratie (Deutsche Geschichte der Neuesten Zeit). 5. Aufl., München 1994.
Ders.: Europa zwischen den Weltkriegen, München 2013.
Ders.: Die Weimarer Republik. Demokratie in der Krise, München 2018.
Niess, Wolfgang: Der Hitlerputsch 1923, München 2023.
Reuth, Ralf Georg: 1923 – Kampf um die Republik, München 2023.
Spaenle, Ludwig: Vergesst die Demokraten von 1914 und Weimar nicht! In: Die Welt vom 17. Dezember 2013.
Teupe, Sebastian: Zeit des Geldes. Die deutsche Inflation zwischen 1914 und 1923, Frankfurt a. M. 2022.
Ders.: Die Weimarer Republik. Demokratie in der Krise, München 2023.
Ullrich, Volker: Deutschland 1923. Das Jahr am Abgrund, München 2022.
Zweig, Stefan: Die Welt von gestern. Erinnerungen eines Europäers, Stuttgart/Hamburg o. J.

Zur Person: Borchard, Michael, Dr. phil., Leiter der Hauptabteilung Wissenschaftliche Dienste/Archiv für Christlich-Demokratischen Politik der Konrad-Adenauer-Stiftung.

Die Kanzlerschaft Gustav Stresemanns im Krisenjahr 1923
Eine historische Einordnung*

EWALD GROTHE

1   Ein Liberaler als Reichskanzler

Im Krisenjahr 1923 war Reichskanzler Gustav Stresemann ohne Zweifel einer der wichtigsten politischen Entscheidungsträger in der Weimarer Republik. Denn gerade im Vergleich zu seinem länger amtierenden Amtsvorgänger Wilhelm Cuno, dem es nicht gelang, die vorgefundenen oder entstehenden Krisen zu lösen, agierte Stresemann deutlich erfolgreicher. Selbst wenn am Ende seiner Kanzlerschaft keineswegs alle Probleme vom Tisch waren, so hatte er zumindest einige Aufgaben bewältigt und bei anderen den richtigen Weg eingeschlagen.

Stresemann genießt überdies in der Geschichte des Liberalismus eine Ausnahmestellung: Denn abgesehen von den zehn Tagen der stellvertretenden Kanzlerschaft Walter Scheels nach dem Rücktritt von Willy Brandt im Jahr 1974 und einem (noch unbekannteren) sechstägigen Intermezzo des DDP-Reichswehrministers Otto Geßler nach dem Rücktritt von Reichskanzler Hans Luther im Mai 1926 hat es bis heute außer Gustav Stresemann (DVP) keinen anderen, schon gar keinen parlamentarisch gewählten Kanzler aus den Reihen einer liberalen Partei gegeben – weder in Weimar, noch in der Bundesrepublik, natürlich erst recht nicht im Kaiserreich.

Wenn man von einem politischen „Vermächtnis" Stresemanns spricht, würde man sowohl in der breiten Öffentlichkeit als auch in der wissenschaftlichen Forschung weniger an den Reichskanzler des Jahres 1923, sondern eher an den Außenminister der nachfolgenden Jahre denken.[1] Denn schließlich wurde sein erfolgreiches Wirken 1926 mit dem Friedensnobelpreis ausgezeichnet. Sein Ansehen beruht vor allem auf seiner auf Versöhnung und Verständigung ausgerichteten Außenpolitik.

---

* Das Referat als Grundlage dieses Beitrags wurde nicht auf der Tagung zum „Krisenjahr 1923" gehalten, die diesem Band zugrunde liegt. Es handelt sich vielmehr um einen Vortrag anlässlich einer Veranstaltung der Friedrich-Naumann-Stiftung für die Freiheit in Kooperation mit dem Gustav-Stresemann-Institut (Bonn), die am 29.8.2023 in Berlin stattfand.
1 Die maßgeblichen neueren Biographien: Baechler (2023): Gustave Stresemann; Baechler (1996): Gustave Stresemann; Berg (1992): Gustav Stresemann; Birkelund (2003): Gustav Stresemann; Kolb (2003): Gustav Stresemann; Koszyk (1989): Gustav Stresemann; Pohl (2015): Gustav Stresemann; Wright (2006): Gustav Stresemann.

Stresemanns Kanzlerschaft ist in der Wahrnehmung der breiten Öffentlichkeit dagegen so gut wie vergessen oder mindestens in den Schatten der Außenministerzeit geraten. Dabei begann diese zeitgleich mit seiner Reichskanzlerschaft. Denn der liberale Parteivorsitzende behielt sich vor, als er am 13. August 1923 von Reichspräsident Friedrich Ebert zum Reichskanzler ernannt wurde, das Außenministerium in Doppelfunktion mit dem Kanzlerposten selbst zu besetzen. Und als er im November nach nur etwas mehr als 100 Tagen das Reichskanzleramt aufgeben musste, nahm er in allen nachfolgenden Reichsregierungen bis zu seinem Tod im Oktober 1929 den Außenministerposten ein.

Doch was weiß man überhaupt von Stresemanns kurzer Kanzlerzeit? Erstaunlich wenig. Präsent sind eher die gravierenden Probleme dieses Krisenjahres als das letztlich erfolgreiche Wirken des damaligen Kanzlers: Hyperinflation, Ruhrkampf, Separatistenbewegung, Reichsexekution und Hitlerputsch lauten die Stichworte. Aber welcher der zahlreichen Reichskanzler der Weimarer Republik diese Herausforderungen in nur etwa drei Monaten zu bewältigen hatte, dieser personelle Aspekt der Geschichte findet erstaunlich häufig keine oder nur wenig Berücksichtigung.

So stellen sich also mindestens zwei Fragen, wenn wir die 100 Tage der Kanzlerschaft Stresemanns 1923 historisch einordnen möchten: Welcher Anteil kommt Gustav Stresemann bei der Bewältigung der existentiellen Bedrohung der Republik im Krisenjahr 1923 zu? Und wie erklärt es sich, dass die Reichskanzlerschaft Stresemanns vergleichsweise wenig wahrgenommen wird?

2 Die Herausforderungen des Jahres 1923

Aus dem Blick der Historiker ist das Jahr 1923 ohne Zweifel das Krisenjahr der Weimarer Republik schlechthin.[2] Denn in keinem Jahr war die Republik in so kurzer Zeit mit so unterschiedlichen Problemlagen konfrontiert wie in diesem. Dieses Krisenjahr hob sich aber im Vergleich zu ähnlich schwierigen Jahren wie 1919 oder 1920 dadurch ab, dass ihm eine vergleichsweise lange Ruhephase folgte. Die Jahre zwischen 1924 und 1929 gelten als eine Zeit, in welcher der Republik eine Atempause vergönnt war. Damals entstand der Ruf der Goldenen Zwanziger Jahre, der sich vor allem auf das Kultur- und Gesellschaftsleben sowie die wirtschaftliche Stabilisierung bezog. Es waren die Jahre, die auch als „Ära Stresemann" bezeichnet werden, weil der Außenminister ein Stabilitätsanker war und für manche unter den Kanzlern Wilhelm Marx, Hans Luther und Hermann Müller, die zwischen eineinhalb und zwei Jahren amtierten, sogar als der heimliche Reichskanzler galt. Und tatsächlich waren die politischen

---

2 Dazu die neuen Bände: Bommarius (2022): Im Rausch des Aufruhrs; Ullrich (2022): Deutschland 1923; Jones (2022): 1923; Reichel (2022): Rettung der Republik?

Ereignisse und wirtschaftlichen Entscheidungen des Jahres 1923 auch mitverantwortlich für diese Ruhezeit, eine Phase der relativen Stabilität, sechs Jahre, die – wie es Heinrich August Winkler einmal formuliert hat – den „Schein der Normalität" erweckten.³

In jedem Fall hatte sich die Vorgeschichte des Augusts 1923 so dramatisch zugespitzt wie selten zuvor in den viereinhalb Jahren seit der Revolution und der Gründung der Republik 1918/19. Nun schien es keinen anderen Ausweg mehr zu geben, als zum ersten Mal in den Jahren Weimars eine sogenannte Große Koalition zu bilden, die neben den Parteien der Weimarer Koalition SPD, Zentrum und DDP zusätzlich noch die DVP mit in die Regierung aufnahm. Zum zweiten Mal waren nun vier Parteien in einer Koalition vertreten; nach rund einem halben Jahr Abstinenz kehrte aber die SPD als größte Reichstagsfraktion erneut in die Regierung zurück. Der österreichische Botschafter in Berlin Richard Riedl stellte fest: „Die Regierung der Großen Koalition ist die letzte Regierung, die Deutschland im Rahmen der Weimarer Republik aufzubringen vermag. Niemals hat eine Regierung ihr Amt in einem schwierigeren Augenblick übernommen als dem gegenwärtigen."⁴

Stresemann hatte seit 1920 auf eine solche politische Konstellation gehofft und mit allen ihm zur Verfügung stehenden Mitteln auf sie hingearbeitet. Dabei hatte er nicht nur auf Gespräche mit allen beteiligten Parteien, den späteren Koalitionspartnern, gesetzt. Vielmehr hatten die diversen Krisenlagen Weimars auch bei ihm selbst einen politischen Meinungswandel in Gang gesetzt, der den früheren nationalliberalen Annexionsbefürworter und Monarchisten allmählich zum Anhänger der Weimarer Republik werden ließ.

Trotz aller Spekulationen, er sei der richtige Kandidat für die Reichskanzlerschaft, hatte sich Stresemann selbst zu Beginn des Jahres 1923 noch loyal gegenüber dem Vorgängerkabinett von Wilhelm Cuno verhalten. Er billigte nicht nur den passiven Widerstand gegen die seit Januar laufende französische Ruhrbesetzung, sondern unterstützte die Regierung auch durch mehrere Reden im Reichstag. Am 29. April 1923 schrieb er an seine Frau: „In der Politik ist hohe Spannung. Ein Wechsel in der Regierung kommt nicht in Frage, ich habe mich auch von der Gruppe zurückgezogen, die mich mit Gewalt zum Kanzler machen wollte [...].⁵ Meine Zeit kommt noch. Wenn ich Kanzler sein soll, so muß man mich rufen, aber nicht den Eindruck haben, als wenn ich mich danach dränge."⁶ Einen Monat später meinte er, Cunos „Erbschaft zu übernehmen, ist beinahe politischer Selbstmord. Dabei ist kein anderer Kandidat als ich."⁷ Im Juni schließlich schrieb er: „Ich kann mich auch nicht drü-

---

3 Winkler (1985): Der Schein der Normalität.
4 Zitiert nach Niess (2023): Hitlerputsch 1923, S. 103.
5 Zitiert nach Kolb (2003): Gustav Stresemann, S. 76.
6 Stresemann (1979): Mein Vater, S. 224.
7 Ebd.

cken, wenn es auf mich ankommt. Dabei bin ich mir sehr zweifelhaft darüber, ob ich die Hoffnungen erfüllen kann, die man in mich setzt, dazu ist die Situation zu verfahren, die Macht des Kanzlers zu gering und Erfahrung in internationalen Verhandlungen muß ich mir doch auch erst erwerben. Ich setze mein ganzes politisches Ansehen, das ich mir seit 20 Jahren erworben habe, und vielleicht mein Leben ein".[8]

In den Augusttagen des Jahres 1923 ergab sich dann plötzlich die Situation, dass kein Weg mehr an Stresemann vorbeiführte: Cuno trat nach einem Misstrauensvotum zurück, die SPD drängte auf eine Große Koalition, der auch größere Teile der eigenen Partei, der DVP, zustimmten. Selbst Friedrich Ebert, der lange Zeit Stresemann skeptisch gegenübergestanden hatte, sah schließlich diese Ernennung als realistischen Ausweg aus einer Sackgasse an. Die Regierungsbildung vollzog sich dann innerhalb von nur einem Tag. Vier Minister stellte die SPD, drei das Zentrum, zwei die DDP und die DVP, schließlich behielt der parteilose Hans Luther sein Ministerium. Und im Reichstag entfielen 239 von 342 abgegebenen Stimmen auf die neue Koalition. Bedenklich war allerdings, dass zahlreiche Abgeordnete der SPD (fast die Hälfte) und 19 der DVP (fast ein Drittel) nicht mitstimmten.[9] Stresemann, der mit der Reichskanzlerschaft den Fraktionsvorsitz aufgegeben hatte, konnte also noch nicht einmal auf die uneingeschränkte Loyalität der eigenen Fraktion setzen. Das zeugt schon von der Fragilität dieser Regierungskonstellation. Tatsächlich hielt die erste Koalition bis zum 3. Oktober, die zweite bis zum 23. November 1923.

Wie ging Stresemann mit den Krisenherden um? Das drängendste Problem war die Finanzkrise und damit zusammenhängend die Frage der Fortsetzung des Ruhrkampfs, der den Staat Milliarden Reichsmark kostete. Der verordnete Streik der Eisenbahner und Zechenarbeiter musste durch gigantische Summen finanziert werden, die längst nicht mehr gedeckt waren. Aber ohne Einnahmen durch Kohle und Stahl sowie ohne Exporte war eine Stabilisierung der Währung nicht zu leisten, und ohne die erfolgreiche Bekämpfung der Inflation gab es keine Regelung der Reparationen und keinen Ausgleich mit Frankreich. Stresemann bahnte nunmehr direkte Verhandlungen mit Frankreich über die Ruhrfrage an, die zunächst auf Ablehnung stießen. Dann beschloss das Kabinett am 24. September auf seinen Vorschlag hin den Abbruch des Ruhrkampfs.

Die Währungssanierung selbst, die Stresemann anstieß, überließ er weitestgehend den Finanzexperten Hans Luther und Hjalmar Schacht. Der Kanzler brachte mit seinem Kabinett ein Ermächtigungsgesetz ein, mit dem am 15. Oktober die Währungsreform beschlossen wurde. Als in dieser Situation mehrere Schwerindustrielle an der Ruhr unter Führung des einflussreichen Industriellen Hugo Stinnes eigenmächtig Verhandlungen mit den Franzosen anbahnten, griff Stresemann – trotz erheblicher gesundheitlicher Probleme – persönlich ein und verhinderte den Plan

---

8 Ebd.
9 Birkelund (2003): Gustav Stresemann, S. 291 f.

einer eigenständigen Rhein-Ruhr-Währung. Zum 15. November wurde die Rentenmark eingeführt: Mit dem Kurs von einer Rentenmark zu einer Billion Papiermark war die grassierende Inflation erst einmal gestoppt. Zuletzt hatte ein Kilo Brot über 230 Milliarden Mark gekostet.

Die Räumung des Ruhrgebiets nach Ende des passiven Widerstands wurde von Stresemann vereinbart, aber bis zum endgültigen Abzug der französischen Besatzungstruppen sollte noch über ein Jahr vergehen. Dass zwischendurch auch noch die von Separatisten geplante Gründung eines eigenen Rheinstaates eine reale Gefahr war, kann hier nur am Rande erwähnt werden. Sie zeigt aber, bis an welche Grenze die Zerfallserscheinungen an Rhein und Ruhr das Reich gebracht hatten. Stresemann gelang es, auch diese Pläne zu vereiteln, und damit die von innen und außen bedrohte Reichseinheit zu wahren. Ausgelöst durch die Beendigung des passiven Widerstands an der Ruhr kam es am 1. Oktober 1923 zum Putschversuch von 400 rechtsextremistischen Angehörigen der sogenannten Schwarzen Reichswehr in Küstrin an der Oder. Vom Reichswehrminister Geßler mit Zustimmung des Kanzlers mobilisierte Reichswehreinheiten machten dem Aufstand aber schnell ein Ende.

Fast zeitgleich und parallel mit der Ruhr- und Finanzkrise zeigten sich weitere Bedrohungen der Weimarer Republik, die ein persönliches Eingreifen des Kanzlers erforderlich machten. Zum einen war dies die Beteiligung von Kommunisten an den Regierungen in Sachsen und Thüringen. Stresemann forderte ultimativ den Rücktritt der sächsischen Regierung unter Erich Zeigner, und als diese sich weigerte, ließ er die Reichswehr in Dresden einmarschieren. Diese setzte die Regierung ab, und Stresemanns Parteikollege Rudolf Heinze übernahm als Reichskommissar vorübergehend die Regierung an der Elbe. In Thüringen verließen die Kommunisten am 12. November das Kabinett.

Zum anderen verstärkten sich rechtsextremistische Tendenzen in Bayern, die es seit dem Ende der Münchener Räterepublik permanent gegeben hatte. Hierbei überlagerten sich die Interessen der bayerischen Regierung, ihres Generalstaatskommissars Gustav von Kahr und der Reichswehrführung. Der Kommandeur der bayerischen Reichswehrdivision General Otto von Lossow plante, dem italienischen Beispiel Benito Mussolinis folgend, den Marsch auf Berlin und die Ausrufung der nationalen Diktatur. Da die Reichswehr unter General Hans von Seeckt mit einem Eingreifen zögerte, waren auch Stresemann die Hände gebunden. Zugleich ließ Reichspräsident Friedrich Ebert nach einem anderen Kandidaten für den Kanzlerposten sondieren. Und auch in der DVP-Fraktion wurde der Druck, die DNVP in die Regierung zu holen, stärker. „Ich bin das Hundeleben satt", soll Stresemann diese Situation in der Fraktionssitzung kommentiert haben.[10] Am 9. November löste sich die Situation vor Ort ohne konkretes Ein-

---

10 Fraktionssitzung der Deutschen Volkspartei (DVP), 5.11.1923. Stresemann (1932): Vermächtnis, Bd. 1, S. 196.

greifen des Kanzlers. Denn die bayerische Regierung schlug den Hitler-Ludendorff-Putsch nieder und beendete damit vorläufig den rechtsextremen Spuk.

Dennoch scheiterte Stresemanns Kanzlerschaft, konkret die zweite von ihm gebildete Koalitionsregierung, schließlich an den Vorfällen in Dresden und München. Denn die SPD-Reichstagsfraktion warf ihm die Ungleichbehandlung der beiden Fälle rechts- und linksextremistischer Bedrohungslagen vor. Das angestrebte Misstrauensvotum und die schließlich abgelehnte Vertrauensfrage führten zum Rücktritt der Regierung Stresemann nach 103 Tagen am 23. November 1923. Stresemann hatte in seiner letzten Rede als Kanzler noch versucht, zur Einigkeit aufzurufen: „Nicht Restauration und nicht Gegenrevolution, sondern Evolution und Zusammenführung, das müssen die Grundgedanken der großen Richtlinien der Politik sein."[11] Es sei, so Stresemann in martialischer Diktion gegenüber der ausländischen Presse, „das erstemal in der Geschichte der deutschen Republik, daß eine Regierung in offener Feldschlacht" gefallen sei.[12]

Die Frankfurter Zeitung kommentierte am Tag darauf, das Kabinett Stresemann hinterlasse einen „Haufen Scherben".[13] Auch der britische Botschafter Lord d'Abernon sah es ähnlich: „Fast alle Fragen, vor die sich Stresemann gestellt sah und an denen er zum Schluß scheiterte, sind ganz oder zum Teil ungelöst geblieben [...]. Ich sehe keinen Lichtschimmer am Horizont."[14] Stresemann selbst beurteilte es völlig anders: Beim Rücktritt des Kabinetts „war die Rentenmark geschaffen, Mitteldeutschland in Ruhe, der bayerische Aufstand zusammengebrochen, die Rheinlandfrage [...] zur Ruhe gebracht durch die beginnende innere Gesundung, die Außenpolitik für künftige Entwicklung freigemacht durch eine Politik, die den Mut fand, den Ruhrkampf zu beenden."[15]

Diesem Urteil des scheidenden Kanzlers hat sich die überwältigende Zahl der Historiker angeschlossen. Und es spricht viel dafür, dies so zu beurteilen. Theodor Eschenburg, der vor Stresemanns Tod dessen Mitarbeiter war, zog 1963 und erneut 1978 folgende Bilanz: „Die akute Lebensgefahr, in der [das Reich] zwei Monate lang geschwebt hatte, war gebannt. Nur ganz wenige sichtbare Erfolge hat Stresemann in dieser Zeit aufzuweisen", aber er „hat in diesen drei Monaten die entscheidenden Voraussetzungen für künftige Erfolge geschaffen". „Hätte Stresemanns politisches Wirken nach seiner Entlassung aus irgendeinem Grund ein Ende gefunden, allein seiner Leistung in den hundert Tagen seiner Kanzlerschaft wegen wäre er eine der bedeutendsten Erscheinungen der Weimarer Zeit."[16]

---

11 https://neuestegeschichte.uni-mainz.de/files/2018/07/Stresemann-Reden_1923.pdf (26.11.2024), S. 268.
12 Stresemann (1932): Vermächtnis, Bd. 1, S. 245.
13 Koszyk (1989): Gustav Stresemann, S. 266.
14 Zitiert nach Kolb (2003): Gustav Stresemann, S. 93.
15 Stresemann (1932): Vermächtnis, Bd. 1, S. 87.
16 Eschenburg/Frank-Planitz (1978): Gustav Stresemann, S. 83.

3 Die Bilanz nach 100 Tagen Kanzlerschaft

Was bleibt also von Stresemanns rund 100-tägiger Reichskanzlerschaft bis heute haften, was hat Bedeutung über die (damalige) Zeit hinaus? Als es Mitte 1923 darum ging, dass der Kanzler angesichts multipler Krisenphänomene handeln musste, war Stresemann zur Stelle, überwand politische Blockaden und traf wegweisende Entscheidungen. Er beendete die Sackgasse des Ruhrkampfs, der politisch risikoreich und ökonomisch gefährlich war, er ließ sich in den Finanzfragen zum Aufhalten der Hyperinflation von Experten beraten und folgte deren Hinweisen. Entschieden trat er gegen die Bedrohungen der liberalen Demokratie Weimars von rechts und links ein. Er zeigte sich als Reichskanzler – anders als viele Vorgänger und Nachfolger – nicht als zaudernd, sondern als handlungsbereit und -fähig. In den Krisensituationen des Jahres 1923 als hauptverantwortlicher Politiker innerhalb weniger Monate pragmatisch entschieden und konsequent gehandelt zu haben, ergibt eine beeindruckende und zugleich erfolgreiche politische Bilanz. Die liberale Demokratie Weimars im Jahr 1923 von drei akuten Bedrohungen gerettet und politisch stabilisiert zu haben, das ist ein Vermächtnis Stresemanns, das auch gegenüber seiner nachfolgenden erfolgreichen Außenpolitik historisch bestehen kann und entsprechend anerkannt und gewürdigt werden sollte.

Was nachlebende Historiker einem Politiker als Verdienste und Erfolge zurechnen, wurde von den Zeitgenossen oftmals in einem anderen Licht gesehen und beurteilt. Nicht anders verhielt es sich im Jahr 1923, in dem der erzwungene Rücktritt des Kanzlers durchaus unterschiedliche politische Reaktionen auslöste. Als Gustav Stresemann am 22. November 1923 sein Kanzleramt aufgeben musste, stellte Reichspräsident Friedrich Ebert gegenüber seinen Parteifreunden resignativ, nachdenklich, aber gegenüber dem scheidenden Kanzler wohlwollend und zugleich weitsichtig fest: „Was Euch veranlaßt, den Kanzler zu stürzen, ist in sechs Wochen vergessen, aber die Folgen Eurer Dummheit werdet Ihr noch zehn Jahre lang spüren."[17]

4 Quellen- und Literaturverzeichnis

Baechler, Christian: Gustav Stresemann (1878–1929). Le dernier espoir face au nazisme, Paris 2023.
Baechler, Christian: Gustave Stresemann (1878–1929). De l'impérialisme à la sécurité collective, Straßburg 1996.
Berg, Manfred: Gustav Stresemann. Eine politische Karriere zwischen Reich und Republik, Göttingen u. a. 1992.

---

17 Stresemann (1932): Vermächtnis, Bd. 1, S. 245.

Birkelund, John P.: Gustav Stresemann. Patriot und Staatsmann. Eine Biographie, Hamburg 2003.
Bommarius, Christian: Im Rausch des Aufruhrs. Deutschland 1923, München 2023.
Eschenburg, Theodor/Ulrich Frank-Planitz: Gustav Stresemann. Eine Bildbiographie, Stuttgart 1978.
Jones, Mark: 1923. Ein deutsches Trauma, Berlin 2022.
Kolb, Eberhard: Gustav Stresemann, München 2003.
Koszyk, Kurt: Gustav Stresemann. Der kaisertreue Demokrat. Eine Biographie, Köln 1989.
Niess, Wolfgang: Der Hitlerputsch 1923. Geschichte eines Hochverrats, München 2023.
Pohl, Karl Heinrich: Gustav Stresemann. Biografie eines Grenzgängers, Göttingen 2015.
Reichel, Peter: Rettung der Republik? Deutschland im Krisenjahr 1923, München 2022.
Stresemann, Gustav: Vermächtnis. Der Nachlass in drei Bänden. Hrsg. von Henry Bernhard, Berlin 1932.
Stresemann, Wolfgang: Mein Vater Gustav Stresemann, München 1979.
Ullrich, Volker: Deutschland 1923. Das Jahr am Abgrund, München 2022.
Winkler, Heinrich August: Der Schein der Normalität. Arbeiter und Arbeiterbewegung in der Weimarer Republik 1924–1930, Berlin/Bonn 1985.
Wright, Jonathan: Gustav Stresemann 1878–1929. Weimars größter Staatsmann, München 2006.

Zur Person: Grothe, Ewald, Prof. Dr. phil., Leiter des Archivs des Liberalismus der Friedrich-Naumann-Stiftung für die Freiheit, Gummersbach, außerplanmäßiger Professor für Neuere und Neueste Geschichte an der Bergischen Universität Wuppertal.

Außenpolitik, Versailler Vertrag und die internationalen Beziehungen

HORST MÖLLER

1 Der Versailler Vertrag und das Krisenjahr 1923

Alle Bedrohungen, die im Krisenjahr 1923 die Weimarer Demokratie in den Grundfesten erschütterten, wurzelten im Ersten Weltkrieg sowie den unmittelbaren Folgen. Eine besondere Belastung bildeten die internationalen Beziehungen, was nach einem derart verheerenden und maßlose menschliche und materielle Opfer kostenden Krieg geradezu zwangsläufig war. Schon deshalb konnten die Friedensschlüsse, die 1919/20 am Beginn der Auseinandersetzungen der 1920er Jahre standen, die Staatenordnung nicht nachhaltig stabilisieren.

Kaum je beurteilen Sieger und Besiegte Friedensschlüsse gleich, nur sehr selten befolgen die Sieger die politisch eher erfolgreiche Maxime Otto von Bismarcks, einen besiegten Feind nicht zu demütigen. Friedensschlüsse, die den Keim künftiger Konflikte in sich tragen, sind keineswegs die Ausnahme. Selbst Bismarck hielt sich nicht immer an seine Einsicht: Die Kaiserproklamation der deutschen Kriegssieger am 18. Januar 1871, ausgerechnet im Spiegelsaal des Schlosses von Versailles, bedeutete eine schwere nationale Demütigung der Franzosen. Der dem durch die Revolution geschwächten Russland aufgenötigte Vertrag von Brest-Litowsk brachte am 3. März 1918 der bolschewistischen Revolutionsregierung zwar eine Atempause, doch löste er die schwierigen Territorialfragen in polnisch-weißrussisch-ukrainischen Mischgebieten nicht. Die deutschen Sieger verhielten sich gegenüber Russland kaum nachsichtiger als die westlichen Sieger gegenüber dem Deutschen Reich und Österreich-Ungarn in den Pariser Vorortverträgen 1919/1920.

Nachdem sowohl bei deutschen Historikern als auch in der öffentlichen Meinung der Vertrag von Versailles lange ausschließlich kritisch beurteilt wurde, bewirkten nicht allein intensive Forschungen, sondern ebenso die weltpolitischen und völkerrechtlichen Erfahrungen nach dem Zweiten Weltkrieg neue Interpretationen – zwar keine Wende, jedoch abwägende Reflexionen. Der Friedensschluss galt nun als „verlorene Kunst" (Hans von Hentig), der Zweite Weltkrieg wurde nie mit einem formellen Friedensvertrag abgeschlossen, zwischen Nord- und Südkorea existiert mehr als siebzig Jahre nach Ende des Koreakrieges bis heute lediglich ein Waffenstillstandsabkommen, jedoch kein Friedensvertrag.

Der Zugewinn an historischer Erfahrung eröffnete in Bezug auf die Friedensverträge von 1919 neue Perspektiven. Eins dieser neueren Urteile resultierte bereits aus der geschichtswissenschaftlichen Analyse der instabilen Zwischenkriegszeit. Die zunehmende militärische Stärke Deutschlands durch die aggressive Wiederaufrüstungspolitik der nationalsozialistischen Diktatur seit Mitte der 1930er Jahre provozierte die Frage: Wie geschwächt wurde Deutschland 1919 tatsächlich? Aufgrund der nur 15 Jahre nach dem Vertrag von Versailles erfolgenden Verschiebungen im europäischen Staatensystem urteilten Historiker später: Der Vertrag sei entweder zu hart oder zu weich gewesen – zu hart, weil er Deutschland Verluste und Lasten aufbürdete, die in der Nachkriegskrise einen fruchtbaren Nährboden für Nationalisten und Revisionisten boten und damit seit 1930 eine Plattform für die Nationalsozialisten – zu weich, weil der Vertrag trotz aller Lasten das Deutsche Reich als Nationalstaat und mittelfristig als Großmacht bestehen ließ. Und auf der Grundlage dieses noch vorhandenen Machtpotentials konnte das Deutsche Reich seine militärische Potenz wieder aufbauen, um die Regelungen des Friedensvertrags zumindest partiell rückgängig zu machen. Doch verwechselt diese Interpretation den begrenzten und auf Gewalt verzichtenden Revisionismus der Weimarer Demokraten mit den Eroberungsplänen Hitlers und seiner „Lebensraumpolitik" in ganz Europa. Aufgrund der sich in der Forschung im Laufe der Jahrzehnte entwickelnden differenzierteren Beurteilung des Versailler Vertrags sowie des komplexen Ursachengeflechts des Scheiterns der Weimarer Republik tritt die massive Belastung der Weimarer Demokratie durch den Friedensvertrag zuweilen in den Hintergrund. Tatsächlich bildete der Vertrag von Versailles zwar nur eine der zentralen Belastungen, doch geht es bei seiner Beurteilung nicht allein um die schwierigen Entstehungsbedingungen aus dem Ersten Weltkrieg und nicht allein um objektive Faktoren. Vielmehr spielten die sozialpsychologischen Wirkungen in der deutschen Nachkriegsgesellschaft eine wesentliche Rolle: Der Vertrag wurde zum Nährboden für die nationalistische bzw. danach nationalsozialistische Propaganda gegen die Weimarer Republik und ihre vermeintlichen „Erfüllungspolitiker". Aus diesen Gründen sollte die destruktive Wirkung auf die politische Entwicklung nicht unterschätzt werden.

Die territorialen Verluste im Osten und Westen des Deutschen Reichs beliefen sich 1919 auf 70.000 Quadratkilometer mit 7,3 Millionen Einwohnern und großen industriellen Kernen mit erheblichen Rohstoffvorkommen, großen landwirtschaftlichen Nutzflächen („Kornkammer des Reiches") sowie allen Kolonien. Die zeitweilige Besetzung des Saargebiets schwächte ebenfalls die deutsche Wirtschaft schwer. Die Trennung des deutschen Territoriums durch einen polnischen Korridor (Westpreußen mit einer etwa zu Zweidritteln deutschen Bevölkerung) zwischen Ostpreußen und dem Reichsgebiet, der Polen Zugang zur Ostsee verschaffte, empfanden die Deutschen als völlig willkürlich, ebenso die Erklärung Danzigs zur Freien Stadt unter Völkerbundmandat. Die Reparationen bezifferte die Reichsregierung auf 54 Milliarden Mark. Obwohl nach neueren Berechnungen vermutlich nur ein Teil – etwa 14 bis 15 Milliarden Mark – bezahlt wurden, schwächten diese durchaus erheblichen Zahlungen an Frankreich und Belgien nicht allein die durch den Ersten Weltkrieg ohnehin schwer getroffene deutsche Wirtschaft. Die geforderten Reparationen waren überdies ein politischer Dauerbrenner, der bis 1932 immer wieder zu neuen Verhandlungen und heftigem innen- wie außenpolitischen Streit führte. Nicht zuletzt dadurch wurde die politische und gesellschaftliche Destabilisierung innerhalb des Reiches weiter verstärkt. Schon 1921 besetzten französische Truppen mehrere rheinische Städte, darunter Düsseldorf, um ihren Forderungen Nachdruck zu verleihen. Am 5. Mai 1921 forderten die alliierten Kriegssieger von Deutschland im Londoner Ultimatum die gigantische Summe von 132 Milliarden Goldmark. Die Aufforderung Großbritanniens vom 1. August 1922 an Frankreich und Italien, die ihnen gewährten Kriegskredite zurückzuzahlen, verhärtete die französische Politik gegenüber Deutschland, weil sich dadurch die finanziellen Probleme Frankreichs vergrößerten.

Als am 11. Januar 1923 das Ruhrgebiet durch französische und belgische Truppen besetzt wurde, begründeten beide Regierungen diesen massiven Gewaltakt mit der Feststellung, das Deutsche Reich komme den aus dem Vertrag von Versailles resultierenden Reparationspflichten nicht nach. Mit anderen Worten: Das Krisenjahr 1923 begann mit der Ruhrbesetzung.

Gemeinsam mit dem Kriegsschuldartikel bedeutete der Vertrag von Versailles eine ebenso nachhaltige wie schwere gesellschaftliche Belastung der Demokratie und der Parteien und wurde als schwere nationale Demütigung betrachtet. Nahezu alle Regierungsstürze zwischen 1919 und 1930 waren wesentlich durch den Streit über den Vertrag von Versailles und die darauf reagierende deutsche Außenpolitik mitbestimmt, beginnend mit der Abstimmung über den Friedensvertrag. Die ständige Diffamierung der sogenannten Erfüllungspolitiker ist nur ein Zeichen dafür. Der deutsche Nationalismus erhielt durch den Vertrag von Versailles und die Ruhrbesetzung einen nachhaltigen Schub.

Das Krisenjahr 1923 ist also ohne diese Faktoren nicht erklärbar. Die Leugnung der schweren Belastung der Weimarer Demokratie durch den Vertrag von Versailles verrät absolute Realitätsblindheit. Schon dieses Krisenjahr brachte die Weimarer Republik an den Abgrund. Und es zählt zu den großen Verdiensten des nur wenige Monate amtierenden liberalen Reichskanzlers Gustav Stresemann (Deutsche Volkspartei), dass es ihm gelang, die gefährliche Krise zu meistern.

Tatsächlich kann auch ein abwägendes Urteil über die Pariser Vorortverträge nicht davon absehen, dass die Nachkriegszeit seit 1919 nicht zuletzt wegen ihrer Mängel zugleich eine Vorkriegszeit wurde. Und dabei geht es keineswegs allein um deutsche Befindlichkeiten während der Weimarer Republik, die bei aller begründeten Frustration von Selbstgerechtigkeit nicht frei waren und selbstkritisches Bewusstsein vermissen ließen. Neben der spezifisch deutschen Problematik ist die Frage zu beantworten, welche generellen strukturellen Mängel die neue Staatenordnung enthielt, die künftige Schwierigkeiten geradezu wahrscheinlich oder gar zwangsläufig machten.

2 Die Rezeption des Versailler Vertrages

Der Erste Weltkrieg war der verheerendste Krieg Europas seit dem Dreißigjährigen Krieg 1618 bis 1648. Anders als dieser war er aber nicht allein mit modernster und deshalb extrem zerstörerischer Waffentechnik geführt worden, sondern zugleich handelte es sich um einen bis dahin beispiellosen Propagandakrieg zwischen den Nationen, der weit über die auch in früheren Epochen anzutreffende Kriegspropaganda hinausging. Am Ende hinterließ der Krieg bis zu 15 Millionen Tote, viele Millionen Verletzte, riesige materielle Zerstörungen sowie zutiefst traumatisierte und hysterisierte, einander feindliche nationale Öffentlichkeiten. Auf sie mussten die Staatsmänner Rücksicht nehmen, sie verhandelten nicht mehr im Stil früherer Geheimpolitik. Die Haltung der Staatsmänner war nicht zuletzt vom Grad der Zerstörung der eigenen Länder bestimmt – sie waren, was den europäischen Kontinent betrifft, in Frankreich am größten, Kriegsschäden vergleichbarer Art gab es in Deutschland nicht, weil die Kriegshandlungen nicht auf deutschem Boden ausgetragen wurden. Die Franzosen waren viel stärker getroffen als beispielsweise die Briten oder die spät und nicht auf ihrem eigenen Territorium kämpfenden US-Amerikaner. Nicht zuletzt aus diesem Grund war die Wut über die Deutschen und die Furcht vor ihnen in Frankreich ungleich größer, während die Briten eher dazu neigten, die Friedensbedingungen auch für die Besiegten erträglicher zu machen.

Ein entscheidender Grund für die spätere Fragilität der internationalen Beziehungen seit 1919 war: Anders als gut hundert Jahre vorher, beim Wiener Kongress der europäischen Staatsmänner, wurde in den Pariser Vorortverträgen nicht wirklich mit den Besiegten verhandelt. Sie konnten weder insgesamt noch partiell über einzelne Regelungen reden, sondern nur schriftlich Einwände formulieren. Die Friedensbedingungen wurden ihnen tatsächlich „diktiert". Es ist also kein Zufall, dass der Vertrag von Versailles nicht allein bei Deutschnationalen, sondern auch bei Liberalen und Sozialdemokraten, ja selbst bei Kommunisten als „Diktatfrieden" galt – er war es im Wortsinne. Es handelte sich nahezu um die einzige Einschätzung, die Linksextreme, Rechtsextreme und die demokratischen Parteien der Mitte gemeinsam hatten.

Die Annahme des Vertrags von Versailles durch das Deutsche Reich erfolgte nur, weil es aufgrund militärischer Schwäche keine Alternative besaß. Symbolische Demütigungen verstärkten den Eindruck einer bloßen Siegerkonferenz.

Aus solchen Gründen, aber auch aus wirtschaftspolitischen Überlegungen, die schon früh die Dauerkrise der Weimarer Republik voraussahen, beurteilte der britische Ökonom John Maynard Keynes den Vertrag von Versailles äußerst negativ. So unterschiedliche Persönlichkeiten wie Winston Churchill oder der ehemalige italienische Ministerpräsident Francesco Nitti hielten schon in den frühen 1920er Jahren einen neuen europäischen Krieg für unvermeidlich, Nitti beispielsweise in seinem Buch „Das friedlose Europa" (1920).

Tatsächlich waren am Ende keine Regierung und kein Volk wirklich mit den für sie oder über sie abgeschlossenen Verträgen zufrieden, nicht einmal die Sieger. Und außer dem amerikanischen Präsidenten Woodrow Wilson verfocht kein Verhandlungsführer zukunftsorientierte Lösungskonzeptionen – und die von Wilson beruhten zum Teil auf falschen Diagnosen und Illusionen über europäische Realitäten: Obwohl er sich bei den Pariser Verhandlungen informieren ließ, konnte er in dieser durch Zeitdruck und nationale Eigeninteressen der Siegermächte bestimmten Konstellation seine Verhandlungsführung nicht angemessen modifizieren. Dieser Misserfolg stärkte schließlich auch bei Wilson die Versuchung, die isolationistische Traditionslinie amerikanischer Außenpolitik wieder aufzunehmen. Wilsons visionäres idealistisches Programm trug der europäischen Minderheitsproblematik nicht in hinreichendem Maße Rechnung und blieb selbst zwiespältig.

Erneut fällt ein Unterschied zu 1814/15 ins Auge: Damals wünschten die verhandelnden Staatsmänner die Wiederherstellung der Legitimität monarchischer Herrschaft im Innern und des europäischen Staatensystems im Ganzen – eines Staatensystems, in dem alle fünf damaligen Großmächte ihre Rolle fanden. Das war restaurativ, vielleicht gar reaktionär gedacht, erwies sich aber als tragfähige und viele Jahrzehnte den Frieden sichernde Doppelidee. Sie wäre 1919/20 von vornherein schon deshalb illusorisch gewesen, weil eine Reihe von Staaten – zunächst! – zu (parlamentarischen) Demokratien wurde und außerdem das nun kommunistische Sowjetrussland nicht in ein restauratives Konzept gepasst hätte.

Eine wesentliche Erfahrung beherzigte man in den Pariser Vorortverträgen nicht: Stabilität in der internationalen Ordnung kann es nur geben, wenn jeder große Mitspieler in dieses System eingebunden ist und außerdem innerhalb der beteiligten Staaten politische Stabilität herrscht, also keiner der Versuchung ausgesetzt ist, innere Probleme nach außen abzuleiten – sei es durch enge nationale Prestigepolitik, sei es durch Aggressivität, sei es durch ständige krisenhafte Unruhe.

3 Das Nationalitätenproblem

Das langfristige fundamentale Problem, das in den Pariser Vorortverträgen gelöst werden musste, war das Nationalitätenproblem. Es resultierte primär aus der Gründung von Nationalbewegungen und Nationalstaaten im 19. Jahrhundert. Sie richteten sich sowohl gegen Nationalitätenstaaten wie die österreichisch-ungarische Doppelmonarchie als auch gegen die nationalen Mischgebiete, die nicht nur, aber vor allem in Ost- bzw. Ostmitteleuropa lagen.

Die Pariser Verträge lösten das Nationalitätenproblem nicht, sondern verschärften es. Neugründungen wie die Tschechoslowakei waren selbst Nationalitätenstaaten, in dem der stärkste Bevölkerungsteil, die Tschechen, nicht einmal die absolute Mehrheit besaß und beispielsweise die deutschsprachige Minderheit sogar noch vor den

Slowaken die zweitstärkste Volksgruppe stellte: Unter den 15 Millionen Einwohnern der Tschechoslowakei befanden sich 1938 43 Prozent Tschechen, 23 Prozent Deutsche, 22 Prozent Slowaken, fünf Prozent Ungarn, drei Prozent Ukrainer. Drei Millionen Deutschsprachige lebten im nunmehr tschechoslowakischen Sudetenland direkt südlich und östlich der deutschen Grenze in einem nahezu geschlossenen Siedlungsgebiet. Deutschsprachige Minderheiten in Ostmittel- bzw. Osteuropa machten etwa acht Millionen Menschen aus, die zum erheblichen Teil bis 1918 entweder zum Deutschen Reich oder zu Österreich-Ungarn gehört hatten. Allein schon daraus ergaben sich politische Unruhen und Gebietsforderungen, also Revisionswünsche.

Das bis dahin unter russischer Herrschaft stehende Polen war schon 1916 wiederbegründet worden, freilich als deutscher Klientelstaat. Ende 1918 wurde Polen auch de facto unabhängig, allerdings größer und ebenfalls mit starken nationalen Minderheiten, besonders von Deutschen, Litauern und Ukrainern. Diese Problematik verschärfte sich nach dem für Polen siegreichen Krieg gegen Sowjetrussland 1920/21 durch Verschiebung der von den Alliierten 1919 vorgeschlagenen Curzon-Linie als polnischer Grenze nach Osten. Aber nicht nur hier, auch an der Peripherie Europas, zwischen Griechenland und der Türkei bestanden ausgeprägte konflikträchtige Minderheitenprobleme.

Die 14 Punkte des amerikanischen Präsidenten Wilson vom 8. Januar 1918 erweckten nationale Ansprüche und Hoffnungen, die 1919/1920 nicht realisiert wurden und in Enttäuschung und Frustration umschlugen. Auch in diesem Punkt entsprachen die Friedensregelungen nicht dem eigenen Anspruch. Nach dem Versailler Vertrag wurden selbst Abstimmungsergebnisse, die zugunsten Deutschlands ausgingen, nicht respektiert, beispielsweise in Oberschlesien. Deutschland und dem von der Doppelmonarchie übrig gebliebenen Deutsch-Österreich wurde die von beiden Staaten gewünschte Vereinigung verboten, also das nationale Selbstbestimmungsrecht der Völker verletzt, das Wilson zum Grundprinzip erklärt hatte. Gleiches galt auch für Danzig.

Dieser Eingriff begann schon mit dem Procedere der Friedensverhandlungen, die in mehreren Pariser Vororten jeweils für die einzelnen Staaten vom 18. Januar 1919 bis zum 10. August 1920 stattfanden. Von insgesamt 32 Staaten waren nur die 27 Siegerstaaten, die sogenannten Alliierten und die ihnen assoziierten Mächte, Vollmitglieder. Sowjetrussland sollte auf Wunsch von Wilson und dem britischen Premier David Lloyd George teilnehmen, doch setzten sich die beiden nicht durch, was hieß: Von vornherein war eine (frühere und künftige) europäische Großmacht, die ja schon 1917 aus dem Krieg ausgeschieden war, ausgeschlossen.

Die wirklichen Entscheidungen trafen tatsächlich nicht die 27 Mächte, sondern nach kurzfristiger Bildung eines „Rates der Zehn" ein „Rat der Vier" (Wilson für die USA, Georges Clemenceau für Frankreich, Lloyd George für Großbritannien, Vittorio Emanuele Orlando für Italien). Da aber Orlando schon im Juni 1919 frustriert ausschied, weil Italien seine Ziele, u. a. Annexionen auf dem Balkan, nicht durchsetzen konnte, entwickelte sich Italien zu einem weiteren Außenseiter des Systems, es blieben folglich von zahlreichen kriegführenden Staaten nur noch drei Entscheidungsträger übrig.

Doch es kam noch schlimmer: Die USA waren mit den Verträgen so unzufrieden, dass sie sie schließlich nicht einmal ratifizierten und dem zur künftigen Friedenssicherung und zur Lösung der Minderheitenprobleme gegründeten Völkerbund in Genf nicht beitraten. Die politisch, ökonomisch und militärisch stärkste Macht der Welt wurde also, wenngleich durch eigene Entscheidung, ebenfalls zum Außenseiter, zumindest waren die USA nicht mehr mitbestimmender Teil des internationalen bzw. europäischen Mächtesystems. Die verbleibenden zwei bestimmenden Mächte, Großbritannien und Frankreich, verfolgten unterschiedliche Ziele: Frankreich wollte nicht allein die am Ende des 17. Jahrhunderts annektierten und 1871 wieder verlorenen Territorien – das Elsass und Teile Lothringens – zurückerhalten, sondern hohe Reparationen und sonstige Belastungen für Deutschland, die die eigene Sicherheit erhöhten. Außerdem bestand die französische Regierung darauf, im Versailler Vertrag die Alleinschuld Deutschlands am Krieg festzuschreiben (Artikel 231). Wenngleich dieser Artikel nicht nur moralisch gemeint war, sondern in erster Linie der völkerrechtlichen Begründung für die Reparationsforderungen diente, löste er doch in Deutschland einhellige Empörung aus. Die Maxime französischer Politik lautete *Sécurité d'abord*, Sicherheit gegenüber Deutschland durch Schwächung des Nachbarn.

Im Unterschied zu Clemenceau dachte Lloyd George primär in internationaler Perspektive: Er wollte vermeiden, dass ein gedemütigtes, geschwächtes Deutschland in die Arme des weltrevolutionär orientierten kommunistischen Sowjetrusslands getrieben würde. Im Übrigen wollte er als liberaler Verfechter des Freihandels keine dauerhafte wirtschaftliche Schwächung Deutschlands und in der Tradition britischer Europapolitik keine einzelne Hegemonialmacht auf dem Kontinent, in diesem Fall also Frankreich.

4 Die Verletzung des postulierten Selbstbestimmungsrechtes

Hauptprobleme auf den Pariser Konferenzen, bei denen die Sieger separat die besiegten Staaten behandelten und deshalb manche notwendigen Gesamtlösungen verfehlten, bildeten also Grenzziehungen, Staatsneugründungen, Minderheitenprobleme, Reparationen und das Selbstbestimmungsrecht der Völker. Wenngleich die Regelungen Deutschland außerordentlich hart trafen, blieb es doch, wenn auch gedemütigt, amputiert, mit großen völkerrechtlichen und materiellen Forderungen belastet, als großer europäischer Staat bestehen. Viel härter traf es die Donaumonarchie, sie wurde aufgelöst, Österreich und Ungarn existierten nur noch als kleine Staaten fort. Gerade hier fällt ins Auge: Man löste den Nationalitätenstaat auf, um selbstständige Nationalstaaten zu gründen, schuf aber tatsächlich wieder Nationalitätenstaaten und entschärfte im Übrigen auch das Pulverfass Balkan nicht wirklich, wie die dort bald entstehenden Diktaturen und Konflikte zeigen.

Und noch genereller gilt: Das feierlich postulierte Grundprinzip des Selbstbestimmungsrechts der Völker wurde vielfach verletzt. Recht und Moral als Maximen der Sieger eingeführt, wurden durch ihre nationale, ja zum Teil nationalistische Machtpolitik selbst entwertet. Das gilt nicht allein für das erwähnte Vereinigungsverbot Deutschlands und Österreichs in Versailles und Saint Germain, für das schon erwähnte Beispiel der tschechoslowakischen Staatsgründung, sondern auch für zahlreiche Einzelregelungen. Um nur drei Beispiele zu nennen: Das eindeutig deutschsprachig-österreichische Südtirol, Teile des Trentin und andere Gebiete kamen ohne jede plausible Begründung an Italien, von Deutschland wurden sowohl im Westen als auch im Osten Gebiete mit mehrheitlich deutscher Bevölkerung abgetrennt, die in Abstimmungen für die Zugehörigkeit zu Deutschland gestimmt hatten.

5 Fazit

Fassen wir zusammen: Die Neuordnung der internationalen Beziehungen, das „System von Versailles" 1919/1920, prägte die folgenden eineinhalb Jahrzehnte und wies folgende Hauptzüge auf:
- Der Erste Weltkrieg und die Friedensverträge endeten mit der Auflösung dreier Großreiche: des russischen Zarenreichs, des Osmanischen Reichs und des Kaiserreichs Österreich-Ungarn, die allesamt Vielvölkerstaaten waren. Diese Entwicklung betraf zwar die Innenpolitik des Deutschen Reichs nicht direkt, bewirkte jedoch große Herausforderungen für die Neugestaltung der internationalen Ordnung insgesamt, weil viele neue Teilnehmer integriert werden mussten und sich die meisten der neugegründeten Staaten früher oder später als politisch instabil erwiesen. Oft hatten diese Staaten ebenfalls Minderheitenprobleme.
- Große Nationalitätengruppen lebten außerhalb ihrer Nationalstaaten, was besonders für Deutsche bzw. Österreicher galt.
- Aus dem ehemals fünf Großmächte umfassenden europäischen Staatensystem schied Österreich-Ungarn durch Auflösung aus. Von den vier übrigen wurden zwei – Deutschland und Sowjetrussland – erheblich geschwächt und zu Außenseitern des internationalen Systems. Sie gehörten zunächst dem Völkerbund nicht an, Deutschland wurde schließlich von 1926 bis 1933 Mitglied, die Sowjetunion erst seit 1934, nachdem Deutschland 1933 wieder ausgetreten war. Verträge zwischen diesen beiden Staaten – wie der Rapallo-Vertrag von 1922 – bewirkten erhebliche Unruhe bei den Westmächten, weil man darin den Keim einer gemeinsamen Opposition gegen das Versailler System sah.

- Die beiden einzigen verbliebenen Großmächte innerhalb der Versailler Ordnung, Großbritannien und Frankreich, waren nicht allein in zentralen Fragen uneins, sondern ihrerseits durch den Weltkrieg derart geschwächt, dass auch ihre innenpolitische und ökonomische Entwicklung krisenhaft verlief. Die Rolle stabilisierender europäischer Ordnungsmächte konnten sie schon deshalb nicht übernehmen.
- Die damals einzige Weltmacht, die USA, leistete zwar wirtschaftliche Aufbauhilfe für europäische Staaten, darunter Deutschland und Frankreich, hielt sich jedoch politisch aus den europäischen Querelen weitgehend heraus. Zwar galt das britische Empire noch immer als Weltmacht, doch war die ökonomische und politische Kraft Großbritanniens nicht mehr mit der Vorkriegssituation vergleichbar, wie sich auch in den 1930er Jahren zeigte.
- Fast alle nach 1918 gegründeten neuen Demokratien blieben politisch, gesellschaftlich, ökonomisch und in ihrer politischen Kultur krisenhaft (vielleicht die baltischen Staaten weniger), ihre innere Instabilität wuchs, weil sie weder ihre gravierenden innenpolitischen noch ihre außenpolitischen Probleme lösen konnten: Sie scheiterten früher oder später, die meisten wurden schon seit den 1920er Jahren zu Diktaturen, nur die Tschechoslowakei wurde 1938/39 von außen durch Hitler zerstört. Die europäische Krise der Demokratie korrespondierte mit der Krise des europäischen Staatensystems.

War also der Weg in den Zweiten Weltkrieg schon 1918/1920 vorgezeichnet, war er gar zwangsläufig? Diese Schlussfolgerung wäre zweifellos zu weitgehend, gab es doch an vielen Wegmarken alternative Handlungsmöglichkeiten. Auch zahlreiche Zufälle, die ihrerseits nicht zwangsläufig waren, trugen zur Destabilisierung bei oder erschwerten Krisenlösungen. Fanatische Ideologien bekämpften mit Agitation und zum Teil politischem Mord von rechts und links die liberalen Rechtsstaaten, in Italien der Faschismus, in Deutschland der Nationalsozialismus, daneben entstanden in Spanien, Portugal und in Ostmitteleuropa Militärdiktaturen bzw. andere autoritäre Regime.

Die innere Freund-Feind-Ideologie, die den demokratischen Kompromiss ablehnte, übertrug sich mehr und mehr auf die internationale Szenerie. Und natürlich begegnen uns zahlreiche politische Fehler, die allesamt im Rückblick klarer sind, als sie es den damals Beteiligten waren. Dass die Entscheidungen von 1918 bis 1920 über die künftige europäische Ordnung Probleme nicht lösten, sondern verschärften oder neue schufen, bewirkte permanente Instabilität und ständige Krisen, sie machten neue kriegerische Konflikte wahrscheinlich – zwangsläufig aber waren sie nicht, wie in Deutschland allein schon die kurzzeitige politische Stabilisierung und beginnende Verständigung mit Frankreich 1924 bis 1929 zeigte, deren wichtigste Akteure Aristide Briand und Gustav Stresemann waren.

Und paradox genug: Am Ende des Krisenjahres 1923, das nicht nur die Weimarer Republik am Abgrund sah, sondern damit auch die fragile europäische Nachkriegsordnung schwer erschütterte, begann ihre Stabilisierung: Sie war in der deutschen Politik weitgehend Gustav Stresemann zu verdanken. Er setzte u. a. den Abbruch des Ruhrkampfs durch und realisierte mit Hans Luther (damals parteilos, ab 1927 DVP) die Währungsreform („Rentenmark"), wodurch die Hyperinflation beendet wurde. Nach seiner kurzen, doch entscheidenden Amtszeit als Reichskanzler blieb er von 1923 bis zu seinem Tod 1929 Reichsaußenminister. Er setzte mit großem Erfolg seine konstruktive, auf internationale Verständigung – insbesondere mit Frankreich – angelegte Außenpolitik fort und führte das Deutsche Reich aus seiner Außenseiterposition in das System von Versailles hinein, ohne begrenzte, nur durch Verhandlungen – also friedlich – erstrebte Revisionen an der deutschen Ostgrenze aufzugeben.

Quellen- und Literaturverzeichnis

Kershaw, Ian: Höllensturz. Europa 1914 bis 1949, München 2016 (englische Originalausgabe 2015).
Leonhard, Jörn: Der überforderte Frieden. Versailles und die Welt 1918–1923, 2. Aufl. München 2019.
MacMillan, Margret: Die Friedensmacher. Wie der Versailler Vertrag die Welt veränderte, Berlin 2015 (englische Originalausgabe 2001).
Möller, Horst: Europa zwischen den Weltkriegen, 3. Aufl. München 2013.
Möller, Horst: Deutsche Geschichte. Die letzten hundert Jahre, München 2022.
Möller, Horst: Die Weimarer Republik. Demokratie in der Krise, 13. (neu bearb.) Aufl. München 2023.

Zur Person: Möller, Horst, Prof. Dr. phil. Dr. h.c. mult., Professor i. R. für Neuere und Neueste Geschichte an der Universität München, ehem. Direktor des Instituts für Zeitgeschichte München-Berlin.

I. Die Ruhrkrise und ihre innenpolitischen Folgen

II. Die Ruhrkrise und ihre innenpolitischen Folgen

Die Ruhrbesetzung
Ursachen, Verlauf und Folgen

KARL-PETER ELLERBROCK

Der Erste Weltkrieg und seine politischen Folgen hatten nicht nur dem industriellen Aufschwung im 19. Jahrhundert ein jähes Ende gesetzt, sondern auch zahllose Menschen sozial entwurzelt und in ihrem Hass auf die Weimarer Republik und ihre Repräsentanten radikalisiert. Die öffentliche Inszenierung politischer Feindbilder und ihre Gewaltmetaphorik zeigten Wirkung, die von der politischen Propaganda antidemokratischer Mythen wie der Dolchstoßlegende, der „Schmach" von Versailles oder dem Schreckgespenst des Bolschewismus angefacht wurden. Vom Kapp-Putsch im März 1920, der Ermordung des von Rechtsradikalen als „Novemberverbrecher" geschmähten Zentrumspolitikers Matthias Erzberger im August 1921 bis zur Ermordung des Außenministers und linksliberalen jüdischen Industriellen Walther Rathenau am 24. Juni 1922 führte eine direkte Linie. Beide Morde gingen auf die Rechnung der Organisation Consul, das erste rechtsextreme Terrornetzwerk Deutschlands. Das waren die düsteren Vorboten des krisengeschüttelten Epochenjahres 1923, in dem das Ruhrgebiet einmal mehr ins Zentrum der Tagespolitik rückte. Hier war es schon nach der Novemberrevolution 1918 und dem Zusammenbruch des sozialen Scheinfriedens der Kaiserzeit zu einer unvergleichlichen Eruption politischer Gewalt gekommen. Die Niederschlagung der Roten Ruhr-Armee im April 1920 durch die Reichswehr hatte einen regelrechten Bürgerkrieg beendet.[1] Im Januar 1923 erfolgte der Einmarsch französischer und belgischer Truppen zur Sicherung der im Versailler Vertrag vereinbarten Reparationsleistungen. Beide Ereignisse und die damit verbundenen massiven wirtschaftlichen Krisensymptome sind Ausdruck einer mehrfach gebrochenen historischen Identität, die das Ruhrgebiet bis heute prägt.

1   Die Ruhrbesetzung

Der Versailler Vertrag hatte dem Deutschen Reich und seinen Verbündeten die alleinige Kriegsschuld angelastet und ihnen Gebietsabtretungen, Souveränitätsbeschränkungen, drastische Abrüstungsmaßnahmen sowie Reparationsleistungen an die Siegermächte auferlegt, deren Höhe zunächst noch offenblieb. Sie wurden auf

---

[1] Tenfelde (2010): Bürgerkrieg im Ruhrgebiet.

einer Konferenz im Januar 1921 in Paris auf 226 Milliarden Mark zuzüglich zwölf Prozent des deutschen Außenhandelsbilanzüberschusses, zahlbar in 42 Raten, festgelegt. Darüber hinaus wurden Deutschland jährliche Kohlenlieferungen in Höhe von vierzig Millionen auferlegt. Frankreich sollte 52 Prozent, England 22 Prozent, Italien zehn Prozent und Belgien acht Prozent der Reparationen erhalten; die restlichen acht Prozent verteilten sich auf sonstige Kriegsgegner. Treibende Kraft dieser Forderungen, die von Deutschland als unerfüllbar abgelehnt wurden, war der französische Vorsitzende der alliierten Reparationskommission, Raymond Poincaré. Am 8. März 1921 besetzten erstmals französische und belgische Truppen die rheinischen Brückenköpfe Düsseldorf, Duisburg und die Ruhrorter Rheinhäfen, wodurch eine genaue Kontrolle des gesamten Exports von Kohle und Stahl aus dem Ruhrgebiet ermöglicht wurde.

Am 5. Mai 1921 beschlossen die Siegermächte auf einer Konferenz in London eine erhebliche Herabsetzung der Reparationen auf nunmehr 132 Milliarden Mark, die in Jahresraten zu zwei Milliarden Mark zuzüglich 26 Prozent der deutschen Exportüberschüsse zu zahlen waren. Sie bestanden aber auf Einhaltung ihrer Forderungen, anderenfalls werde ab dem 12. Mai das Ruhrgebiet besetzt. Deutschland sah sich gezwungen, dieses „Londoner Ultimatum" anzunehmen, wenngleich aus seiner Sicht die Leistungsfähigkeit der Wirtschaft damit weit überfordert war; man rang fortan mit den Alliierten ständig um Zahlungsaufschübe und die Umwandlung von Geldzahlungen in die Lieferung von Gütern, damit Staatsverschuldung und Inflation nicht völlig außer Kontrolle gerieten. Nachdem sich die innenpolitischen Verhältnisse in Frankreich durch den Sturz des französischen Ministerpräsidenten Aristide Briand, der Deutschland gegenüber eine moderate Politik betrieben hatte, grundlegend verändert hatten, lehnte sein Nachfolger Poincaré in seiner Regierungserklärung vom 16. Januar 1922 eine Herabsetzung der deutschen Zahlungen kategorisch ab und pochte auf Erfüllung. Die im Versailler Vertrag festgeschriebenen Rechte erlaubten nach den §§ 17 und 18 wirtschaftliche, finanzielle oder auch kriegerische Zwangsmaßnahmen für den Fall, dass das Deutsche Reich seinen Reparationsverpflichtungen „absichtlich" nicht nachkommen sollte. Schon im Mai wurde eine militärische Kontrolle der Ruhrindustrie erwogen. Die Alliierten gaben aber schließlich mit Blick auf die aufgezehrten Gold- und Devisenvorräte, die dramatisch steigende Staatsverschuldung und den fortschreitenden Währungsverfall im August 1922 vorläufig den deutschen Wünschen nach Verzicht auf Geldleistungen zugunsten erhöhter Lieferungen vor allem von Steinkohle und Holz, das für den Ausbau des Telegrafensystems benötigt wurde, nach. Als Deutschland Ende 1922 mit seinen Entschädigungsleistungen in Rückstand geriet, stellte die alliierte Reparationskommission schließlich mehrheitlich einen Verstoß gegen den Versailler Vertrag fest und kündigte am 10. Januar 1923 die Einrichtung einer Ingenieurkommission an, die aus französischen, belgischen und italienischen Fachleuten bestand und unter dem Schutz dazu erforderlicher Truppen die Kohleförderung kontrollieren werde.

Am 11. Januar besetzten fünf französische und eine belgische Division zunächst Essen und Gelsenkirchen. Sie erreichten am 16. Januar auch Dortmund und Hörde. Im Laufe des Jahres wuchs die Truppenstärke auf 100.000 Mann an und das besetzte Gebiet wurde bis Juli 1923 auch auf Barmen und bis Oktober 1924 auf Teile des Bergischen Landes, namentlich Remscheid und Lennep, ausgedehnt. Elberfeld blieb unbesetzt, während Solingen bereits seit 1919 zum britisch besetzten Brückenkopfgebiet um Köln gehörte.[2] Heute ist sich die Forschung weitgehend darüber einig, dass hinter dieser militärischen Invasion weniger eine konkrete Sanktionsabsicht als vielmehr eine „Politik der produktiven Pfänder" stand.[3] Die Ruhrbesetzung war demnach ein Zwangsinstrument zur Herstellung eines politischen und wirtschaftlichen Gleichgewichts und entsprang nach den Erfahrungen der zurückliegenden Kriege einem gesteigerten Sicherheitsbedürfnis Frankreichs. Deutschland war nämlich infolge einer „übermächtig gewordenen Ruhr"[4] trotz der Niederlage im Ersten Weltkrieg Frankreich wirtschaftlich überlegen. Die Motive der französischen Regierung werden darüber hinaus vor dem Hintergrund der französisch-britischen Auseinandersetzungen um eine „interalliierte Schuldenregelung" als ein Akt von Notwehr gegenüber den Briten gedeutet, wonach sich Poincaré das Pfand der Ruhr habe sichern müssen, um die Schuldenforderungen Großbritanniens gegenüber Frankreich in etwa auszugleichen.[5]

2 Passiver Widerstand: „Wirtschaftskampf" und Unternehmerhandeln

Am 13. Januar 1923 rief Reichskanzler Wilhelm Cuno den passiven Widerstand aus, an dem sich auch führende Ruhrindustrielle beteiligten. Auch die Dortmunder Industrie- und Handelskammer meldete sich zu Wort und bezeichnete „den Einbruch Frankreichs mit bewaffneter Heeresmacht in das friedliche Ruhrgebiet als unerhörte Gewalttat. Die feindlichen Bajonette vermögen die von uns vertretenen Wirtschaftskreise nie und nimmer von der Pflicht gegenüber ihrem Vaterlande abbringen. Wir halten aus und geloben der Reichsregierung unverbrüchliche Treue."[6] Auf vielen Zechen und Hütten des Ruhrgebietes, im Dortmunder Wirtschaftsraum namentlich bei Hoesch und dem Hörder Phoenix, stand die Produktion still.

Die Franzosen richteten ihrerseits eine Zolllinie gegen das unbesetzte Deutschland ein. Pressezensur, Pass-Zwang, Zugkontrollen, Leibesvisitationen, die zeitwei-

---

2 Vgl. Ellerbrock (2021): Unruhige Zeiten, S. 3–9.
3 Der Begriff wurde zuerst verwendet von Simon (1925): Reparation und Wiederaufbau, und Bergmann (1926): Der Weg der Reparation.
4 Fischer (1985): Wirtschaftliche Rahmenbedingungen des Ruhrkonflikts, S. 99.
5 Vgl. Köhler (1986): Adenauer und die rheinische Republik, S. 136; vgl. auch Artaud (1979): Die Hintergründe der Ruhrbesetzung 1923, S. 258.
6 Zitiert nach Karl-Peter Ellerbrock (2013): Die Industrie- und Handelskammer Dortmund, S. 27.

lig völlige Sperrung der „Grenze" für den Personenverkehr, Warenschmuggel und Schleichhandel waren an der Tagesordnung.[7] Der passive Widerstand im Ruhrgebiet wurde von Berlin aus aktiv unterstützt. So reiste der spätere Reichskanzler und damalige Außenminister Gustav Stresemann am 21. Februar 1923 unter dem Namen Friedrich Erlenkamp, geboren am 10. Mai 1878 in Dortmund, unbehindert ein, um „vor Ort" Solidarität zu bekunden. Versuche der Besatzungstruppen, Kohlenlieferungen gewaltsam zu erzwingen, brachten nicht den gewünschten Erfolg, da sich auch die Eisenbahner ihren Anordnungen widersetzten und den Transport boykottierten. Um die Versorgung ihrer Hüttenwerke in Lothringen sicherzustellen, die auf Ruhrkohle angewiesen waren, sah sich Frankreich mehr und mehr gezwungen, eigene Fachkräfte einzusetzen. Allein in Dortmund trafen Verhaftungen und Ausweisungen über 1.100 Bürger der Stadt, allen voran Oberbürgermeister Ernst Eichhoff, gefolgt von höheren Beamten, Geschäftsleuten, Industriellen, Politikern oder Verlegern wie Lambert Lensing. Eskalationen der Gewalt blieben nicht aus, wie das Beispiel der „Dortmunder Bartholomäusnacht" zeigt.[8]

Die unmittelbaren Reaktionen der Wirtschaft, die sich während des passiven Widerstands zu einem „Wirtschaftskampf" formierte, sind in ihren Gesamtzusammenhängen allerdings noch weitgehend unerforscht. Die Quellenlage ist ausgesprochen gut; so hat das Landesarchiv Nordrhein-Westfalen schon 2022 je ein Sachthematisches Inventar der Quellen zur Ruhrbesetzung für das Rheinland und Westfalen vorgelegt.[9] Die künftige wirtschaftshistorische Forschung sollte folgende drei Handlungsebenen, auf denen sich die Akteure der Wirtschaft maßgeblich bewegten und ein spannungsgeladenes Dreieck eng miteinander verflochtener Problemfelder bildeten, genauer in den Blick nehmen, nämlich erstens die Maßnahmen zur „Sicherung der Wirtschaft". Dazu zählen die Themen Lohnsicherung, Rohstoffversorgung sowie die Transportproblematik und die Kreditversorgung. An zweiter Stelle steht das immer unübersichtlicher werdende Geflecht zahlloser Anordnungen und Verwaltungsmaßnahmen der Besatzer, sowie drittens, vor dem Hintergrund einer extremen Geldentwertung, das Gebot der Existenzsicherung, konkret die Lebensmittel-, Energie- und medizinische Grundversorgung.

---

7 Vgl. beispielhaft für Dortmund und Essen die Studien von Schulte-Beerbühl (2010): Dortmund unter französischer Besatzung (1923–1924), und Wisotzky (2023): „Ein einzig Volk von Brüdern?"
8 In den Abendstunden des 9. Juni 1923 waren zum Beispiel zwei französische Adjutanten auf der Wilhelmstraße (heute Beurhausstraße) gegenüber den Städtischen Krankenanstalten ermordet worden. Gegen 21.00 Uhr wurde an diesem Sonntagabend ein Ausgangsverbot über die gesamte Stadt verhängt. Kurze Zeit später eröffneten französische Soldaten ohne vorherige Warnung das Feuer auf eine Gruppe heimkehrender Ausflügler. Sieben Menschen fielen der „Dortmunder Bartholomäusnacht" zum Opfer. Plakate und Flugblätter aus dieser Zeit lassen erkennen, dass der Hass auf die Besatzer immer bedrohlichere Züge annahm.
9 Ruhrbesetzung. Sachthematisches Inventar des Landesarchivs NRW Abteilung Rheinland (2022); Ruhrbesetzung. Sachthematisches Inventar des Landesarchivs NRW Abteilung Westfalen (2023).

Das „Unternehmerhandeln" während der Ruhrbesetzung war maßgeblich von den Interessen der montanindustriellen Großindustrie geleitet und lässt sich in vier Phasen einteilen.[10] Nach einer kurzen Phase des Ausweichens und Abwartens – das Rheinisch-Westfälische Kohlen-Syndikat verlegte z. B. seinen Sitz von Essen nach Hamburg und die Oberhausener Gutehoffnungshütte nach Nürnberg – folgte die Phase der Verweigerung und Solidarität. Die „Pflicht zum Patriotismus" führte zur Verhaftung und Ausweisung führender Köpfe der Ruhrindustrie wie Fritz Thyssen oder Gustav Krupp von Bohlen und Halbach. Spätestens ab Mai des Jahres 1923 verlor die Industrie den Glauben an den passiven Widerstand und forderte ein Primat der Wirtschaft. Alte Interessengegensätze brachen auf, das Ruhrgebiet versank in Streiks, Krawallen und Plünderungen, angefacht durch die Verelendung breiter Bevölkerungsschichten infolge der Hyperinflation, die durch eine expansive Finanzpolitik des Reiches ausgelöst wurde und nach der ohnehin hohen staatlichen Nachfrage nach Gütern durch die Lohn- und Kredithilfen im Zuge des passiven Widerstands nun vollends aus dem Ruder lief.[11]

Im Juli/August 1923 folgte die vierte Phase, nachdem das Reich quasi zahlungsunfähig war und der passive Widerstand am 26. September 1923 offiziell beendet wurde. Die Industrie versuchte in Verträgen mit der MICUM (Mission interalliée de Contrôle des Usines et des Mines), die zwischen dem 23. November 1923 und dem 3. September 1924 abgeschlossen wurden, die Grundlagen für die Wiederaufnahme der industriellen Produktion zu schaffen. Gedanklich stark verkürzt übernahm die Industrie damit Reparationsleistungen und erhielt im Gegenzug beschlagnahmte Güter, Maschinen und Verkehrsmittel zurück. Allerdings existierte keine geschlossene Front, denn es gab Sondervereinbarungen einzelner Konzerne wie Krupp, Otto Wolff, Phoenix oder Rheinstahl, die an der „Sechserkommission" mit Hugo Stinnes und Albert Vögler an der Spitze vorbei getroffen wurden.

Auf der Londoner Konferenz im August 1924 setzten sich schließlich die politischen Positionen der USA und Großbritanniens gegenüber den französischen Interessen der Regierung Poincarè durch. Man ebnete den Weg zu einer Währungsreform, nachdem schon im November 1923 per Notverordnung die Rentenmark eingeführt worden war, die zu einem Kurs von einer Billion zu eins an die Stelle der Papiermark getreten war. Damit war die Inflation gestoppt. Das Münzgesetz vom 30. August 1924 führte schließlich mit der Umstellung auf die Reichsmark eine neue Golddevisenwährung ein. Auch der Abzug der französischen Truppen und der Dawes-Plan, der die Reparationslasten an die tatsächliche Wirtschaftskraft anpasste, waren ein unmittelbares Ergebnis des Londoner Abkommens. Die MICUM-Verträge hatten sich erübrigt.

---

10 Für das Folgende Stremmel (2023): Zwischen Patriotismus und Geschäftsinteresse.
11 Vgl. dazu genauer die Beiträge von Johannes Bähr und Werner Plumpe in diesem Band.

3 Wirtschaftliche Folgen

Die Ruhrbesetzung hinterließ einen volkswirtschaftlichen Gesamtschaden in Höhe von 3,5 bis vier Milliarden Mark.[12] Die Zeit des passiven Widerstands war indes „zugleich eine Phase der aktiven unternehmerischen Gestaltung, eine Zeit, Versäumtes nachzuholen, eine Zeit der Klärungsprozesse, eine produktive Zwangspause."[13] Der bald nach 1918 einsetzende Wirtschaftsboom insbesondere in der deutschen Schwerindustrie sicherte Deutschland zunächst in Europa einen vorderen Platz bei der industriellen Produktion; der Handel mit Frankreich, Großbritannien und den USA florierte. Ruhrbesetzung und Inflation führten zum sogenannten Ruhreinbruch, einem Rückschlag, bei dem indes schon die Grundlagen für die Aufschwung- und Stabilisierungsphase der deutschen Wirtschaft in der zweiten Hälfte der 1920er Jahre gelegt wurden. Konkret ging es um den mittlerweile dringlichen Ausbau der in den Kriegsjahren stark abgewirtschafteten Anlagen sowie weitreichende Rationalisierungsmaßnahmen. Dazu zählte an erster Stelle die Einführung neuester Methoden der Wärmeökonomie auf den Hüttenwerken, die teilweise aus sogenannten formellen Ersatzleistungen des Reiches finanziert wurden. Mit anderen Worten: Der politisch einflussreichen Schwerindustrie gelang es in dieser Phase, staatliche Finanzierungshilfen zu generieren, die aus heutiger Sicht eher den Charakter von Subventionen hatten. Parallel dazu setzte nach amerikanischem Vorbild die betriebswirtschaftliche Durchdringung der Produktionsanlagen ein. Auf übergeordneter Ebene zielten die strategischen Pläne auf eine Neuordnung der industriellen Beziehungen, nachdem es im Zuge der Demobilmachung nach Kriegsende zu einer Verschiebung der Kräfteverhältnisse zugunsten der Arbeitnehmer gekommen war, was für die Unternehmer inakzeptabel war und revidiert werden musste. Die Beziehungen zwischen Staat und Wirtschaft mussten aus ihrer Sicht neu geordnet werden.

4 Politische Folgen: Die Debatte um eine „kalte Sozialisierung"

Der soziale Scheinfriede des Kaiserreichs lebte kurzzeitig wieder auf. Die von namhaften Wirtschaftsvertretern geführte ordnungspolitische Debatte um eine „kalte Sozialisierung"[14] trat im „Wirtschaftskampf", so der damals von den Handelskammern benutzte Begriff, durch die Notwendigkeit zur Bildung einer „sozialen Kampfgemeinschaft" und das Gebot der Bewahrung des „sozialen Friedens" zunächst in

---

12 Eigene Berechnungen, vgl. auch Ellerbrock (2021): Unruhige Zeiten, S. 7.
13 Kleinschmidt (2004): Rekonstruktion, Rationalisierung, Internationalisierung, S. 135.
14 Vgl. Ellerbrock/Wixforth (2021): „Kalte Sozialisierung" und das Ende des freien Unternehmertums? sowie Ellerbrock (2013): Die Industrie- und Handelskammer Dortmund, S. 31–32.

den Hintergrund.¹⁵ Ein gutes Beispiel sind die zahlreichen Maßnahmen bei der Lohnhilfe, die von der öffentlichen Hand, den Unternehmern und den Gewerkschaften einvernehmlich auf den Weg gebracht wurden. Das „Kräftegleichgewicht von Arbeit und Kapital wurde aber schnell zuungunsten der Gewerkschaften zerschlagen",¹⁶ was zu einem sozialpolitischen Gewichtsverlust und der Zurücknahme wesentlicher sozialpolitischer Errungenschaften durch die Reichsregierung wie die Einführung des Achtstundentages führte, weil diese den Schutz der Rentenmark als übergeordnetes Ziel verfolgte. Die Arbeitszeitverordnung vom 21. Dezember 1923 gestattete neben dem 1918 eingeführten Achtstundentag fortan wiederum auch einen Zehnstundentag.

Der von der Unternehmerschaft stilisierte wirtschaftliche Existenzkampf gegen eine Sozialisierung der Wirtschaft nahm nach dem Ruhrkampf an Schärfe zu und wurde zu einer politischen Zerreißprobe für die Weimarer Republik. Man forderte die Rücknahme wesentlicher Bestimmungen des Kohlewirtschaftsgesetzes, das eine Sozialisierung des Ruhrbergbaus vorsah. Die übergeordneten Forderungen der Wirtschaft zielten in ihrem Kern indes auf ordnungspolitische Grundsatzfragen wie Deregulierung, eine weitgehende Liberalisierung der Wirtschaft sowie eine nachhaltige Verbesserung der wirtschaftlichen Rahmenbedingungen, namentlich steuerliche Entlastungen. Die Ursachen der Wirtschaftskrise von 1929, die man als „Reparationskrise" bezeichnete, lastete man einerseits dem Young-Plan an, obwohl dieser den deutschen Forderungen nach Abmilderung der im Dawes-Plan festgeschriebenen Schuldenlast weitestgehend entgegengekommen war. Die Reparationssumme wurde auf 112 Milliarden Reichsmark mit einer Laufzeit von sechzig Jahren festgelegt. Die durchschnittlich zu zahlende Jahresrate betrug zwei Milliarden Reichsmark. Reichsbahn und Reichsbank standen fortan nicht mehr unter ausländischer Kontrolle, so dass die damit verbundenen Einschränkungen der Souveränität Deutschlands aufgehoben waren.

Trotz dieser Erleichterungen wurde der Young-Plan, vor allem nach Ausbruch der Weltwirtschaftskrise, Gegenstand großangelegter Propagandafeldzüge der Wirtschaft und ihrer Organisationen. Man geriet in einen immer offeneren Widerspruch zur „sozialistischen Wirtschaftspolitik" der Weimarer Republik. Der Dortmunder Handelskammerpräsident Heinrich Jucho, einer der Wortführer der mittelständischen Wirtschaft im rheinisch-westfälischen Industriegebiet, sprach in diesem Zusammenhang wiederholt von „kalter Sozialisierung". Der Münchner Wirtschaftshistoriker Knut Borchardt knüpfte Ende der 1970er Jahre genau an diese Argumentation wieder an und stellte die These auf, dass eine Vielzahl ungelöster struktureller Probleme der deutschen Wirtschaft für das überdurchschnittlich große Ausmaß der

---

15 Zur zeitgenössischen Terminologie vgl. Wentzcke (1932): Ruhrkampf.
16 Mommsen (2004): Die politischen Folgen der Ruhrbesetzung, S. 312; grundlegend Tschirbs (1986): Tarifpolitik und Ruhrbergbau.

Weltwirtschaftskrise von 1929 in Deutschland verantwortlich sei. Zugespitzt formuliert ging er davon aus, dass das niedrige Wirtschaftswachstum und die hohe Arbeitslosigkeit vor allem auf eine zu geringe Investitionstätigkeit und ein zu hohes Lohnniveau in einem überzogenen Sozialstaat zurückzuführen seien. Er löste damit die sog. Borchardt-Debatte aus, die bis heute nicht entschieden ist.[17]

5 Ruhrbesetzung und Geschichtspolitik

Die Historiographie zum „Ruhrkampf" konnte sich erst seit Mitte der 1960er Jahre „aus den Fängen nationalpolitischer Geschichtsschreibung befreien."[18] Prominente Beispiele sind die Arbeiten von Hans Spethmann (1885–1957)[19] und Paul Wentzcke (1879–1960)[20], die um 1930 die Auseinandersetzungen mit den Besatzungstruppen als „Schriftenkampf" fortführten. Diese Arbeiten der „ruhrkämpfenden Historiker" mündeten schließlich in der einschlägigen NS-Propaganda. Nicht zu vergessen ist nach 1945 die DDR-Historiographie, die den „Ruhrkampf" in die Geschichte der Arbeiteraufstände und den Kampf der Arbeiterklasse einreihte. Eine besondere Variante ist der „Schlageter-Kult", an dem Wentzcke, der nach 1933 vom Direktor des Düsseldorfer Stadtarchivs zum Professor an der Universität Köln aufstieg, aktiv beteiligt war. Im „Ruhrkampf" sprengten vor allem rechtsradikale Sabotagetrupps, die sich zunehmend im aktiven Widerstand befanden, Kanalbrücken und Gleise, um den Abtransport von Reparationsgütern zu verhindern, überfielen französische und belgische Posten und töteten Kollaborateure, wodurch wiederum brutale militärische Racheakte provoziert wurden. Um den ehemaligen Freikorpssoldat Albert Leo Schlageter (geb. 1894), der nach mehreren solcher Sabotageakte von einem französischen Militärgericht im Jahr 1923 zum Tode verurteilt und hingerichtet wurde, entwickelte sich ein regelrechter Märtyrerkult. Als Mitglied der NSDAP und anderer deutschvölkischer Verbände wurde Schlageter später von der NS-Propaganda zum „ersten Soldaten des Dritten Reiches"[21] ernannt und zu einer nationalsozialistischen Kultfigur stilisiert.

---

17 Borchardt (1979): Zwangslagen und Handlungsspielräume; Borchardt (1982): Wachstum, Krisen, Handlungsspielräume der Wirtschaftspolitik. Zuspruch erhielt Borchardt vor allem von James (1988): Deutschland in der Weltwirtschaftskrise; zur Gegenposition vgl. vor allem Holtfrerich (1984): Zu hohe Löhne in der Weimarer Republik?
18 Vgl. auch für das Folgende Cornelißen (2004): Vom „Ruhrkampf" zur Ruhrkrise, S. 25.
19 Spethmann (1928–1931): Zwölf Jahre Ruhrbergbau. 5 Bände, vor allem Band 3: Der Ruhrkampf 1923 bis 1925 in seinen Leitlinien, Band 4: Der Ruhrkampf 1923 bis 1925. Das Ringen um die Kohle, Band 5: Der Ruhrkampf 1923 bis 1925 in Bildern.
20 Wentzcke (1931): Den Helden des Ruhrkampfes; Wentzcke (1932): Ruhrkampf.
21 Franke (1980): Albert Leo Schlageter, S. 106.

6 Der Hitler-Putsch

Auch der Hitler-Putsch im November 1923 muss in diesem Zusammenhang genannt werden, denn die Ruhrbesetzung war dem in den Münchner Bierkellern reüssierenden Rechtsextremisten Adolf Hitler willkommener Anlass für zahllose von seinen rechten Gesinnungsgenossen umjubelte Hassreden.[22] Dabei schürte er weniger antifranzösische Feindbilder, sondern zog gegen das „internationale Finanzjudentum", die „Marxisten" und die „Novemberverbrecher" zu Felde. „Nieder mit den Vaterlandsverrätern" brüllte er wiederholt den fanatisierten Massen zu. Angeschürt durch die Hyperinflation, eine dramatisch zunehmende Arbeitslosigkeit, die sich zuspitzende materielle Notlage und Hungerkrisen überzogen schon 1923 antisemitische Ausschreitungen Deutschland. Die rechtsextreme Radikalisierung mündete im Hitler-Putsch am 8. und 9. November in München, der eigentlich wenig spektakulär verlief. Der von Hitler und dem ehemaligen General Erich Ludendorff, im Ersten Weltkrieg de-facto-Stellvertreter Paul von Hindenburgs mit bestimmendem Einfluss auf die deutsche Kriegführung, gegründete „Deutsche Kampfbund" war eine Vereinigung rechter paramilitärischer Verbände. Er wollte die herrschenden politischen Spannungen zwischen Bayern und der „rote Reichsregierung" nach Mussolinis Vorbild zu einem „Marsch auf Berlin" nutzen und die Regierung stürzen. Der Putsch endete kläglich. Neben Hitler marschierten aber mit Hermann Göring, Fritz Sauckel, Hans Frank, Julius Streicher, Wilhelm Frick und Hans Rosenberg sechs der zwölf 1946 im Nürnberger Prozess gegen die Hauptkriegsverbrecher zum Tode verurteilten NS-Größen. Nach der „Machtergreifung" wurden die Ereignisse vom November 1923 zu einem bedeutenden historischen Ereignis in der europäischen Geschichte des 20. Jahrhunderts stilisiert und der Gründungsmythos der NSDAP konstruiert, die damals indes eher eine politische Randbewegung war.

7 Mythos Ruhrgebiet

Eine besondere, aktuelle Variante der Geschichtspolitik liefert jüngst Theo Grütter, Direktor des Ruhr Museums in Essen. Er betont in seinem Vorwort zur Ausstellung „Hände weg vom Ruhrgebiet! Die Ruhrbesetzung 1923–1925" in der Zeche Zollverein vor allem die identitätsstiftende Wirkung der Ruhrbesetzung als einen wichtigen „Baustein bei der Entstehung einer regionalen Identität im Ruhrgebiet", „die dann nach dem Ende des Zweiten Weltkrieges im Wiederaufbau und im Wirtschaftswunder der 1950er Jahre zum Tragen kam und das Selbstverständnis des Ruhrgebiets bis

---

22 Für das Folgende Jones (2022): 1923, S. 290–320.

heute bestimmt."[23] Allerdings hat die jüngere Ruhrgebietsforschung diesen Mythos als Kernelement der Geschichtspolitik in der Ära Johannes Rau identifiziert.[24] Mit dieser Programmatik fügt sich die aktuelle Ausstellung zur Ruhrbesetzung in die lange Reihe zahlreicher seit der IBA Emscherpark im großen Stil begonnenen Selbstinszenierungen des Ruhrgebietes ein, die maßgeblich an der historischen (Re)Konstruktion des Mythos Ruhrgebiet beteiligt waren und einer Anzahl von Fehldeutungen aufsitzen. Dazu zählt übrigens auch die Instrumentalisierung der Industriekultur, die als politisch gewollte Leitkultur für das Land Nordrhein-Westfalen regelrecht erfunden wurde.[25] Real ist hingegen, dass die sozialen Gegensätze und Spannungen sowie die politische und urbane Zerrissenheit wohl in keiner europäischen Metropolregion, zu denen man sich heute zählt, größer waren als hier. Stattdessen verhinderten die auf sich selbst fixierten Montankonzerne den Aufbau eines „industrial district", wurden mittelständische Unternehmen ausgebremst und schwindelerregende Milliardenbeträge an offenen Subventionen und sogenannte Strukturhilfen als fehlgeleitete Allokationen in eine nicht mehr zukunftsfähige Industrie gepumpt. Richtig ist, dass schon in den 1920er Jahren das Ruhrgebiet als politische und wirtschaftliche Krisenregion wahrgenommen wurde; und hierzu hat die Ruhrbesetzung in besonderer Weise beigetragen.

Quellen- und Literaturverzeichnis

Artaud, Denise: Die Hintergründe der Ruhrbesetzung 1923. Das Problem der interalliierten Schulden. In: VZG 27 (1979), S. 258.

Bergmann, Carl: Der Weg der Reparation. Von Versailles über den Dawesplan zum Ziel, Frankfurt 1926.

Borchardt, Knut: Zwangslagen und Handlungsspielräume in der großen Weltwirtschaftskrise der frühen dreißiger Jahre. Zur Revision des überlieferten Geschichtsbildes. In: Jahrbuch der Bayerischen Akademie der Wissenschaften (1979), S. 85–132.

Borchardt, Knut: Wachstum, Krisen, Handlungsspielräume der Wirtschaftspolitik, Göttingen 1982.

Cornelißen, Christoph: Vom „Ruhrkampf" zur Ruhrkrise. Die Historiografie der Ruhrbesetzung. In: Krumeich, Gerd/Schröder, Joachim (Hrsg.): Der Schatten des Weltkriegs: Die Ruhrbesetzung 1923, Essen 2004, S. 25–45

Ellerbrock, Karl-Peter: Die Industrie- und Handelskammer Dortmund und ihre Geschichte 1863–2013, Dortmund 2013.

Ellerbrock, Karl-Peter: Unruhige Zeiten. Ursachen und Folgen der Ruhrbesetzung. In: Ellerbrock, Karl-Peter (Hrsg.): „Brennende Ruhr". Heimat Dortmund, Heft 1, Münster 2021, S. 3–9.

---

23 Grütter (2023): „Hände Weg vom Ruhrgebiet", S. 12.
24 Vgl. Ellerbrock (2021a): Westfalen und das Ruhrgebiet; Ellerbrock (2021b).
25 Ellerbrock (2022).

Ellerbrock, Karl-Peter: Westfalen und das Ruhrgebiet. Eine historische Langzeitbetrachtung. In: Ellerbrock, Karl-Peter/ Wixforth, Harald/Springensguth, Jost (Hrsg.): Freies Unternehmertum und Soziale Marktwirtschaft. 100 Jahre Wirtschaftliche Gesellschaft für Westfalen und Lippe, 100 Jahre Westfälische Wirtschaftsgeschichte, Dortmund/Münster 2021, S. 145–182.

Ellerbrock, Karl-Peter: Archive der Wirtschaft und regionale Identitätsbildung im Ruhrgebiet. In: Köhler, Ingo/Roelevink, Eva-Maria (Hrsg.): Transformative Moderne. Struktur, Prozess und Handeln der Wirtschaft, Dortmund/Münster 2021, S. 149–175.

Ellerbrock, Karl-Peter: Industriekultur im Ruhrgebiet. Bilanz und Perspektiven. In: Denzel, Markus/Schötz, Susanne/Töpel, Veronique (Hrsg.): Von der Industriemetropole zur resilienten Stadt. Leipzig im regionalen und überregionalen Vergleich, Wiesbaden 2022, S. 197–219.

Ellerbrock, Karl-Peter/Wixforth, Harald: „Kalte Sozialisierung" und das Ende des freien Unternehmertums? Die Debatte über ordnungspolitische Weichenstellungen zwischen Währungsverfall und Wirtschaftskrise. In: Ellerbrock, Karl-Peter/ Wixforth, Harald/ Springensguth, Jost (Hrsg.): Freies Unternehmertum und Soziale Marktwirtschaft. 100 Jahre Wirtschaftliche Gesellschaft für Westfalen und Lippe, 100 Jahre Westfälische Wirtschaftsgeschichte, Dortmund/Münster 2021, S. 105–144.

Fischer, Wolfram: Wirtschaftliche Rahmenbedingungen des Ruhrkonflikts. In: Schwabe, Klaus (Hrsg.): Die Ruhrkrise 1923. Wendepunkt der internationalen Beziehungen nach dem Ersten Weltkrieg, Paderborn 1985, S. 89–101.

Franke, Manfred: Albert Leo Schlageter. Der erste Soldat des 3. Reiches. Die Entmythologisierung eines Helden, Köln 1980.

Grütter, Heinrich Theodor: „Hände Weg vom Ruhrgebiet". Vorwort. In: Grütter, Heinrich Theodor/Wuttke, Ingo/Zolper, Andreas (Hrsg.): Ausstellungskatalog Hände weg vom Ruhrgebiet! Die Ruhrbesetzung 1923–1925, Essen 2023.

Holtfrerich, Carl Ludwig: Zu hohe Löhne in der Weimarer Republik? Bemerkungen zur Borchardt-These. In: Geschichte und Gesellschaft 10 (1984), S. 122–141.

James, Harold: Deutschland in der Weltwirtschaftskrise 1924–1936, Stuttgart 1988.

Jones, Mark: 1923. Ein deutsches Trauma, Berlin 2022.

Kleinschmidt, Christian: Rekonstruktion, Rationalisierung, Internationalisierung. Aktive Unternehmensstrategien in Zeiten des passiven Widerstandes. In: Krumeich, Gerd/Schröder, Joachim (Hrsg.): Der Schatten des Weltkriegs: Die Ruhrbesetzung 1923, Essen 2004, S. 133–147.

Köhler, Henning: Adenauer und die rheinische Republik. Der erste Anlauf 1918–1924, Opladen 1986.

Mommsen, Hans: Die politischen Folgen der Ruhrbesetzung. In: Krumeich, Gerd/Schröder, Joachim (Hrsg.): Der Schatten des Weltkriegs: Die Ruhrbesetzung 1923, Essen 2004, S. 305–312.

Ruhrbesetzung. Sachthematisches Inventar des Landesarchivs NRW Abteilung Rheinland, zusammengestellt von Sabine Eibl und Johann Frehse, Duisburg 2022.

Ruhrbesetzung. Sachthematisches Inventar des Landesarchivs NRW Abteilung Westfalen, bearbeitet von Cordula Rehr, Münster 2023.

Schulte-Beerbühl, Margit: Dortmund unter französischer Besatzung (1923–1924). Erfahrungen und Erinnerungen an die Grenze. In: Ellerbrock, Karl-Peter (Hrsg.): Erster Weltkrieg, Bürgerkrieg und Ruhrbesetzung. Dortmund und das Ruhrgebiet 1914/18–1924, Dortmund 2010, S. 67–119.

Simon, Hugo Ferdinand: Reparation und Wiederaufbau, Berlin 1925.

Spethmann, Hans: Zwölf Jahre Ruhrbergbau. Aus seiner Geschichte von Kriegsanfang bis zum Franzosenabmarsch 1914–1925. 5 Bände, Berlin 1928–1931, Band 3: Der Ruhrkampf 1923 bis 1925 in seinen Leitlinien, Band 4: Der Ruhrkampf 1923 bis 1925. Das Ringen um die Kohle, Band 5: Der Ruhrkampf 1923 bis 1925 in Bildern.

Stremmel, Ralf: Zwischen Patriotismus und Geschäftsinteresse. Positionen der Industrie während der Ruhrbesetzung. In: Grütter, Heinrich Theodor/Wuttke, Ingo/Zolper, Andreas (Hrsg.): Hände weg vom Ruhrgebiet! Die Ruhrbesetzung 1923–1925, Essen 2023, S. 79–91.

Tenfelde, Klaus: Bürgerkrieg im Ruhrgebiet 1918–1920. In: Ellerbrock, Karl-Peter (Hrsg.): Erster Weltkrieg, Bürgerkrieg und Ruhrbesetzung. Dortmund und das Ruhrgebiet 1914/18–1924, Dortmund 2010, S. 13–66.

Tschirbs, Rudolf: Tarifpolitik und Ruhrbergbau 1918–1933, Berlin 1986.

Wentzcke, Paul: Den Helden des Ruhrkampfes, Düsseldorf 1931.

Wentzcke, Paul: Ruhrkampf. Einbruch und Abwehr im rheinisch-westfälischen Industriegebiet, Berlin 1932.

Wisotzky, Klaus: „Ein einzig Volk von Brüdern?" Essen unter französischer Besatzung. In: Grütter, Heinrich Theodor/Wuttke, Ingo/Zolper, Andreas (Hrsg.): Hände weg vom Ruhrgebiet! Die Ruhrbesetzung 1923–1925, Essen 2023, S. 31–45.

Zur Person: Ellerbrock, Karl-Peter, Dr. phil., Direktor i. R. der Stiftung Westfälisches Wirtschaftsarchiv in Dortmund.

„Los von Berlin"*
Separatistische Bestrebungen im Rheinland und in der Pfalz

HOLGER LÖTTEL

1 16. November 1923: Bürgerkrieg im Siebengebirge

Am frühen Abend des 15. November 1923 fuhren zwei Fahrzeuge über die enge Schmelztalstraße hinauf zum Dorf Himberg im östlichen Siebengebirge. Auf und in ihnen saßen Angehörige separatistischer Stoßtrupps, die die am Rhein gelegenen Talgemeinden besetzt hatten und nun Requirierungsfahrten landeinwärts unternahmen. Am Ortseingang von Himberg wurden sie von Wachen der örtlichen Bürgerwehr erwartet. Der achtzehnjährige Schmied Peter Staffel bestieg das Trittbrett des ersten Wagens, um die Insassen zur Rede zu stellen. Sekunden später wurde er durch einen Kopfschuss getötet. Daraufhin machten die Separatisten kehrt und flohen zurück ins Schmelztal.

Am folgenden Tag marschierten sie in größerer Zahl wieder auf und lieferten sich Feuergefechte mit den Bürgerwehren entlang der Dörfer Hövel, Aegidienberg und Himberg. Ein Durchbruch gelang ihnen in Hövel, wo sie plünderten und Geiseln nahmen. Der örtliche Schuster Theodor Weinz kam bei den Schusswechseln ums Leben. Nachdem die Bürgerwehren ihre Leute zusammengezogen und die Oberhand gewonnen hatten, durchsuchten sie die Häuser nach versteckten Separatisten und brachten sie auf bestialische Weise um. Die Leichen, durch Axthiebe bis zur Unkenntlichkeit verstümmelt, wurden später auf dem Aegidienberger Friedhof in einem Massengrab verscharrt. Als die Kämpfe abflauten, hatten die Dorfbewohner mit Staffel und Weinz zwei Opfer zu beklagen; auf Seiten der Separatisten sind 14 Tote belegt, vermutlich waren es mehr.[1]

---

* So die zeitgenössische Parole und der Titel der Untersuchung von Schlemmer (2007).
1 Zu den hier geschilderten Ereignissen vgl. die regionalhistorischen Publikationen von Scheuren/Trapp (1993): Separatisten im Siebengebirge; Klocksin (1993): Separatisten im Rheinland; Uhlenbroch (1997): Separatistenschlacht am Siebengebirge; Scheuren (2017): Besatzung, Not und „Separatisten"; Scheuren (2023): „Rheinische Republik" des Jahres 1923; Bellinghausen/Tentler (2023): „Abwehrkampf".

2   Der Separatismus im Rheinland: Voraussetzungen, Akteure, Motive

Die bürgerkriegsähnlichen Szenen im Siebengebirge bildeten nur ein – wenn auch besonders blutiges – Kapitel der separatistischen Unruhen, die im Herbst 1923 das preußische Rheinland und die bayerische Rheinpfalz erschütterten. Am 30. September hatten Separatisten und Schutzpolizei in Düsseldorf unter den Augen des französischen Militärs offene Straßenschlachten ausgetragen.[2] In den folgenden Wochen und Monaten kam es in den belgisch und französisch besetzten Gebieten von Aachen bis Speyer zu bewaffneten Zusammenstößen, die erst mit der Erstürmung des Bezirksamts Pirmasens ausklangen.[3] Die Konflikte waren eine lokale Folgeerscheinung der Ruhrkrise, in deren Zuge sich die Lebensverhältnisse in Deutschland, nicht zuletzt in den besetzten linksrheinischen Gebieten, dramatisch verschlechtert hatten.[4] Im Angesicht von Hyperinflation und sozialer Verelendung versprachen die Separatisten eine bessere Zukunft außerhalb des Reichs.[5] Insofern kann der Auftrieb, den die Bewegung im Herbst 1923 erhielt, als „Symptom für die Ungewissheit und Unsicherheit der Zeit" gedeutet werden, wie der Duisburger Oberbürgermeister Karl Jarres auf dem Höhepunkt der Krise erkannte.[6] Als politisches Phänomen verlor der Separatismus schnell wieder an Bedeutung, als sich die Lage stabilisierte und die kollektive Verängstigung nachließ. In der großen Krise von 1923 wirkte er wie ein Ventil, über das Druck abgelassen wurde.[7] Diese Funktion erfüllte er aber keineswegs ausschließlich, und er war auch nicht kulturell voraussetzungslos. Eine wichtige Bedingung lag nämlich in der antipreußischen Mentalität der Rheinländer, die

---

2 Zum sogenannten Düsseldorfer Blutsonntag vgl. Schnorrenberger (2004): „Blutsonntag".
3 Im Februar 1924 mit insgesamt 22 Toten. Vgl. ausführlich Gräber/Spindler (2005): Pfalzbefreier, S. 103–157.
4 Ursächlich hierfür war die Finanzierung des „passiven Widerstands" gegen die Besatzung bei einbrechenden Steuereinnahmen. Wie „ein Süchtiger" hatte das Reich „nach dem Gift der Notenpresse" gegriffen: „Über Nacht galoppierte die Inflation davon; bald war die Mark nichts mehr wert." Hildebrand (1999): Vergangenes Reich, S. 506.
5 Obwohl sie sich zu keinem Zeitpunkt auf einen nennenswerten gesellschaftlichen Rückhalt berufen konnten, mobilisierten sie zu Tagungen und Kundgebungen einige Tausend Personen. Aus der Sicht der politischen Verantwortlichen war ihre Schlagkraft schwer abzuschätzen. Nach der Ansicht von Karl Jarres standen die „breiten Massen aller Schichten" dem Separatismus „durchaus ablehnend" gegenüber. Wortprotokoll der Besprechung mit den Vertretern der besetzten Gebiete im Kreishaus in Hagen vom 25. Oktober 1923. In: Akten der Reichskanzlei (1978), Nr. 179, S. 761–836, hier S. 763. Demgegenüber verwies der Kölner Oberbürgermeister Konrad Adenauer auf die katastrophale Wirtschaftslage und die Rolle der französischen Besatzungsmacht, die sich der Separatisten bediene. Vor diesem Hintergrund warnte er, dass sich alsbald „ein großer Teil der Rheinprovinz tatsächlich in der Hand der Separatisten" befinden könnte. Ebd., S. 784.
6 Ebd., S. 763.
7 Entsprechende Berücksichtigung finden die separatistischen Unruhen daher in den neu erschienenen Publikationen zum Krisenjahr. Vgl. Jones (2022): 1923, S. 239–259; Ullrich (2022): Deutschland 1923, S. 217–242; Reichel (2022): Rettung der Republik?, S. 44–64; Longerich (2022): Außer Kontrolle, S. 222–227; Reuth (2023): 1923, S. 124 f., 220 f., 253–256, 312 f.

sich in der hundertjährigen Geschichte der Rheinprovinz zwar erheblich abgeschwächt hatte, den aktionistischen Kern der Bewegung[8] aber stark motivierte.

Die nieder- und mittelrheinischen Gebiete waren 1815 preußisch geworden und sieben Jahre später zur Rheinprovinz mit den Regierungsbezirken Aachen, Düsseldorf, Köln, Koblenz und Trier vereinigt worden.[9] Freudig begrüßt hatte das am Rhein kaum jemand. Nach der Ära der französischen Herrschaft mit ihren liberalen Reformen wurde die Übergabe an die Hohenzollern-Monarchie als Abstieg empfunden. Vorbehalte gegen die protestantischen Altpreußen, die als agrarisch-rückständig, autoritär und intolerant galten, waren im katholischen Bürgertum weit verbreitet.[10] In den Jahrzehnten danach vollzog sich zwar ein vielschichtiger Annäherungs- und Verschmelzungsprozess, der durch den wirtschaftlichen Aufschwung und die nationale Euphorie im Zuge der Reichsgründung begünstigt wurde.[11] Gegensätze und Konflikte, vor allem konfessionspolitischer Art, bestanden jedoch fort. Nach dem Ersten Weltkrieg neigten daher die katholischen Zentrumskreise einer Rheinstaatslösung zu. Daneben formierte sich eine aktionistische Minderheit, die nicht nur auf die Trennung von Preußen, sondern auch vom Reich hinarbeitete (das als preußisch dominiert wahrgenommen wurde).

Der profilierteste Separatist des Rheinlands war sicherlich Hans Adam Dorten.[12] 1880 als Sohn eines Kaufmanns in Endenich bei Bonn geboren, hatte Dorten eine juristische Laufbahn am Düsseldorfer Amtsgericht absolviert und war noch kurz vor Kriegsausbruch 1914 zum Staatsanwalt ernannt worden. Im Anschluss an seinen vierjährigen Militärdienst wandte er sich, durch Privatvermögen finanziell abgesichert, der rheinischen Politik zu. Innen- und gesellschaftspolitisch vertrat Dorten konservativ-ständestaatliche Vorstellungen, die überwölbt wurden durch eine fran-

---

8 Der Begriff wird hier im Singular verwendet, weil sich verschiedene Gruppen, die das Ziel der Sezession vom Reich verfolgten, im Laufe des Jahres 1923 zusammenschlossen. Ungeachtet dessen ist zu berücksichtigen, dass es innerhalb der „Rheinlandbewegung" mehrere Strömungen gab, die reichsinterne Autonomielösungen anstrebten, die teils auf aktionistischem, teils auf legalistischem Wege realisiert werden sollten. Zur Ausdifferenzierung vgl. Schlemmer (2007): „Los von Berlin", S. 13 f.
9 Zu den Anfängen der Rheinprovinz und ihrer politischen Organisation vgl. Ribhegge (2008): Preußen im Westen, S. 61–74.
10 Der Kommentar des Kölner Bankiers Abraham Schaafhausens, der in Reaktion auf die Nachricht „do ierode mer in en ärm Familich!" („da heiraten wir aber in eine arme Familie!") ausgerufen haben soll, ist dokumentarisch nicht belegt, gibt die Ressentiments gegenüber Preußen aber treffend wieder. Vgl. Herres (2012): Köln in preußischer Zeit, S. 42–45.
11 Vgl. dazu am Beispiel Kölns Mergel (2018): Köln im Kaiserreich, S. 16–113. Den rheinisch-preußischen Integrationsprozess bis 1914 hat Hans-Peter Schwarz als prägenden Faktor der Adenauer-Biografie beschrieben. Vgl. Schwarz (1986): Adenauer 1876–1952, S. 9–49; auch Löttel (2019): Preuße wider Willen?, S. 242–245.
12 Zu Dorten vgl. Bischof (1969): Rheinischer Separatismus; ferner Reimer (1979): Rheinlandfrage und Rheinlandbewegung, S. 211–245; Schlemmer (2007): „Los von Berlin", S. 116–124. Dortens im französischen Exil verfasste Memoiren wurden erst viel später ins Deutsche übersetzt. Vgl. Dorten (1981): Rheinische Tragödie.

kophile „Rheinland-Ideologie" sowie einen manischen Hass auf Preußen als barbarischer Macht des germanischen Ostens.[13] Während und nach der Novemberrevolution warb Dorten für den Rheinstaat als Mittel zum Schutz gegen „bolschewistische Überflutungen".[14] Obwohl er zu diesem Zeitpunkt noch keinen unabhängigen Staat, vielmehr ein autonomes Gebilde innerhalb des Reichsverbands befürwortete, stieß die „Rheinische Republik", die er am 1. Juni 1919 in Wiesbaden ausrief, auf massiven Widerstand in der Bevölkerung. Streiks und Unruhen waren die Folge. Nach wenigen Tagen verließ Dorten die Stadt unter dem Schutz der französischen Besatzungsmacht und setzte sich vorerst ab.

Nach diesem Fehlschlag mussten sich die Autonomisten, um ihre Bewegung auch in der postrevolutionären Phase lebendig zu halten, organisatorisch neu aufstellen. Ende Januar 1920 gründete Dorten in Boppard die „Rheinische Volksvereinigung" als „außerparlamentarische Lobby zur Realisierung eines Rheinstaats."[15] Anders als die Bezeichnung suggeriert, war die „Volksvereinigung" allerdings keine milieuübergreifende Sammlung, sondern wurde getragen von Angehörigen des gehobenen Mittelstands – von Handwerkern, Kleinunternehmern und Akademikern. Sie sprach die antipreußischen Ressentiments der katholischen Landbevölkerung an, richtete sich aber auch an verunsicherte Randgruppen, die sich unter dem Eindruck der politischen und wirtschaftlichen Krisen radikalisierten.

Eine entgegengesetzte politische Strömung repräsentierte die „Rheinisch-republikanische Volkspartei", die sich aus der Kölner Unabhängigen Sozialdemokratischen Partei (USPD) herausgebildet hatte und von dem ehemaligen Parteisekretär Franz Josef Smeets geführt wurde.[16] Der gelernte Schreiner Smeets, Jahrgang 1893, hatte im Ersten Weltkrieg als Krankenpfleger gearbeitet und eine pazifistische Gesinnung entwickelt. Abgesehen von dem antipreußischen Reflex besaß die linkssozialistische „Volkspartei" keinerlei Berührungspunkte zum konservativ-katholischen Partikula-

---

13 In dieser Ideenwelt war die „rheinisch-römische" mit der „gallo-romanischen" Kultur zur „karolingischen Kultur" verschmolzen, die so den „lateinischen Ursprun[g]" des „rheinischen Geis[tes]" bildete. Dadurch wurde der „rheinisch[e] Men[sch]" vom „reinen Germanismus" getrennt. Preußen erschien Dorten als „mechanisches Produkt" ohne „Seele", das die rheinische Freiheit „von Osten her bedrohte". Im „Franzosen" hatte der „rheinische Mensch" hingegen niemals „einen Feind" gesehen: „der Feind, der Fremde, war der Preuße." Dorten (1981): Rheinische Tragödie, S. 12, 14, 16.
14 Wortlaut einer Beschlussfassung von Anfang März 1919 (genaue Datierung unklar), zitiert nach Bischof (1969): Rheinischer Separatismus, S. 60. Die Bolschewismusfurcht verband sich 1918/19 mit Sorgen über die zu erwartende Politik der sozialistischen Revolutionsregierung in Preußen, von der man einen neuerlichen Kulturkampf erwartete. Vgl. Morsey (1965): Rheinlande, S. 184 ff.
15 Reimer (1979): Rheinlandfrage und Rheinlandbewegung, S. 219. Zum Sozialprofil der Gruppe vgl. ebd., S. 217 f. Den Vorsitz mit Sekretariaten in Köln-Mülheim und Wiesbaden übernahm der Kölner Oberpfarrer Bertram Kastert. Vgl. Bischof (1969): Rheinischer Separatismus, S. 104; Schlemmer (2007): „Los von Berlin", S. 135; im Überblick Morsey (2006): Rheinische Volksvereinigung.
16 Vgl. hierzu und zum folgenden Schlemmer (2007): „Los von Berlin", S. 152–161; ferner im Überblick Gräber (2006): Rheinisch-republikanische Volkspartei.

rismus der Dorten-Gruppe.[17] Zudem vertrat Smeets auch von Anfang an offen die separatistische Forderung nach einem unabhängigen Rheinstaat als Puffer zwischen Frankreich und Deutschland. In der aufgepeitschten Atmosphäre des Jahres 1923 geriet er damit in den Fokus rechtsradikaler Attentäter. Am 17. März wurde er in seinem Kölner Büro niedergeschossen, überlebte zwar schwer verletzt, erlag aber zwei Jahre später im französischen Exil den Langzeitfolgen.

Nach dem Anschlag auf Smeets verbanden sich Teile seiner „Volkspartei" mit dem „Rheinischen Unabhängigkeitsbund", der unter der Führung des politischen Redakteurs und ehemaligen SPD-Mitglieds Josef Friedrich Matthes eine separatistische Aktivität im nördlichen Rheinland mit Schwerpunkt Düsseldorf entfaltete.[18] Jeweils für sich genommen kamen diese Gründungen über den Status politischer Sekten nicht hinaus. Erst die Krisenentwicklung des Jahres 1923 verlieh ihnen nochmals Auftrieb. Am 15. August schlossen sich die „Volksvereinigung", die „Volkspartei" und der „Unabhängigkeitsbund" in Koblenz zur „Vereinigten Rheinischen Bewegung" zusammen. Auch Dorten, der bisher nur eine Neugründung innerhalb des Reichs gefordert hatte, war nun in das Lager der bekennenden Separatisten gewechselt.

Unterhalb der Führungsebene rekrutierten sich die Separatisten im Jahr 1923 aus der katholischen Landbevölkerung, aus Bauern und Winzern, aber auch aus Erwerbslosen und sozial entwurzelten Kleinbürgern.[19] In der staatlichen Gegenpropaganda wurden sie als „landfremdes Gesindel" diffamiert, das von außen Unfrieden in die heimischen Gefilde brachte. Tatsächlich waren die Anhänger aber mehrheitlich „immobil", also Einheimische, die zwar nicht immer dem unmittelbaren lokalen, aber doch dem regionalen Umfeld entstammten. Vor allem im bewaffneten „Rheinlandschutz" befanden sich junge Männer der Jahrgänge um 1900, die oft gar nicht im engeren Sinne politisch dachten, unter dem Druck der wirtschaftlich-sozialen Krisen aber zusehends zu einer extremen Haltung fanden.[20]

---

17 Tatsächlich waren sich die beiden Gruppierungen nur einig in dem „vorläufige[n] Ziel: Los von Preußen". Ansonsten grenzte sich die „Volkspartei" von der „Volksvereinigung" programmatisch scharf ab: „Wir wollen keine formale Demokratie, sondern eine tatsächliche [...] Demokratie der Werktätigen. [...] Auf kulturellem Gebiet setzen wir uns ein für den kulturellen Fortschritt, für die geistige Befreiung – während in der Rheinischen Volksvereinigung viele den Katholizismus als die höchstmögliche Emanation menschlicher Kultur ansehen [...]. Wir denken konsequent international, pazifistisch. Dagegen finden wir in der Rheinischen Volksvereinigung eine fast ans chauvinistische grenzende Stimmung." Art. „Die Rheinische Volksvereinigung und wir". In: Rheinische Republik vom 20. März 1920, zitiert nach: Schlemmer (2007): „Los von Berlin", S. 154, Anm. 631.
18 Matthes, gebürtig aus Aschaffenburg, galt als „politischer Abenteurer". Nach einer Verurteilung wegen Verleumdung war er ins französisch besetzte Gebiet geflohen und wurde von der Staatsanwaltschaft Würzburg steckbrieflich gesucht. Vgl. Kermann/Krüger (1989): Separatismus 1923/24, Nr. 103, S. 98–100.
19 Vgl. hierzu und zum folgenden Schlemmer (2007): „Los von Berlin", S. 200–222.
20 Aus diesem Grund entzogen sich die Angehörigen des Rheinlandschutzes auch der politischen Kontrolle der Separatistenführer und marodierten zusehends auf eigene Rechnung. Vgl. von einem

Nachdem die Reichsregierung den passiven Widerstand im sogenannten Ruhrkampf abgebrochen hatte, war aus Sicht der Separatisten die Zeit zum Handeln gekommen, weil sich das allgemeine Ansehen Berlins auf einem Tiefstand befand. Am 21. Oktober 1923 besetzte eine Gruppe um den Fabrikanten Leo Deckers das Aachener Rathaus, weitere unkoordinierte Aktionen folgten.[21] Zwei Tage später wurde in Koblenz eine „Vorläufige Regierung der Rheinischen Republik" gebildet. Das Unternehmen stand aber von Beginn an unter einem schlechten Stern. Die Putschisten fanden keinen Rückhalt in der Beamtenschaft und stießen in der Bevölkerung größtenteils auf Ablehnung. Von daher waren sie vollständig auf die französische Besatzungsmacht angewiesen, die sie beschützte und ausstattete. Als die Franzosen jedoch die Vergeblichkeit der Rheinstaatsgründung erkannten und die Mittelzuwendungen kürzten, gerieten die Separatisten in Finanznot und praktizierten zunehmend wilde Requisitionen, wodurch sie sich vollends verhasst machten. Darüber hinaus waren die führenden Köpfe der Koblenzer „Regierung", Dorten und Matthes, einander nicht wohlgesonnen und verstrickten sich in offene Machtkämpfe, die auch durch eine Aufteilung der Zuständigkeitsgebiete in einen Nord- und einen Mittelrheinabschnitt nicht unterbunden werden konnten.[22] Am 27. November erklärte Matthes die „Vorläufige Regierung" für aufgelöst. Dorten, der noch einige Wochen in Bad Ems weitergearbeitet hatte, setzte sich Ende Dezember nach Nizza ab, wo er später seine Memoiren schrieb und 1963 verstarb. Matthes hingegen wurde nach dem Frankreichfeldzug von den Nationalsozialisten ergriffen und kam 1943 im Konzentrationslager Dachau ums Leben.

3 Konrad Adenauer im Krisenjahr 1923: Rheinischer Föderalist auf schmalem Grat

Der rheinische Partikularismus kannte auch eine legalistische Variante, welche die Formel „Los von Berlin" nur auf die Scheidung von Preußen bezog und die territoriale Neugliederung im Einklang mit dem Reich bzw. auf Basis der Reichsverfassung realisiert sehen wollte. Ihr wichtigster Vertreter war der Kölner Oberbürgermeister Konrad Adenauer, der sich die Rheinstaatspläne des Zentrums schon in der offenen

---

„terroristischen Eigengewicht" sprechend Kermann/Krüger (1989): Separatismus 1923/24, S. 106. Auch Walter Rummel, der insgesamt dafür wirbt, die Motivation der Separatisten empathischer und ausgewogener zu beurteilen, sieht in der „Disziplinlosigkeit" der bewaffneten Fußtruppen einen problematischen Faktor, „der die Abneigung breiter Kreise gegen das [separatistische] Projekt" förderte. Rummel: (2020): „Separatismus", S. 74.
21 Vgl. Müller/Rohrkamp (2023): Aachener Putsch.
22 Vgl. Dorten (1981): Rheinische Tragödie, S. 110, 112 f.

Zukunftssituation 1918/19 zu eigen gemacht hatte.²³ Adenauer sprach sich für die Schaffung eines rheinisch-westfälischen Flächenstaats mit starker rechtsrheinischer Verankerung aus, der das Pariser Sicherheitsbedürfnis befriedigen und einer Einverleibung der Rheinlande durch Frankreich vorbeugen sollte.²⁴ Im Frühjahr 1919 war er sogar bereit, der Entente die Rheinische Republik als Kompensationsgeschäft im Gegenzug für mildere Friedensbedingungen anzubieten. Als der Versailler Vertrag dann aber nicht die Annexion, sondern nur die vorübergehende Besatzung der linksrheinischen Gebiete verfügte, verfolgte Adenauer die Bundesstaatslösung nicht weiter, sondern setzte in den folgenden Jahren auf eine Stärkung der Provinzialautonomie innerhalb Preußens.²⁵

Unter dem Eindruck der verschärften Lage des Jahres 1923 aktivierte er die Idee der Rheinischen Republik erneut. Sein diesbezügliches Taktieren war Ausdruck eines engagierten, freilich auch verzweifelten und nicht widerspruchsfreien Krisenmanagements. Obgleich Adenauer jede Nähe zum programmatischen Separatismus stets von sich wies und auch zu keinem Zeitpunkt einen solchen Kurs verfolgte, wandelte er, was die Außenwahrnehmung anbetraf, auf einem schmalen Grat.²⁶ Bei einer Besprechung mit Vertretern der besetzten Gebiete, die am 24. Oktober in Barmen stattfand, schlug er Verhandlungen über eine staatsrechtliche Umbildung der Rheinlande vor, die lokale Stellen mit der französischen Besatzungsmacht führen sollten.²⁷

---

23 Die klassische Darstellung zu Adenauers Rheinlandpolitik ist Erdmann (1966): Adenauer in der Rheinlandpolitik. Während Erdmann die taktische Flexibilität des Kölner Oberbürgermeisters hervorhebt und als dessen Maximalziel eine von Preußen losgelöste Rheinische Republik innerhalb des Reichsverbands erkennt, hat Henning Köhler die revisionistische These vertreten, Adenauer sei für die „faktische Unabhängigkeit des Rheinstaates" eingetreten. Köhler (1986): Adenauer und die rheinische Republik, S. 277 (Zitat); abgewogener formulierend ders. (1994): Adenauer, S. 14f.; schließlich diese Position zurücknehmend ders. (1998): Adenauer und seine deutschlandpolitischen Vorstellungen, S. 89. Im Sinne Erdmanns argumentieren hingegen Hommel (1983): Kölner Adenauer, S. 63f.; Schwarz (1986): Adenauer 1876–1952, S. 202–230; Morsey (2005): Adenauers Rheinlandpolitik, S. 81–100, hier S. 99. Vgl. bilanzierend Schlemmer (2004): Konrad Adenauer und die Rheinlandfrage; Löttel (2022): Konrad Adenauer und Preußen; Löttel (2023): Auf schmalem Grat.
24 Vgl. Ansprache Adenauers vor einer Versammlung der linksrheinischen Abgeordneten in der Nationalversammlung, der linksrheinischen Abgeordneten in der preußischen Landesversammlung und der Oberbürgermeister der besetzten Städte im Hansasaal des Kölner Rathauses am 1.2.1919. In: Schulz (2007): Konrad Adenauer 1917–1933, Nr. 37, S. 203–218. Zwar verwies er, um seinen Vorschlag zu legitimieren, vorrangig auf die feindselige Haltung der westeuropäischen Nachbarn gegenüber Preußen; er brachte aber auch die eigene Überzeugung zum Ausdruck, die preußische Hegemonie innerhalb des Reichs müsse durch eine territoriale Neugliederung beseitigt werden. Vgl. ebd., S. 209.
25 Vgl. Erdmann (1966): Adenauer in der Rheinlandpolitik, S. 67f.
26 Von daher sollten ihm später sowohl nationalsozialistische Autoren als auch Propagandisten des SED-Regimes eine anti-nationale und sezessionistische Gesinnung nachsagen. Vgl. dazu Morsey (2005): Adenauers Rheinlandpolitik.
27 Ein Protokoll der Konferenz in Barmen liegt nicht vor. Adenauers Äußerungen sind nur aus dem Munde des Sitzungsleiters Karl Jarres überliefert, der sie am folgenden Tag in Gegenwart von Reichskanzler Stresemann in Hagen referierte. Später stellte Adenauer die Richtigkeit der Darstellung in Abrede. Allerdings hatte Jarres ihm seine Notizen vorab zur Prüfung vorgelegt, seine Wiedergabe wird

Dabei war die Trennung von Preußen als „gelindeste Lösung" bereits eingepreist, „äußersten Falls" rechnete Adenauer aber „auch mit der Lösung vom Reiche."[28] Mit großer Geste stellte er diesen Plan als Dienst am „übrige[n] Deutschland" dar, weil er sich im Gegenzug eine Erleichterung oder gar den Wegfall der Besatzung sowie eine Neuregelung der Reparationen erhoffte.[29] Als Reichskanzler Gustav Stresemann tags darauf auf einer weiteren Konferenz in Hagen solche Verhandlungen zwar nicht offiziell billigte, aber immerhin doch nicht blockierte, bezeichnete Adenauer Gespräche mit den Franzosen auf einmal als „etwas ungemein Gefährliche[s]" und warnte vor dem „Anfang einer Tat, deren Ende man nicht sieht". [30] Möglicherweise war das eine gereizte Reaktion auf das vorangegangene Referat Stresemanns, das aus Sicht der rheinischen Politiker zumindest irritierend wirken musste. Eine verbindliche Zusage für dauerhafte Zahlungen an die besetzten Gebiete hatte der Kanzler nämlich nicht abgegeben, aber wohl jedwede Trennung „von Gliedern des deutschen Reichs" vehement abgelehnt. Außerdem verwarf er die These, der Rheinstaat würde die Franzosen zu einer konzilianten Deutschlandpolitik bewegen, als reine „Utopie".[31]

Adenauer hingegen setzte nicht nur genau hierauf, ihm schwebte sogar eine wirtschaftliche Verflechtung der Grenzregionen vor, die einer Generalbereinigung des deutsch-französischen Verhältnisses den Weg bahnen sollte.[32] An dieser Stelle trafen sich die seine Vorstellungen mit den Plänen des Großindustriellen Hugo Stinnes für einen Aktienaustausch mit lothringischen Montankonzernen und den Bemühungen des Kölner Handelskammerpräsidenten Louis Hagen zur Errichtung eines rheinischen Währungsinstituts mit einem dreißigprozentigen Einlagenanteil französischer Banken.[33]

---

auch durch die Mitschrift eines weiteren Sitzungsteilnehmers bestätigt. Vgl. Akten der Reichskanzlei (1978): Nr. 179, S. 761–836, hier S. 766 f., mit Anm. 14.
28 Ebd., S. 767.
29 Gemäß dem Wortprotokoll der Konferenz in Hagen vom 25.10.1923: „Wenn aber damit [durch die Gründung des rheinischen Bundesstaats] erreicht wird, daß das übrige Deutschland von diesen Lasten befreit wird, dann hat das gesamte deutsche Volk doch etwas Gewinn davon, und dann wollen diejenigen, die am Rheine wohnen, diese Last für die anderen tragen." Ebd., S. 785.
30 Ebd., S. 784 f.
31 Ebd., S. 770 (erstes Zitat), 781 (zweites Zitat). Vgl. hierzu auch Löttel (2025): Stresemann, S. 281.
32 Die ökonomische und politische Brückenfunktion eines rheinischen Bundesstaats beschrieb Adenauer in seinem Memorandum an den Präsidenten der Interalliierten Rheinlandkommission vom 12.12.1923. In: Schulz (2007): Konrad Adenauer 1917–1933, Nr. 41, S. 224–227; Erstabdruck in: Erdmann (1966): Adenauer in der Rheinlandpolitik, Nr. 20, S. 327–331. Wie Andreas Rödder angemerkt hat, sollten diese Überlegungen nicht als konzeptionelle Anfänge der späteren Frankreich- und Europapolitik des Bundeskanzlers Adenauer, sondern als Ausdruck eines reaktiven Krisenmanagements aus kommunaler Perspektive gewertet werden. Vgl. Rödder (1993): Mythos von der frühen Westbindung, S. 573 f. Davon unbenommen bleibt, dass die strategische Ausrichtung der bundesrepublikanischen Außenpolitik in den 1950er Jahren an die Krisenüberlegungen von 1923 gedanklich anschlussfähig war.
33 Zum „Stinnes-Plan" vgl. Wulf (1979): Hugo Stinnes, S. 487–507; speziell zur Gründung einer rheinischen Goldnotenbank Erdmann (1966): Adenauer in der Rheinlandpolitik, S. 119 f.

Bei alldem war der Kölner Oberbürgermeister in der Rheinstaatsfrage jedoch kein Aktionist, sondern Legalist, der, wenn überhaupt, nur in äußerster Not den verfassungsrechtlichen Rahmen verlassen hätte. Schon 1919, als die Weimarer Reichsverfassung zwar die Möglichkeit einer Neugliederung des Reichsgebiets per Volksabstimmung einräumte, den diesbezüglichen Artikel 18 aber einer zweijährigen Sperrfrist unterwarf, hatte er von den Neugliederungsplänen Abstand genommen. Darin lag der entscheidende Unterschied zu Dorten, den er nach der Novemberrevolution mehrfach im Kölner Rathaus empfangen hatte.[34] Auch 1923 trug Adenauer den Konflikt mit Berlin zwar in aller Schärfe und mit Zähigkeit aus, machte aber jede Aktion von der Zustimmung der preußischen und der Reichsregierung abhängig. Als sich seine Verhandlungen mit dem Vorsitzenden der Interalliierten Rheinlandkommission im Januar 1924 totgelaufen hatten und Berlin ihm endgültig das Mandat hierfür entzog, stellte er die Aktivitäten schließlich ein.

4   Föderalisten und Separatisten in der Pfalz

Einen weiteren separatistischen Schauplatz bildete die linksrheinische Pfalz, die seit 1816 zu Bayern gehörte, aber keine territoriale Direktverbindung zum rechtsrheinischen Kerngebiet besaß.[35] Die Evolution des pfälzischen Liberalismus in der Vormärz-Zeit, das Hambacher Fest und die Provisorische Regierung gegen Bayern im Jahr 1849, prägten die regionale Identität; sie begründeten aber keine separatistische Tradition, sondern waren im Gegenteil national und gesamtdeutsch motiviert.[36] In der zweiten Hälfte des 19. Jahrhunderts hatten sich die Pfälzer dann unter dem Dach der Wittelsbacher Herrschaft ebenso eingerichtet wie die Rheinländer unter der Hohenzollern-Monarchie, obwohl republikanisch-liberale Traditionen lebendig blieben, ebenso wie die Vorbehalte gegen die ortsfremden „Zwockel" aus München.[37]

---

34 Vgl. Schwarz (1986): Adenauer 1876–1952, S. 216–218. Dorten stellte es später so dar, als habe ihm Adenauer die Gründung der Rheinischen Republik zugesagt und mit Sondierungen im südlichen Mittelrheingebiet beauftragt. Als es im Frühjahr 1919 zum Schwur hätte kommen müssen, sei der Kölner Oberbürgermeister jedoch zurückgeschreckt. Zeitlebens hielt Dorten ihm vor, die rheinische Sache aus opportunistischen und eigensüchtigen Motiven heraus verraten zu haben. Vgl. Dorten (1981): Rheinische Tragödie, S. 32–37.
35 Vgl. die Beiträge in: Fenske (1998): Die Pfalz und Bayern.
36 Vgl. so nachdrücklich Gräber/Spindler (1999): 100 Tage „Autonome Pfalz", S. 199. Die Lokalhistoriker Gerhard Gräber und Matthias Spindler haben das Phänomen des pfälzischen Separatismus und die Geschichte der „Autonomen Pfalz" intensiv erforscht. Vgl. Gräber/Spindler (1992): Revolverrepublik am Rhein; Gräber/Spindler (2005): Pfalzbefreier.
37 Vgl. Ullrich (2022): Deutschland 1923, S. 231. Das antibayerische Ressentiment in der Pfalz war allerdings nicht so stark ausgeprägt wie das antipreußische Gedankengut im Rheinland. Die separatistischen Bestrebungen nach dem Ersten Weltkrieg und vor allem im Krisenjahr 1923 „sind nur aus dem unmittelbaren Kontext der politischen, wirtschaftlichen und sozialen Bedingungen ihrer Zeit heraus

Schon 1918/19 konstituierte sich eine „Freie-Pfalz"-Bewegung, deren separatistisch-neutralistische Bestrebungen aber am massiven gesellschaftlichen Widerstand, nicht zuletzt der SPD und der Gewerkschaften, scheiterten. Einen zweiten Anlauf unternahm im Oktober 1923 der Sozialdemokrat Johannes Hoffmann.[38] Seine „Pfalzaktion" richtete sich jedoch nicht gegen das Reich, sondern gegen Bayern, das sich zur rechtsextremen „Ordnungszelle" entwickelt hatte und – wie die Lossow-Krise unter Beweis stellte – auch vor offenem Verfassungsbruch nicht mehr zurückschreckte.[39] Nach eigenem Verständnis setzte Hoffmann also ein „Rettungsunternehmen"[40] ins Werk, das die Pfalz vor der Radikalisierung aus München ebenso schützen sollte wie vor einem Übergreifen des rheinischen Separatismus, das nach seinem Dafürhalten unmittelbar bevorstand.[41]

Der gelernte Volksschullehrer Hoffmann hatte nach der Ermordung Kurt Eisners bis zum Kapp-Putsch als bayerischer Ministerpräsident amtiert. Er war also kein pfälzischer Partikularist, sondern ein überregional orientierter Landespolitiker, der als Reichstagsabgeordneter auch eine nationale Perspektive einnahm. Hier ist Hoffmann mit Adenauer vergleichbar, der zwar auf eine Lösung des Rheinlands von Preußen hinwirkte, zugleich aber im preußischen Staat Karriere machte und 1923 bereits seit zwei Jahren als Präsident des Staatsrats in Berlin amtierte.[42] Ebenso wie Adenauer hegte Hoffmann freilich keine Bedenken, die Landesbande zu kappen, sofern er das im lebenswichtigen Interesse seiner Heimatregion für geboten hielt. Anders als der Kölner Oberbürgermeister schritt Hoffmann aber tatsächlich zur Tat.[43] Am 22. Oktober beschloss der SPD-Bezirksverband Kaiserslautern auf seine Veranlassung die Gründung einer autonomen Pfalz innerhalb des Reichs. Ausdrücklich um Absicherung bemüht, suchte Hoffmann über Hermann Müller, den Vorsitzen-

---

erklärbar" und „lassen sich nicht auf ein gewachsenes tradiertes Bewusstsein politischer oder kultureller Identität beziehen." Gräber (2006): Pfälzischer Separatismus.

38 Zu Hoffmann vgl. umfassend Henning (1990): Johannes Hoffmann; Gräber (2007): Johannes Hoffmann.

39 Otto von Lossow, Kommandeur der Reichswehr in Bayern, hatte sich Ende September 1923 geweigert, das von Berlin aus angeordnete Verbot des „Völkischen Beobachters" in seinem Zuständigkeitsbereich durchzusetzen. Nach seiner Amtsenthebung durch Reichspräsident Friedrich Ebert am 20. Oktober war Lossow durch Gustav von Kahr zum Landesbefehlshaber ernannt und die Reichswehrtruppen auf den bayerischen Staat vereidigt worden.

40 Gräber/Spindler (2005): Pfalzbefreier, S. 20.

41 Vgl. Henning (1990): Johannes Hoffmann, S. 481.

42 Vgl. dazu Adenauer, Jr. (1976): Adenauer als Präsident des Preußischen Staatsrates. Zu Adenauers Karriere im demokratischen Freistaat Preußen vgl. auch Löttel (2019): Preuße wider Willen?, S. 250–256.

43 Wie Gerhard Gräber und Matthias Spindler betonen, sind Adenauers Umgestaltungspläne im Ergebnis ebenso gescheitert wie jene Hoffmanns. Vgl. Gräber/Spindler (2005): Pfalzbefreier, S. 20 f. Hierüber sollte aber nicht übersehen werden, dass Adenauer vorsichtiger agierte und daher nach Beendigung der Verhandlungen politisch nicht im gleichen Maße beschädigt war, obgleich ihm die „Nähe" zur separatistischen Bewegung noch lange nachhängen sollte.

den der SPD-Reichstagsfraktion, den Kontakt zur Reichsregierung und sondierte vor Ort mit den bürgerlichen Parteien. Torpediert wurde das Vorhaben ausgerechnet von den Franzosen, die eine weitergehende Unabhängigkeitserklärung erzwingen und die „Pfälzische Republik" nur getrennt vom Reich anerkennen wollten.[44] Die hieraus entstandenen Unklarheiten reichten aus, um das Projekt zu desavouieren. Hoffmann hat das auch erkannt und seine „Pfalzaktion" umgehend abgebrochen. Der pauschalen Stigmatisierung als Landesverräter vermochte er dennoch nicht zu entgehen; obwohl er sein Reichstagsmandat noch bis zu seinem Tod 1930 behielt, spielte er politisch keine Rolle mehr.

Nach dem Scheitern der „Pfalzaktion" trat genau das ein, was Hoffmann hatte verhindern wollen. Die separatistische Bewegung griff vom nördlichen Rheinland bzw. von Rheinhessen auf die linksrheinische Pfalz über. Am 12. November 1923 proklamierten Putschisten in Speyer die pfälzische Unabhängigkeit. Ebenso wie andernorts bestand der aktionistische Kern der Bewegung aus jungen Arbeitslosen, städtischen Kleinbürgern, Gewerbetreibenden und vor allem aus Landwirten, die in der radikalen „Freien Bauernschaft" organisiert waren. Deren Vorsitzender Franz Joseph Heinz aus Orbis bei Kirchheimbolanden, Mitglied des pfälzischen Kreistags für die Deutsche Volkspartei (DVP) und Sympathisant der Hitler-Bewegung, schwang sich zum Präsidenten der „Pfälzischen Republik" auf.[45] Sein Stellvertreter, der Druckereibesitzer Adolf Bley, hatte im Stadtrat von Kirchheimbolanden die USPD vertreten. Noch weiter links verortet war der ehemalige kommunistische Funktionär Georg Kunz, der sich im Kabinett Heinz um sozialpolitische Fragen kümmern sollte. Die führenden Akteure der Separatisten-Regierung repräsentierten also völlig gegensätzliche politisch-ideologische Strömungen und hätten längerfristig wohl keine stabile Einheit gebildet.[46]

Zunächst aber agierten die Putschisten in einem Klima der Not und der Zukunftsunsicherheit, welches dazu beitrug, dass sich die von den wirtschaftlichen Folgen des passiven Widerstands und dem Elend der Hyperinflation zermürbte pfälzische Bevölkerung in den Gang der Dinge fügte.[47] So überdauerte die separatistische Regierung in Speyer ihr Pendant in Koblenz um immerhin drei Monate. Als

---

44 Am 24.10.1923 ließ der Vertreter des französischen Generals de Metz im pfälzischen Kreistag eine Erklärung verlesen, die eine Anerkennung der „Autonomen Pfalz" explizit ohne den Zusatz „im Rahmen des Reiches" enthielt, womit das Unternehmen in der allgemeinen Wahrnehmung augenblicklich als separatistisch gebrandmarkt worden war. Vgl. ausführlich Gräber/Spindler (1992): Revolverrepublik am Rhein, S. 379–571.
45 Vgl. Heinz (2020): Franz Joseph Heinz. Warum sich der Nationalist Heinz, der völkischem Gedankengut zuneigte, an die Spitze einer frankophilen Separatisten-Regierung setzte, ist ungeklärt. Eine Rolle mag gespielt haben, dass das Werben der französischen Besatzungsmacht seinem Drang nach politischer Anerkennung und gesellschaftlichem Aufstieg entgegenkam. Vgl. ebd., S. 217 f.
46 Vgl. Gräber/Spindler (2000): Rheinlandbesetzung, rheinischer Separatismus und Nationalsozialismus, S. 59.
47 Vgl. Gembries (1992): Verwaltung und Politik in der besetzen Pfalz, S. 278.

sich mit der Einführung der Rentenmark eine ökonomische Beruhigung abzeichnete und die Franzosen unter britischem Druck ihre Deutschlandpolitik modifizierten, verlor der Separatismus aber auch am Oberrhein seinen Nährboden. Am 9. Januar 1924 wurde Franz Joseph Heinz beim Abendessen im Hotel Wittelsbacher Hof von einem aus München abgesandten Attentatskommando erschossen.[48] In der Folge erschütterten weitere Gewaltausbrüche die Pfalz, die ihren Höhepunkt in der Erstürmung des Bezirksamts Pirmasens am 24. Februar mit 22 Toten und zahlreichen Verletzten fanden.[49] Zu diesem Zeitpunkt freilich war das Projekt der „Pfälzischen Republik" politisch bereits gescheitert.

5 Der Separatismus als Gegenstand nationalistischer Erinnerungskultur

In einer föderalen politischen Kultur können separatistische Fliehkräfte wirksam werden, wenn sich durch äußeren oder inneren Krisendruck die Überzeugung durchsetzt, dass eine positive Zukunft innerhalb des Gesamtstaats nicht mehr gewährleistet ist. Anders als etwa in den Vereinigten Staaten von Amerika während der 1850er Jahre, wo die programmatischen Sezessionisten von einem fundamentalen politisch-ideologischen Systemkonflikt (nämlich der Sklavereifrage) profitierten, war der rheinisch-pfälzische Separatismus 1923 aber zu keinem Zeitpunkt mehrheitsfähig und verschwand mit dem Abklingen der Krise, die ihn befördert hatte.

Zur Jahreswende 1923/24 hatte sich nicht nur der Separatismus erledigt, auch die bundesstaatlichen Reformideen wurden nicht weiterverfolgt. Der politische Diskurs war zu vergiftet, als dass die zukunftsweisenden Ansätze, die hierin durchaus angelegt waren, vor allem hinsichtlich der dauerhaften Aussöhnung mit Frankreich, hätten zur Reife gelangen können.[50] Die Frankophilie gehörte bei den Separatisten gleichsam zum Programm, was ihnen zweifellos zum Nachteil gereichte, da sie von ihren Gegnern als Marionetten der Besatzungsmacht wahrgenommen wurden. Die Erinnerung an den Separatismus war daher vor allem antifranzösisch, nationalistisch und durchweg negativ besetzt; sie enthielt keinerlei Ansätze positiver demokratischer Identitätsstiftung.

Deutlich wird das etwa beim Blick auf die eingangs geschilderte „Separatistenschlacht im Siebengebirge". In zeitgenössischen Artikeln und durch Denkmäler wurden die Angehörigen der Bürgerwehren zu „kerndeutschen Bauern" stilisiert, die zu den Waffen gegriffen hätten, um ihre Heimat vor „Vaterlandsverrätern und

---

48 Der britische Journalist Eric Rowe Geyde hat hierzu einen eindrücklichen Augenzeugenbericht hinterlassen. Vgl. Geyde (1931): Revolver-Republik, S. 228 ff.
49 Vgl. hierzu ausführlich Gräber/Spindler (2005): Pfalzbefreier, S. 22–161.
50 Diesen Aspekt betont Rummel (2020): „Separatismus", S. 80 f.

Räubergesellen" zu bewahren.⁵¹ 1933 plante die Honnefer Stadtverwaltung ein gewaltiges Monument auf dem nahegelegenen Himmerich, das freilich nicht realisiert wurde.⁵²

Man darf bezweifeln, dass der junge Peter Staffel, der am Abend des 15. November 1923 durch einen Kopfschuss getötet wurde, es darauf angelegt hatte, als Märtyrer des antiseparatistischen Abwehrkampfs in die Geschichte einzugehen. Er trat den heranfahrenden Trupps wohl eher deshalb entgegen, weil er das heimische Hab und Gut schützen wollte. Gleiches gilt für den siebzigjährigen Theodor Weinz, der am 16. November aus seiner Stube gezerrt und als lebender Schutzschild ins offene Feuer gestellt worden war. Aber auch die jungen Männer des „Rheinlandschutzes", in hasserfüllter Sprache als „verdorbene[s] und minderwertige[s] Menschengesindel"⁵³ bezeichnet, wurden weniger von politischen Überzeugungen als von der Not des Augenblicks getrieben, durch die Erfahrung von Inflation, Verelendung und einer so empfundenen Umkehrung der Werte. Wut und Verzweiflung erzeugten Gewalt und Gegengewalt, die sich eruptiv entluden. Sie alle waren, ohne hier eine Relativierung vornehmen zu wollen, in gewisser Hinsicht Opfer dieses denkwürdigen, schrecklichen Jahres 1923.

Quellen- und Literaturverzeichnis

Adenauer, Jr., Konrad: Konrad Adenauer als Präsident des Preußischen Staatsrats. In: Stehkämper, Hugo (Hrsg.): Konrad Adenauer. Oberbürgermeister von Köln. Festgabe der Stadt Köln zum 100. Geburtstag ihres Ehrenbürgers, Köln 1976, S. 355–404.

Akten der Reichskanzlei. Weimarer Republik – Die Kabinette Stresemann I/II, bearbeitet von Karl Dietrich Erdmann und Martin Vogt, Boppard am Rhein 1978.

Dorten, J. A: Die Rheinische Tragödie, Bad Kreuznach ²1981 (EA 1979).

Bellinghausen, Gert / Tentler, Erich: „Der Abwehrkampf in Aegidienberg", Bad Honnef 2023.

Bischof, Erwin: Rheinischer Separatismus 1918–1924. Hans Adam Dortens Rheinstaatsbestrebungen, Bern 1969.

Erdmann, Karl Dietrich: Adenauer in der Rheinlandpolitik nach dem Ersten Weltkrieg, Stuttgart 1966.

Fenske, Hans (Hrsg.): Die Pfalz und Bayern 1816–1956, Speyer 1998.

Friedrichs, Klaus: Die Separatistenschlacht im Siebengebirge. Das Ende des Separatismus am Mittelrhein, Neuwied 1931.

Gembries, Helmut: Verwaltung und Politik in der besetzten Pfalz zur Zeit der Weimarer Republik, Kaiserslautern 1992.

Geyde, G. E. R.: Die Revolver-Republik. Frankreichs Werben um den Rhein, Köln 1931.

---

51 Friedrichs (1931): Separatistenschlacht im Siebengebirge, S. 151.
52 Vgl. Scheuren (2023): Separatisten-Abwehrdenkmal.
53 Friedrichs (1931): Separatistenschlacht im Siebengebirge, S. 10.

Gräber, Gerhard: Pfälzischer Separatismus, publiziert am 9.10.2006 in: Historisches Lexikon Bayerns, http://www.historisches-lexikon-bayerns.de/Lexikon/Pfälzischer_Separatismus (letzter Abruf: 26.9.2024).

Gräber, Gerhard: Rheinisch-republikanische Volkspartei (RRVP), publiziert am 9.10.2006 in: Historisches Lexikon Bayerns, https://www.historisches-lexikon-bayerns.de/Lexikon/Rheinisch-republikanische_Volkspartei_(RRVP) (letzter Abruf: 26.9.2024).

Gräber, Gerhard: Johannes Hoffmann – moralistischer Pragmatiker in Zeiten des Wandels. In: Wollmesheim Cronik 1007–2007, Landau 2007, S. 153–164.

Gräber, Gerhard / Spindler, Matthias: Revolverrepublik am Rhein. Die Pfalz und ihre Separatisten. Bd. 1: November 1918 bis November 1923, Landau 1992.

Gräber, Gerhard / Spindler, Matthias: 100 Tage „Autonome Pfalz" (1923/24). Einige Thesen zu Legenden und Wirklichkeit. In: Kreutz, Wilhelm / Scherer, Karl (Hrsg.): Die Pfalz unter französischer Besetzung (1918/10–1930), Kaiserslautern 1999, S. 187–200.

Gräber, Gerhard / Spindler, Matthias: Rheinlandbesetzung, rheinischer Separatismus und Nationalsozialismus. In: Meyer, Hans-Georg / Berkessel, Hans (Hrsg.): Die Zeit des Nationalsozialismus in Rheinland-Pfalz. Bd. 1: „Eine nationalsozialistische Revolution ist eine gründliche Angelegenheit.", Mainz 2000, S. 57–68.

Gräber, Gerhard / Spindler, Matthias: Die Pfalzbefreier. Volkes Zorn und Staatsgewalt im bewaffneten Kampf gegen den pfälzischen Separatismus 1923/24, Ludwigshafen 2005.

Heinz, Joachim P.: Franz Joseph Heinz(-Orbis). In: Harthausen, Hartmut (Hrsg.): Pfälzische Lebensbilder, Bd. 9, Speyer 2020, S. 211–236.

Henning, Diethard: Johannes Hoffmann. Sozialdemokrat und Bayerischer Ministerpräsident. Biographie, München u. a. 1990.

Herres, Jürgen: Köln in preußischer Zeit 1815–1871, Köln 2012.

Hildebrand, Klaus: Das vergangene Reich. Deutsche Außenpolitik von Bismarck bis Hitler, TB Berlin 1999 (EA: Stuttgart 1995).

Hommel, Engelbert: Der Kölner Konrad Adenauer, Köln 1983.

Jones, Mark: 1923. Ein deutsches Trauma, Berlin 2022.

Kermann, Joachim / Krüger, Hans-Jürgen (Hrsg.): 1923/24. Separatismus im rheinisch-pfälzischen Raum. Eine Ausstellung der Landesarchivverwaltung Rheinland-Pfalz auf dem Hambacher Schloss, Koblenz 1989.

Klocksin, Jens: Separatisten im Rheinland. 70 Jahre nach der Schlacht im Siebengebirge. Ein Rückblick, Bonn 1993.

Köhler, Henning: Adenauer und die rheinische Republik: Der erste Anlauf 1918–1924, Opladen 1986.

Köhler, Henning: Adenauer. Eine politische Biographie, Berlin 1994.

Köhler, Henning: Konrad Adenauer und seine deutschlandpolitischen Vorstellungen. In: Hübsch, Reinhard (Hrsg.): Als die Mauer wuchs. Zur Deutschlandpolitik der Christdemokraten 1945–1970, Potsdam 1998, S. 88–104.

Kreutz, Wilhelm / Scherer, Karl (Hrsg.): Die Pfalz unter französischer Besatzung, Kaiserslautern 1999.

Löttel, Holger: Konrad Adenauer – ein Preuße wider Willen? In: Lewejohann, Stefan / Mölich, Georg (Hrsg.): Köln und Preußen. Studien zu einer Beziehungsgeschichte, Köln 2019, S. 241–260.

Löttel, Holger: Konrad Adenauer und Preußen, 2022 publiziert in: https://www.konrad-adenauer.de/politikfelder/seite/konrad-adenauer-und-preussen/ (letzter Abruf: 26.09.2024).

Löttel, Holger: Auf schmalem Grat: Konrad Adenauer in Rheinstaatspolitik 1918/19 und 1923. In: Unkeler Geschichtsbote Nr. 35 – November 2023, S. 28–32.
Löttel, Holger: Konrad Adenauer im Krisenjahr 1923, 2023 publiziert in: https://www.konrad-adenauer.de/biographie/seite/konrad-adenauer-im-krisenjahr-1923/ (letzter Abruf: 26.09.2024).
Löttel, Holger: Adenauer, Stresemann und der rheinische Separatismus. In: Grothe, Ewald / von Kieseritzky, Wolther (Hrsg.): Vernunftrepublikaner, Reichskanzler, liberaler Außenminister. Das Staatsverständnis von Gustav Stresemann, Baden-Baden 2025, S. 265–286.
Longerich, Peter: Außer Kontrolle. Deutschland 1923, Wien/Graz 2022.
Mergel, Thomas: Köln im Kaiserreich 1871–1918, Köln 2018.
Morsey, Rudolf: Die Rheinlande, Preußen und das Reich 1914–1945. In: Rheinische Vierteljahrsblätter 30 (1965), S. 152–175.
Morsey, Rudolf: Adenauers Rheinlandpolitik 1918/19 in der Sicht von NSDAP- und SED-Autoren (1933/34 und 1952/1961). In: Historisch-Politische Mitteilungen 10 (2005), S. 81–100.
Morsey, Rudolf: Rheinische Volksvereinigung, 1920–1923/24, publiziert am 11.5.2006 in: Historisches Lexikon Bayerns, https://www.historisches-lexikon-bayerns.de/Lexikon/Rheinische_Volksvereinigung,_1920-1923/24 (letzter Abruf: 26.9.2024).
Müller, Thomas / Rohrkamp, René, 2023: Der Aachener Putsch rheinischer Separatisten 1923, Aachen 2023.
Reichel, Peter: Rettung der Republik? Deutschland im Krisenjahr 1923, München 2022.
Reimer, Klaus: Rheinlandfrage und Rheinlandbewegung (1918–1933). Ein Beitrag zur Geschichte der regionalistischen Bestrebungen in Deutschland, Frankfurt a. M. u. a. 1979.
Reuth, Ralf Georg: 1923. Kampf um die Republik, München 2023.
Ribhegge, Wilhelm: Preußen im Westen. Kampf um den Parlamentarismus in Rheinland und Westfalen 1789–1947, Münster 2008.
Rödder, Andreas: Der Mythos von der frühen Westbindung. Konrad Adenauer und Stresemanns Außenpolitik. In: Vierteljahrshefte für Zeitgeschichte 41 (1993), S. 543–573.
Rummel, Walter: „Separatismus" – Vaterlandsverrat, Zukunftsvision oder Rettungsversuch? In: Der gescheiterte Friede. Die Besatzungszeit 1918–1930 im heutigen Rheinland-Pfalz (Begleitband zur Wanderausstellung der Landesarchivverwaltung Rheinland-Pfalz und des Instituts für Geschichtliche Landeskunde an der Universität Mainz e. V.), Koblenz 2020, S. 66–84.
Scheuren, Elmar / Trapp, Christoph: Separatisten im Siebengebirge. Die „Rheinische Republik" des Jahres 1923 und die „Schlacht" bei Aegidienberg (16./17.11.1923). Siebengebirgsmuseum der Stadt Königswinter 16. November 1923–23. Januar 1994, Bonn 1993.
Scheuren, Elmar: Besatzung, Not und „Separatisten". In: Aegidienberg. Unsere Heimat im Naturpark Siebengebirge, Bad Honnef 2017, S. 210–220.
Scheuren, Elmar: Die „Rheinische Republik" des Jahres 1923 im Raum Bonn und Siebengebirge. Separatistenkämpfe im November 1923, 2023 publiziert in: KuLaDig. Kultur. Landschaft. Digital: https://www.kuladig.de/Objektansicht/SWB-345747 (letzter Abruf: 26.9.2024).
Scheuren, Elmar: Geplantes Separatisten-Abwehrdenkmal, 2023 publiziert in: KudLaDig. Kultur. Landschaft. Digital, https://www.kuladig.de/Objektansicht/KLD-345660 (letzter Abruf: 26.09.2024).
Schlemmer, Martin: Konrad Adenauer und die Rheinlandfrage. Eine unerledigte Streitfrage? In: Geschichte im Westen 19 (2004), S. 7–23.

Schlemmer, Martin: „Los von Berlin". Die Rheinstaatsbestrebungen nach dem Ersten Weltkrieg, Köln u. a. 2007.

Schnorrenberger, Angelika: Der Düsseldorfer „Blutsonntag", 30. September 1923. In: Krumeich, Gerd / Schröder, Joachim (Hrsg.): Im Schatten des Weltkriegs. Die Ruhrbesetzung 1923. (Düsseldorfer Schriften zur neueren Landesgeschichte und zur Geschichte Nordrhein-Westfalens, Bd. 69), Essen 2004, S. 289–304.

Schulz, Günther (Hrsg.): Konrad Adenauer 1917–1933. Dokumente aus den Kölner Jahren, bearbeitet von Simon Ebert und Bettina Hinterthür, Köln 2007.

Schwarz, Hans-Peter: Adenauer. Der Aufstieg 1876–1952, Stuttgart 1986.

Uhlenbroch, Karl-Hermann: Vor 75 Jahren: Die Separatistenschlacht in Aegidienberg am Siebengebirge, o. J. [Königswinter] 1997.

Ullrich, Volker: Deutschland 1923. Das Jahr am Abgrund, München 2022.

Wulf, Peter: Hugo Stinnes. Wirtschaft und Politik 1918–1924, Stuttgart 1979.

Zur Person: Löttel, Holger, Dr. phil., Referent für Edition und Wissenschaft in der Stiftung Bundeskanzler-Adenauer-Haus in Rhöndorf.

Regierungsbildung und Parteiensystem
Aspekte der Stabilisierung und Destabilisierung unter den Kabinetten Cuno und Stresemann

WALTER MÜHLHAUSEN

In der hochexplosiven innen- und außenpolitischen Gemengelage des Krisenjahres 1923[1] erlebten die Deutschen fünf Regierungen: In das Jahr ging man mit der im November 1922 gebildeten „Regierung der Persönlichkeiten" von Wilhelm Cuno, dem im August 1923 zwei Kabinette der Großen Koalition unter Gustav Stresemann (DVP) folgten, der sich nach dem Ausscheiden der SPD Anfang November noch einige Wochen mit einer Rumpf-Regierung halten konnte, ehe die bürgerliche Minderheitsregierung des Zentrumsmannes Wilhelm Marx über das Jahresende hinaus die Reichsgeschäfte leiten sollte. In dieser Zeit verlagerten sich zeitweise die Kräfte im Beziehungsgeflecht von Reichspräsident, Regierung, Reichstag und Parlamentsfraktionen als den entscheidenden exekutiven und legislativen Machtzentren. Die Veränderungen durch die Ausnutzung der Verfassungsmöglichkeiten und durch eine verfassungsrechtlich nicht vorgesehene Übertragung von Befugnissen schufen die grundlegenden Voraussetzungen für ein konsequentes Ad-hoc-Krisenmanagement, das letztlich dafür sorgte, dass das am Abgrund stehende Reich nicht in die Tiefe stürzte.

| 1 | Cunos „Regierung der Fachleute" ein Präsidialkabinett? |

Die zu Beginn des Krisenjahres amtierende „Regierung der Persönlichkeiten" unter dem als parteilos firmierenden Wilhelm Cuno hatte ihr Entstehen vornehmlich der Initiative des Reichspräsidenten zu verdanken. Der Quereinsteiger genoss nicht nur beim Staatsoberhaupt, dem im Februar 1919 von der Nationalversammlung gewählten Sozialdemokraten Friedrich Ebert, hohes Ansehen. Dem Wirtschaftsführer eilte der Ruf eines erfolgreichen Industriekapitäns voraus, der über gute Verbindungen in den anglo-amerikanischen Raum verfügte. Damit verbunden war die Hoffnung auf eine akzeptable Regelung der Reparationen. Die Kanzlerwahl durch den Präsiden-

---

1 Als Einstieg in das Krisenjahr: Mühlhausen (2019): Experiment, S. 89 ff.; Überblicke aus einer Vielzahl von Publikationen zum 100. Jahrestag von 1923: Longerich (2022): Außer Kontrolle; Ullrich (2023): Deutschland 1923; zuletzt Mühlhausen (2024): Hyperinflation. Dieser Beitrag stützt sich im Wesentlichen auf Mühlhausen (2007): Friedrich Ebert, S. 594 ff. (dort die Quellen und weitere Literatur).

ten und die Kabinettsbildung ohne direkte Koalitionsabsprachen der Fraktionen war ein Symptom der Krise des parlamentarischen Parteienstaates. Der Ruf nach dem „bewährten" Wirtschaftsfachmann auf dem Kanzlerstuhl und nach einem Kabinett der parteiunabhängigen Persönlichkeiten hallte schon seit einiger Zeit durch den politischen Raum. Darin steckte ein hohes Maß an vormodernem Harmoniebedürfnis und eine gehörige Portion Enttäuschung über das nunmehr fast vier Jahre erlebte und durchlebte „Parteigetriebe", über Kanzler und Minister mit Parteibuch, die Politik zum „Wohl" der eigenen Organisation und Gefolgschaft betreiben würden. Aus dieser Parteienverdrossenheit heraus, entstanden auch aus der Erfahrung mit fünf Kanzlern und sechs Kabinetten innerhalb von nicht einmal vier Jahren seit der Republikgründung, sehnten sich viele nach einer Regierung ohne dominierenden Einfluss der Fraktionen. Cunos Regierung kam dem sehr nahe. Dabei schien der Reichspräsident in die Zeit der vorrepublikanischen Kanzlerwahl zurückgefallen zu sein, so dass das Kabinett Cuno mit seinen vier nominell parteilosen Ressortchefs bisweilen als das erste Präsidialkabinett der Republik angesehen wird.[2]

Was die Art der Kanzlerrekrutierung betraf, lag eine solche Wertung durchaus nahe: Der Hapag-Direktor Cuno war vornehmlich Eberts Wahl. Das Urteil trifft aber nicht die Weise, wie die Minister ausgewählt wurden. Schließlich wurden die Parteien gefragt und benannten auch einige Vertreter. Die Beauftragung Cunos war keineswegs gegen den Willen der Parteien geschehen.[3] Schon gar nicht wurde das Parlament mit der Drohung präsidialer Ausnahmegewalt geknebelt. Zudem – und dies war das Entscheidende – beruhte die Legitimation des Regierungshandelns nicht allein auf den Machtbefugnissen des Reichspräsidenten, sondern Cuno konnte sich bei seinen Entscheidungen von Fall zu Fall auf eine parlamentarische Unterstützung berufen. Cunos bürgerliche Minderheitsregierung, ohne eine von den ministeriell vertretenen Parteien ausgehandelte offizielle Koalitionsvereinbarung zustande gekommen, musste für ihr Handeln stets den aktiven Beistand oder zumindest die wohlwollende Tolerierung der Opposition einwerben, also der SPD oder der DNVP. Nach herrschender Meinung der Staatsrechtslehrer war davon auszugehen, dass eine Regierung zur Amtsführung kein ausdrückliches Vertrauensvotum benötigte. Sie besaß eben das Vertrauen, bis es ihr aktiv „entzogen" wurde.[4] Das drohte der Cuno-Regierung erst im August 1923. Nie kam sie an den Punkt, an dem sie, abgesi-

---

[2] Zuletzt Kielmansegg (2018): Reichspräsident, S. 231, im Gefolge von Hoppe (1998): Demokratie, S. 104, der die Regierung Cuno als „das erste Präsidialkabinett der Weimarer Republik" und die Bildung der zweiten Regierung Wirth bereits als einen wesentlichen „Schritt in Richtung auf ein präsidiales Regierungssystem" sieht (ebd., S. 98). Beides scheinen (weit) überzogene Wertungen zu sein, welche die Regierungspraxis und das Verhältnis Regierung und Reichstag gänzlich außer Acht lassen; dagegen Mühlhausen (2007): Friedrich Ebert, S. 577 ff.
[3] Zur Regierungsbildung die Einleitung zu Harbeck (1968): Kabinett Cuno, S. XIX ff. und umfassend Raithel (2005): Spiel, S. 171 ff.
[4] Poetzsch[-Heffter] (1925): Staatsleben, S. 212.

chert durch den Präsidenten, den Reichstag unter Androhung präsidialer Ausnahmegewalt gefügig machen wollte. Da hätte der Reichspräsident auch nicht mitgespielt. Ein Missbrauch seiner Kompetenzen gegen das volksgewählte Parlament rangierte außerhalb des Politik- und Amtsverständnisses des einstigen sozialdemokratischen Parteivorsitzenden Ebert.[5] Eine Parallele zu den Präsidialkabinetten in der Endphase Weimars unter dem Ebert-Nachfolger Paul von Hindenburg zu ziehen verbietet sich daher. Allenfalls gab die Berufung Cunos einen Vorgeschmack auf die präsidentielle Regierungsbildung am Ende der Republik, nicht aber auf eine allein auf den Rechten des Reichspräsidenten basierende Regierungspraxis.

Insgesamt erschien die Nominierung des Vernunftrepublikaners Cuno als ein „kühner Griff", wie die *Frankfurter Zeitung* noch Jahre danach schreiben sollte – aber sie erwies sich schon bald als ein „Fehlgriff".[6] Damit benannte das liberale Blatt eine von vielen geteilte Erkenntnis im Nachhinein. Das war keine Einschätzung, die der allgemeinen Stimmung im November 1922 entsprach. Angeführt vom „Königsmacher" Ebert überschätzten viele zweifellos Cunos Befähigung für das Regierungsamt; doch in der Situation nach dem Scheitern des vorherigen Kabinetts von Joseph Wirth besaß dessen Berufung allerdings durchaus Logik. Denn der Zentrumsmann Wirth hatte zuvor ohne große Not, getrieben von der eigenen Partei, Verhandlungen über eine Große Koalition begonnen, obwohl seine Regierung des Weimarer Bündnisses aus Zentrum, SPD und DDP, die im Mai 1921 als Minderheitsregierung gestartet war, sich seit der Wiedervereinigung der SPD mit dem Rest der USPD im September 1922 einer satten Mehrheit erfreute. Parlamentarisch betrachtet war das Ende der Regierung nachgerade überflüssig. Aber der wiedervereinigten und nominell an Mandaten größer gewordenen SPD, bei der sich die Koordinaten mit dem USPD-Zuwachs nach links verschoben, wollten die beiden bürgerlichen Koalitionspartner mit einer Regierungsbeteiligung von Stresemanns DVP begegnen. Wirth manövrierte sich so in eine Sackgasse.[7] Das dem Ende seiner Regierung vorausgehende Gerangel schadete dem Ansehen des Reichstags, mehr noch aber dem der Parteien. Weite Teile der Bevölkerung schienen schlicht parlaments- und parteienmüde zu sein.[8]

Eine parlamentarische Regierungsbildung lag nach dem endlosen Streit um die Große Koalition, das für Zentrum und DDP über die konkrete Situation im Herbst 1922 hinaus das Konsensideal darstellte, am Ende Wirths nicht mehr im Bereich des Möglichen. Insofern bewegte sich die Mehrzahl der zeitgenössischen Kommentare

---

5 Mühlhausen (2021): Prägung des Verfassungsrechts, S. 145.
6 Frankfurter Zeitung Nr. 8/9 vom 4. Januar 1933, im Artikel zum Tod Cunos. Der „kühne Griff" war eine Formulierung, die auf die Berufung des Reichsverwesers im Jahr 1848 anspielte.
7 Mühlhausen (2007): Friedrich Ebert, S. 556 ff.
8 Dem vormaligen bayerischen Ministerpräsidenten Hugo Graf von Lerchenfeld – und nicht nur ihm – schien das Volk „parlaments- und parteienmüde" zu sein; Bayerisches Hauptstaatsarchiv München, Nachlass Eduard Hamm 26: Lerchenfeld an Hamm, 7. Dezember 1922.

zur Berufung des Hapag-Mannes Cuno im positiven Bereich; selbst die linksstehende Zeitschrift *Die Weltbühne* spendete Applaus.[9] Die Regierung wurde mit einigen Vorschusslorbeeren bedacht, saßen doch Männer aus der Partei der Industrie, der DVP, mit am Kabinettstisch. Und zudem stand ihr ein Mann vor, der selbst aus der Wirtschaft kam. Doch mit der Besetzung des Ruhrgebietes erodierten die Verhältnisse in einer dramatischen Art und Weise.

2 Die verspätete Große Koalition als Notgemeinschaft

Aufgrund der Ruhrbesetzung und dem entschieden verfochtenen, vom Reich finanzierten passiven Widerstand, der ein über die Parteigrenzen hinwegreichendes Gefühl der Schicksalsgemeinschaft erzeugte und die innenpolitischen Gräben zu einem Teil kurzzeitig überdeckte, erfreute sich Cuno für einige Zeit wohl hoher Beliebtheitswerte, die jedoch aufgrund eines mangelhaften Krisenmanagements schon bald schwanden. Denn die Notlage verschärfte sich, was sich in massenhaften Protesten und Streiks ausdrückte. Dass Cuno überhaupt bis in den August 1923 hinein im Reichskanzlerpalais in der Wilhelmstraße saß, lag an den zögernden Flügelparteien der sich abzeichnenden auf breiter Mehrheit beruhenden Großen Koalition, also DVP und SPD, bei denen die Erkenntnis für die Notwendigkeit einer gemeinsamen Regierung nur sehr langsam reifte und viel zu spät, als der Karren gänzlich im Dreck steckengeblieben war, in entschlossene Aktion überging. Die „Verspätung" war vielleicht auch darauf zurückzuführen, dass der Reichspräsident lange – zu lange – hinter Cuno und seiner Regierung stand. Ihre Stärke war, dass niemand sie ersetzen wollte, trotz zunehmender Unzufriedenheit mit ihrer Arbeit. SPD und DVP besaßen lange Zeit wenig Neigung, das Ruder des leck geschlagenen und schlingernden Staatsschiffs zu übernehmen.[10] So trugen auch sie Mitschuld an der zu späten Ablösung Cunos, von dem sich angesichts der Zuspitzung der Lage als erstes die SPD Mitte Juli gänzlich abwandte: „Die beinahe wohlwollende Neutralität, welche die Sozialdemokratie früher dem Kanzler gegenüber einnahm, ist längst der Kritik gewichen und droht in offene Befehdung überzugehen", schrieb Stresemann.[11]

Doch einen Rücktritt der Regierung zu provozieren, ohne einen Ersatz parat zu haben, wäre nachgerade fahrlässig gewesen. Zudem liefen die vermeintlichen Frondeure Gefahr, eines erneuten Dolchstoßes bezichtigt zu werden. So preschten die

---

9 Nachzulesen in dem Beitrag von Frank Faßland [d.i. Felix Pinner]: Wirtschaftsführer XVIII. Wilhelm Cuno. In: Die Weltbühne Nr. 49 vom 7. Dezember 1922, S. 589–594, der Cuno trotz eines holprigen Starts mit viel Wohlwollen begegnet. Der Beitrag ist abgedruckt in Pinner (1925): Wirtschaftsführer, S. 140–147.
10 Über die Gespräche zwischen Vertretern beider Flügelparteien vgl. Mühlhausen (2007): Friedrich Ebert, S. 616 ff.; und Mühlhausen (2024): Hyperinflation, S. 69 ff.
11 Zitiert in der Einleitung zu Harbeck (1968): Kabinett Cuno, S. XXV.

Parteien erst vor, als sich die Krise dramatisch verschärft hatte und eine neue Regierung der Großen Koalition unter dem weithin als Kanzler gehandelten Gustav Stresemann in trockenen Tüchern war. Dieser scheint schon früh zu der Überzeugung gelangt zu sein, dass er bei einem Scheitern Cunos wahrscheinlich an der Reihe sei.[12] Seine brillante Rede vor dem Reichstag am 17. April prädestinierte ihn für ein führendes Amt, denn vor aller Augen positionierte sich der bis dato als Gegner, Zweifler und Skeptiker der neuen Staatsordnung agierende rechtsliberale Vernunftrepublikaner als „(Mit-)träger der Republik" und als potentieller Krisenkanzler.[13] So meinte Ludwig Haas von der DDP bereits einen Tag nach der Stresemann-Rede, dass dieser als kommender Regierungschef schon sehr weit mit den Sozialdemokraten einig sei.[14] Nicht nur dem ehemaligen Minister Hans von Raumer (DVP) war im Juli klar, dass nach Cuno die Sozialdemokraten mit in die Verantwortung zu nehmen seien. Die Zeit sei reif für eine Große Koalition.[15] Auch auf Seiten der SPD wuchs diese Erkenntnis; aber, so Hermann Müller, einer ihrer drei Vorsitzenden, das Kabinett könne nur gestürzt werden, wenn eine Alternative parat sei, da man sich in der gegenwärtigen Lage nicht den Luxus einer langwierigen Kanzlersuche erlauben könne.[16]

Selbst das zentrale Zentrumsblatt *Germania* hatte Ende Juli in einem für erheblichen Wirbel sorgenden Alarm-Artikel schweres Geschütz gegen das Kabinett aufgefahren, das „eine einzige Enttäuschung" sei. Der Reichstag müsse den „Mut zur Verantwortung haben und Führerwillen zeigen".[17] Das wurde als Frontalangriff auf die Regierung verstanden – und als Plädoyer für eine Große Koalition. In die gleiche Richtung deutete der sozialdemokratische *Vorwärts* die Schelte der *Germania*, dachte aber die Kritik zu Ende, die nun in Aktion umschlagen müsse: „Wer die Regierung Cuno stürzen will, muss dafür sorgen, dass eine starke, aktionsfähige, auf ehrliches Vertrauen breiter Volksmassen gestützte Regierung sofort als ihre Nachfolgerin auf den Plan tritt."[18]

Ganz entscheidend kam es nun auf das Staatsoberhaupt an, dem eigentlichen Spiritus Rector der Cuno-Regierung, der selbst, wie er im Vorfeld der Installierung Cunos im Kreise der Parteiführer eingestanden hatte, ein „entschiedener Vertreter des

---

12 Wright (2006): Gustav Stresemann, S. 207.
13 Verhandlungen des Reichstags. Bd. 359, S. 10578 ff. Die obige Wertung mit ausführlicher Einordnung der Rede bei Pohl (2015): Gustav Stresemann, S. 219, der darin eine Selbst-„Inszenierung" als Krisenmanager sieht.
14 BArch, N 1342/Nachlass Joseph Wirth 17: Ludwig Haas an Joseph Wirth, 18. April 1923.
15 Politisches Archiv des Auswärtigen Amts, Berlin, NL 306/Nachlass Gustav Stresemann 260, H 145750: Raumer an Stresemann, 23. Juli 1923.
16 So wiedergegeben von Stresemann nach einem Gespräch mit Müller; ebd. 256, H 145782: Stresemann an Kempkes, 29. Juli 1923.
17 Germania, Nr. 205 vom 27. Juli 1923 („In höchster Not"), ausführlich zitiert bei Raithel (2005): Spiel, S. 220.
18 Vorwärts, Nr. 349 vom 28. Juli 1923 („Zentrum gegen Cuno"), der den Germania-Artikel als „Sensation des Tages" wertete.

Gedankens der Großen Koalition" war, und zwar „aus staatspolitischen Notwendigkeiten heraus."[19] Das klappte seinerzeit ja nicht. Politische Beobachter wie der französische Botschafter Pierre de Margerie vernahmen schon im April 1923 Anzeichen, dass neben führenden Männern von DVP und SPD auch der Reichspräsident auf die Große Koalition hinarbeite.[20] Das dürfte in der Tendenz so richtig gesehen worden sein. Aber das hieß nicht, dass Ebert sich von dem einst von ihm erwählten Cuno sofort abwandte. Als zentrale Machtinstanz stand er lange zu „seinem" Kanzler – bis zum Höhepunkt der Krise, die im August kulminierte, als die Ernährungssituation vor dem Kollaps stand, Verarmung und Verelendung den Zenit erreichten und sich die Unzufriedenheit in Teuerungskrawallen und Massenstreiks entlud. Zudem rief die KPD den Generalstreik aus; aus Furcht vor weiteren Unruhen wurden am 11. August sogar die abendlichen Feiern zum Verfassungstag abgesagt. An diesen Tag entschloss sich die lange zögernde SPD, einen Misstrauensantrag zu stellen. Einem Sturz durch das Parlament kam der resignierende Cuno, seines Amtes überdrüssig, dann durch Rücktritt einen Tag später zuvor. Er ließ es nicht mehr auf eine Abstimmung im Reichstag ankommen, die er vielleicht sogar siegreich hätte gestalten können. Jetzt bewahrheitete sich das, was manchem politischen Insider bereits im November 1922 klar gewesen schien, dass, wenn diese über den Parteien schwebende Regierung zerbreche, es zur Großen Koalition kommen musste.[21] Auch Cuno hatte in seinem Demissionsschreiben an den Reichspräsidenten darauf abgehoben, eine große Mehrheit sei der Ansicht, dass nun die Regierung „von einer Koalition großer Parteien gebildet und damit von einer starken festen Mehrheit des Reichstages" getragen werden müsse.[22]

Umgehend nach dem Erhalt des Rücktrittsbriefs beauftragte Ebert mit der Kabinettsbildung Stresemann, dem der Reichstag schon am 14. August nach einer nur kurzen Rede des neuen Kanzlers mit 239 gegen 76 Stimmen das Vertrauen aussprach, und zwar seit 1920 erstmals wieder mit einer direkten Bekundung, dass man die Erklärung der Regierung billige. Es fehlten allerdings jeweils ein Drittel der Abgeordneten von SPD und DVP.[23] Die neue Regierung war eben keine Über-

---

19 Am 18. November 1922; zitiert bei Mühlhausen (2007): Friedrich Ebert, S. 585.
20 Mit weiteren Verweisen Mühlhausen (2007): Friedrich Ebert, S. 616 ff.
21 Dass die Regierung Cuno nur eine „Übergangsbrücke" zur Großen Koalition sei, war eine auch von Stresemann bereits bei deren Installierung geäußerte Ansicht; nach der Vossischen Zeitung, Nr. 553 vom 22. November 1922 („Stresemann über die Regierungskrise"); dazu auch der Kommentar im Vorwärts, Nr. 553 vom 23. November 1922 („Nur ein Übergangsministerium").
22 Schreiben u. a. in der Vossischen Zeitung, Nr. 380 vom 13. August 1923 („Cunos Demissionsgesuch").
23 Verhandlungen des Reichstags. Bd. 361, S. 11839 ff.; namentliches Abstimmungsergebnis S. 11871. Eine Aufschlüsslung nach Fraktionen liefert Raithel (2005): Spiel, S. 244: Von 171 SPD-Abgeordneten stimmten 115 mit Ja, drei waren erkrankt bzw. beurlaubt, bei weiteren 53 wird „fehlend" vermerkt. Die Zahlen für die 66-köpfige DVP-Fraktion: Ja 44, erkrankt drei, fehlend 19. Auch vom Zentrum fehlte ein Viertel der 65 Mandatsträger, drei waren erkrankt, elf fielen in die Kategorie der „Fehlenden". Vgl. zur Regierungsbildung die Einleitung zu Erdmann/Vogt (1978): Kabinette Stresemann, S. XXI ff.

zeugungsgemeinschaft, sondern mehr ein Bündnis der Not, gegen das es in den Reihen beider Parteien starke Widerstände gab.

Gustav Stresemann sollte über die ganze Weimarer Republik hinweg der einzige Liberale im Chefsessel des Reichskanzlerpalais bleiben. Und er sollte nur rund 100 Tage amtieren. Seine sich numerisch auf eine Zweidrittelmehrheit im Reichstag stützende Große Koalition aus SPD, Zentrum, DDP und DVP sollte noch nicht einmal so lange bestehen bleiben. Der Bruch musste von innen heraus erfolgen, denn mit der Bildung der Großen Koalition mangelte es an einer systemloyalen Opposition, die eine Alternative hätte sein können. Die für die Vitalität des Parlamentarismus unabdingbare Konstellation von fester Mehrheitsregierung und einer starken, zur Regierungsübernahme bereiten (und fähigen) Opposition existierte nicht.

Die neue Regierung brach, längst überfällig, am 26. September den höchst kostspieligen, die Inflation dramatisch anheizenden passiven Widerstand ab und verhängte nach Artikel 48 der Reichsverfassung den Ausnahmezustand. Dies geschah, um eine Destabilisierung der Situation zu verhindern, nachdem die rechtsautoritäre Regierung in Bayern in Windeseile als Reaktion auf die von ihr als Kapitulation missbilligte Preisgabe der bisherigen Ruhrpolitik den landesrechtlichen, teilweise auch auf Artikel 48 basierenden Ausnahmezustand für das eigene Territorium verhängt hatte. Das war der Auftakt zu einer Phase höchst konfliktreicher Beziehungen zwischen Berlin und München. Doch loderten noch weitere Brandherde: In den besetzten Gebieten bekamen von den Franzosen geförderte Separatisten Oberwasser und proklamierten vereinzelt die Unabhängigkeit. In Sachsen und Thüringen bildete die SPD im Oktober Koalitionsregierungen mit der republikfeindlichen KPD, deren für den Herbst geplante Revolution in einem Desaster endete: Obwohl sie die Aktion in der Erkenntnis ihrer Aussichtslosigkeit abgeblasen hatte, kam es in Hamburg am 23. Oktober aufgrund von Eigenmächtigkeiten örtlicher Funktionäre oder infolge von Kommunikationsfehlern zu einer knapp zweitägigen Revolte.

Zu diesem Zeitpunkt amtierte bereits die zweite Regierung Stresemann, denn die erste war am 3. Oktober gesprengt worden, als die DVP breite sozialpolitische Einschnitte vornehmen wollte, was wiederum die SPD verprellte.[24] Sollbruchstelle war das Ermächtigungsgesetz, das die Regierung in die Lage versetzen sollte, die als unbedingt notwendig erachteten finanz-, wirtschafts- und sozialpolitischen Maßnahmen in der gebotenen Eilbedürftigkeit zu ergreifen. Darunter fiel auch die Möglichkeit einer Erhöhung der Arbeitszeit. Während die SPD-Minister hierzu bereit schienen, lehnte das ihre Fraktion ab. Auf Seiten der DVP fanden immer mehr die Stimmen des industriellen Flügels um den „Inflationskönig" Hugo Stinnes Gehör,

---

24 Kabinettssitzungen vom 3. Oktober 1923 (18:30 Uhr und 22 Uhr); Erdmann/Vogt (1978): Kabinette Stresemann, S. 458 ff.; s. a. Stresemann (1932): Vermächtnis 1, S. 143; ausführlich Raithel (2005): Spiel, S. 270 ff.

welche die SPD aus der Regierung drängen und die DNVP hineinholen wollten. Weil die SPD-Minister, die um den Erhalt der Koalition willen nahezu jeden Preis zu zahlen bereit waren, von ihrer eigenen Gefolgschaft im Regen stehen gelassen wurden, die nach eigener Einschätzung bis „an die Grenze der Selbstverleugnung" gegangen war,[25] scheiterte das Experiment der Großen Koalition – vorerst. Denn sie wurde erneuert, nachdem Stresemanns Versuch, ein überparteiliches Kabinett der Persönlichkeiten zu schaffen, um die parlamentarische Verkrustung durch Abkoppelung der Regierungsbildung vom Reichstag zu umschiffen, schon nach kürzester Zeit ergebnislos verlaufen war.[26]

Stresemann gelang es dann, die Große Koalition zu reanimieren und einen für beide Flügelparteien akzeptablen Kompromiss bei dem für das zur Währungssanierung notwendigen Ermächtigungsgesetz zu entwickeln, von dem ausdrücklich die Regelung der Arbeitszeit ausgenommen war. Die erste für den 11. Oktober anberaumte Schlussabstimmung über das gesamte Ermächtigungsgesetz musste jedoch kurzerhand ausgesetzt werden, denn es drohten nicht genügend Mandatsträger im Plenum anwesend zu sein, um die notwendige qualifizierte Mehrheit zu erzielen. Nach Artikel 76 der Reichsverfassung kam eine „Abänderung der Verfassung nur zustande, wenn zwei Drittel der gesetzlichen Mitgliederzahl anwesend" waren und „wenigstens zwei Drittel der Anwesenden" zustimmten. In den Reihen der Regierungsfraktionen klafften jedoch beträchtliche Lücken. Stresemann hatte sich zuvor beim Reichspräsidenten das Einverständnis zur Reichstagsauflösung geholt, um dies im Parlament am Ende der Debatte des 11. ein wenig verklausuliert zu verkünden: „Die Entschlüsse darüber, was die Regierung tut, wenn das Ermächtigungsgesetz abgelehnt wird, stehen fest, stehen wenigstens für mich und für diejenige Stelle fest, die darüber zu entscheiden hat." Mit letzterem war natürlich der Reichspräsident gemeint. Wie sollte man dauerhaft weiterregieren, wenn eine Mehrheitskoalition sich dem Regierungschef in einer für das Regierungshandeln fundamentalen Frage verweigerte? Zudem war klar, dass bei einer Reichstagsauflösung die Regierung über Artikel 48 agieren würde, ja musste, wie es Stresemann nach der Vertagung im Kabinett kundgab.[27] Am 13. Oktober über-

---

[25] So der Vorwärts, Nr. 463 vom 4. Oktober 1923 („Rücktritt der Reichsregierung"). Für die Haltung der SPD nach wie vor grundlegend: Winkler (1984): Von der Revolution, S. 626 ff.; siehe auch Ebert (2014): Wilhelm Sollmann, S. 247 ff.

[26] Vossische Zeitung, Nr. 470 vom 4. Oktober 1923 („Stresemanns zweites Kabinett"). Vgl. Raithel (2005): Spiel, S. 275.

[27] Stresemanns Parlamentsrede in Verhandlungen des Reichstags. Bd. 361, S. 12141; vgl. Stresemann (1932): Vermächtnis. Bd. 1, S. 156 f.; seine Ausführungen in der Kabinettssitzung am 11. Oktober 1923 (16 Uhr, nach der Reichstagssitzung) in Erdmann/Vogt (1978): Kabinette Stresemann, S. 543.

sprang das Gesetz dann doch mit 316 Stimmen die Hürde der erforderlichen 307.[28] Nicht nur die *Vossische Zeitung* applaudierte: „Bravo Reichstag!"[29]

Doch das zweite Kabinett Stresemann, das gegenüber dem ersten deutlich nach rechts gerückt war, sollte lediglich weitere vier Wochen halten. Nicht mehr kitten konnte der Kanzler den Bruch, als die SPD das übereilte Vorgehen mit einer sogenannten Reichsexekution gegen die widerspenstige SPD/KPD-Regierung in Sachsen am 2. November zum Anlass nahm, das Kabinett zu verlassen. Das sächsische Experiment einer Arbeiterregierung hatten Reichspräsident und Reichsregierung nach langen sich zuspitzenden Kontroversen schließlich beendet, als sie am 29. Oktober über eine Verordnung nach Artikel 48 die Dresdner Regierung absetzten, um vor allem die antirepublikanische KPD zu verbannen.[30] Der Unmut der SPD speiste sich vor allem aus der Tatsache, dass die Reichsregierung drastisch gegen Sachsen vorging, aber nichts gegen die verfassungswidrigen Bestrebungen in Bayern unternahm, wo der mit außerordentlichen Vollmachten ausgestattete Generalstaatskommissar Gustav Ritter von Kahr im Zusammenspiel mit einer Phalanx aus nationalkonservativen Kräften eine nationale Diktatur anstrebte und dem Reich die Gefolgschaft verweigerte. Doch der die Spannungen zwischen Reich und Bayern ausnutzende, sich selbst aber überschätzende Adolf Hitler scheiterte am 9. November mit seinem „Marsch auf Berlin" schon nach einigen hundert Metern im Kugelhagel der Münchner Polizei. Die entscheidenden anderen bayerischen Frondeure folgten dem Hakenkreuzträger nicht.

3 Am Scheideweg: Diktatur oder demokratische Regierung?

Wie Hitlers Machteroberungsphantasien so zerbröselten auch die Hoffnungen derjenigen, die auf eine Diktatur setzten, ob nun auf eine kurzzeitige zur Überwindung der fundamentalen Krise oder eine dauerhafte Rechtsdiktatur, mit der man der Re-

---

28 Details bei Raithel (2005): Spiel, S. 293 ff. Sechs Enthaltungen kamen vom rechten DVP-Flügel; von der SPD fehlten 13 Mitglieder (mehrheitlich vormalige Unabhängige), obwohl die Fraktion über den üblichen Fraktionszwang hinaus beschlossen hatte, dass alle Mitglieder im Plenum anwesend zu sein und mit Ja zu stimmen hatten, um nicht den „Willen der Fraktion zu durchkreuzen"; Vorwärts, Nr. 480 vom 13. Oktober 1923 („Das Ermächtigungsgesetz angenommen"); Gesetz im Reichsgesetzblatt I 1923, S. 943.
29 Vossische Zeitung, Nr. 486 vom 13. Oktober 1923 („Bravo Reichstag!").
30 Verordnung in: Ursachen und Folgen. Bd. 5, S. 500. Zur „Reichsexekution" vgl. Mühlhausen (2007): Friedrich Ebert, S. 641 ff.; zusammenfassend Mühlhausen (2021): Ausnahmezustand, S. 164 ff. Für Sachsen jüngst Pohl (2022): Sachsen, der in der Kooperation von SPD und KPD ein linksrepublikanisches Projekt sieht, das die Weimarer Demokratie hätte stärken und fortentwickeln können. Dabei attestiert er der KPD die Fähigkeit zur republikanischen Hinwendung, wertet darüber hinaus die Reichsexekution als ein Schlüsselereignis (S. 276), das eine weitere Stabilisierung und Demokratisierung der Republik verhindert und den linken Flügel der Arbeiterschaft von der parlamentarischen Demokratie entfremdet habe (S. 241). Hinter diesen Thesen bleiben Fragezeichen.

publik den Garaus machen wollte. Der Gedanke an eine Diktatur geisterte nun schon seit Wochen durch die politische Landschaft. Bereits vor dem Ende des Kabinetts Cuno wollte das Zentrumsblatt *Germania* „aus allen Kreisen, selbst den linksstehenden", den Ruf nach einem Diktator oder einem kleinen Direktorium mit außerordentlichen Vollmachten vernommen haben.[31] Als erster Anwärter für das Amt eines mit Ausnahmevollmachten ausgestatteten Diktators oder eines Triumvirats galt der Chef der Heeresleitung Hans von Seeckt, den Reichspräsident Ebert in Abwehr des Hitler-Putsches in der Nacht zum 9. November zum Inhaber der vollziehenden Gewalt ernannte. Doch nutzte der General, der zuvor mit einem Direktorium geliebäugelt und Regierungsprogramm und Antrittsrede[32] entworfen hatte, die Vollmachten nicht zum Gewaltstreich gegen die Republik. Der Reichspräsident hatte ihn geschickt an sich gebunden. Gegen das verfassungsmäßige Staatsoberhaupt zu putschen, war Seeckt nicht bereit und nicht willens.

Stresemann hatte sehr wohl Recht in der Einschätzung, dass falls seine Minderheitsregierung für eine beabsichtigte Maßnahme keine Mehrheit im Parlament erzielen würde, nur zwei Wege offenstanden: die Reichstagsauflösung oder ein Direktorium, wobei er vor letzterem dringend warnte.[33] Aber keines von beiden sollte folgen, nachdem er als erster Kanzler der Republik „in offener Feldschlacht" gefallen war.[34] Seine Tage als Kanzler waren gezählt, als DNVP und KPD getrennte Misstrauensanträge vorlegten und schließlich auch der ehemalige Koalitionspartner SPD sich zu einem gleichartigen Antrag durchrang. Die Sozialdemokraten hoben dabei auf die Ungleichbehandlung von Sachsen und Thüringen einerseits, wo ohne Grund der „Ausnahmezustand in schärfster Form angewandt" worden sei, und Bayern andererseits ab, gegen dessen verfassungswidrige „Zustände aber nichts Entscheidendes" geschehe.[35] Angesichts der drei unterschiedlichen Misstrauensanträge ging Stresemann, der in der eigenen Partei das Vertrauen des rechten, auf eine Regierungsbeteiligung der DNVP drängenden Flügels verloren hatte,[36] in die Offensive. Am 23. November lehnte das Parlament mit 231 Stimmen gegen 156 von DVP, Zentrum und DDP das vom Kanzler geforderte Vertrauensvotum ab.[37] Auffallend

---

31 Germania, Nr. 205 vom 27. Juli 1923 („In höchster Not"); zu den Diktaturplänen vgl. Mühlhausen (2007): Friedrich Ebert, S. 681 ff.
32 Abgedruckt in Erdmann/Vogt (1978): Kabinette Stresemann, S. 1203 ff.
33 Stresemann vor dem DVP-Zentralvorstand am 18. November; Kolb/Richter (1999): Nationalliberalismus. Bd. 1, S. 483 f.
34 So Stresemann in einem Pressegespräch; Stresemann (1932): Vermächtnis. Bd. 1, S. 245.
35 Beschluss der SPD-Fraktion vom 20. November im Vorwärts, Nr. 547 vom 23. November 1923 („Sozialdemokratischer Mißtrauensantrag"); deutlich wird die Kritik der SPD bereits im Vorwärts, Nr. 543 vom 20. November 1923 („Sozialdemokratie gegen Stresemann").
36 Vgl. Wright (2006): Gustav Stresemann, S. 248.
37 Verhandlungen des Reichstags. Bd. 361, S. 12294; das Abstimmungsergebnis nach Fraktionen bei Raithel (2005): Spiel, S. 308. Zu den 32 fehlenden SPD-Abgeordneten kamen noch fünf weitere aus deren Reihen, die beurlaubt, krank und entschuldigt waren.

war dabei, dass 32 der 171 Sozialdemokraten der Abstimmung fernblieben und so ihren Protest gegen das Nein der eigenen Partei artikulierten. Der Forderung des Kanzlers im Vorfeld, ihm die Auflösungsorder zu geben, kam der Reichspräsident nicht nach. Ebert verweigerte Stresemann die Ermächtigung, weil für ihn eine Auflösung des Reichstages wegen der möglichen Annahme eines Misstrauensantrages gegen die Minderheitsregierung nicht in Betracht kam, was eine ganz andere Konstellation darstellte, als wenn einer Mehrheitsregierung die parlamentarische Unterstützung in einem existentiellen Fall wie einem Ermächtigungsgesetz versagt worden wäre. Das endgültige Aus Stresemanns konsternierte den Präsidenten. Das erklärt die vom ausgebooteten Kanzler überlieferten Worte Eberts, in denen er den Misstrauensantrag seiner Partei als folgenschweren Fehler bezeichnete: „Was Euch veranlasst, den Kanzler zu stürzen, ist in sechs Wochen vergessen, aber die Folgen Eurer Dummheit werdet Ihr noch zehn Jahre lang spüren."[38] Das hatte prophetischen Charakter, denn für die kommenden viereinhalb Jahre drückte die SPD die Oppositionsbänke, und zehn Jahre später befand man sich im Jahr 1933.

Nach dem Ende der Regierung Stresemann machte sich zunächst Ratlosigkeit breit: „Was nun?" fragte sich nicht nur die Kölnische Volkszeitung, das Zentrumsblatt des Rheinlandes, am Tag nach dem Kanzlersturz.[39] Auf Stresemann folgte keine Diktatur. Die Probe aufs Exempel blieb der Republik erspart, weil Parlament und Fraktionen wieder die normale Regierungsbildung erprobten – ein nicht leichtes Unterfangen, denn bei der nachfolgenden Kanzlerkür versuchten sich nicht weniger als fünf Kandidaten. Als der Reichspräsident zwischenzeitlich angesichts der Stagnation ein zweites fraktionsunabhängiges „Fachministerium" à la Cuno anvisierte, diesmal mit dem parteilosen Heinrich Albert[40], vormals Chef der Staatskanzlei und Minister im Cuno-Kabinett, lockte er die Parteien aus der Reserve, denn eine Wiederholung des gescheiterten Experiments einer Regierung von „Fachleuten" wollten sie kein zweites Mal riskieren. Dabei brachte sich auch die DNVP ins Spiel, die als zweitstärkste Oppositionskraft nach der regierungsunwilligen SPD die Beauftragung eines Mannes aus ihren Reihen einforderte und dies mit der Ermächtigung des neuen Kabinetts zur Reichstagsauflösung verband. Ebert spielte nicht mit. Er pochte auf seine freie Entscheidung bei der Berufung eines Kandidaten. Dabei, und das ist

---

38 Stresemann (1932): Vermächtnis. Bd. 1, S. 245; diese Äußerung Eberts wurde Stresemann aus Kreisen der SPD mitgeteilt. Gegenüber dem Schweizer Gesandten Hermann Rüfenacht zitierte er fast ein Jahr später Eberts Worte in Richtung SPD-Führer ähnlich: „Sie werden nach 8 Wochen nicht mehr wissen, warum Sie das Kabinett Stresemann gestürzt haben, die Folgen aber werden Sie noch 8 Jahre lang fühlen." Vgl. Mühlhausen (2007): Friedrich Ebert, S. 701 (Anm. 499).
39 Kölnische Volkszeitung, Nr. 855 vom 24. November 1923, zitiert bei Morsey (1966): Zentrumspartei, S. 550.
40 Der Brief Eberts vom 25. November an Albert mit dem Auftrag zur Regierungsbildung wurde sogleich in der Presse veröffentlicht – u. a. in der Vossischen Zeitung, Nr. 559 vom 26. November 1923 („Geschäftsministerium Albert") –, was den Druck auf die zögerlichen Parteien erhöhte.

das Entscheidende, leitete ihn das Ziel, eine Person zu beauftragen, die die besten Aussichten auf eine Regierung mit parlamentarischer Mehrheit im Rücken besaß.[41] Das gelang nicht, denn es blieb nach einer – im Vergleich zum Wechsel von Cuno auf Stresemann als lang empfundenen – einwöchigen Sondierung nur eine Minderheitsregierung unter dem vom Reichspräsidenten inständig beknieten Zentrumsvorsitzenden Wilhelm Marx. Dem Verfechter eines Mittelkurses seiner Partei wurde der Balanceakt zugetraut, einem Minderheitskabinett vorzustehen und das für die Stabilität des Regierungshandelns notwendige Wohlwollen der starken sozialdemokratischen Opposition einzuwerben. Marx, den die Partei schweren Herzens „in die vorderste Frontlinie"[42] schickte, gelang eine Erneuerung der um die Bayerische Volkspartei ergänzten letzten Stresemann-Regierung aus Zentrum, DDP und DVP, die dem Reichstag ein neues Ermächtigungsgesetz abrang.

4 Parlament, Regierung oder Präsident – Machtzentren in der Krise

Mit dem Ermächtigungsgesetz vom 8. Dezember, mit 313 gegen 18 Stimmen verabschiedet, wobei sich die DNVP nicht an der Abstimmung beteiligte, aber durch ein Verbleiben im Saal die Beschlussfähigkeit, die erforderliche Anwesenheit von zwei Dritteln der Mandatsträger sicherte,[43] gab die Legislative erneut ihre Rechte, befristet bis zum 15. Februar 1924, zugunsten der Exekutive ab. Schon kurz nach dem Ruhreinmarsch war von DDP, Zentrum, DVP, BVP und auch der republikfeindlichen DNVP am 17. Januar ein Ermächtigungsgesetz eingebracht worden, um der Regierung die notwendigen Freiheiten des Reagierens einzuräumen, „die sich zur Abwehr der aus der wirtschaftlichen und sozialen Not für die Allgemeinheit drohenden Gefahren als notwendig erweisen".[44] Doch für die Annahme des von Reichsregierung und Reichsrat als verfassungsändernd betrachteten Gesetzes bedurfte es einer qualifizierten Zweidrittelmehrheit, die nur mit der Zustimmung der SPD erreicht worden wäre. Aber sie lehnte (wie auch die KPD) die Pauschalermächtigung für Cuno ab. So wurde dann am 23. Februar ein umfangreiches, aber nicht mehr verfassungsdurchbrechendes Notgesetz mit der lediglich notwendigen einfachen

---

41 Zu Eberts Abwehr des DNVP-Anspruchs zusammenfassend Mühlhausen (2021): Prägung des Verfassungsrechts, S. 147.
42 Hehl (1987): Wilhelm Marx, S. 252; zur Bildung der Regierung auch die Einleitung bei Abramowski (1973): Kabinette Marx, S. VII ff.; detailliert Mühlhausen (2007): Friedrich Ebert, S. 704 ff.
43 Hehl (1987): Wilhelm Marx, S. 259. Von der SPD fehlte ein Viertel der Fraktion (42 der 171 Mandatsträger); vgl. zum Abstimmungsverhalten Raithel (2005): Spiel, S. 326; das Ermächtigungsgesetz in: Ursachen und Folgen. Bd. 5, S. 283. Für die SPD in dieser Frage: Winkler (1984): Von der Revolution, S. 678 ff.
44 Verhandlungen des Reichstags. Bd. 357, S. 9454.

Mehrheit verabschiedet.⁴⁵ Diese zunächst bis zum 1. Juni geltende Vollmacht dehnte der Reichstag bis Ende Oktober aus. Insgesamt wurden 18 Verordnungen, gestützt auf das Notgesetz, erlassen, denen 568 Gesetze und Verfügungen gegenüberstanden, die den ordentlichen legislativen Weg durchliefen.⁴⁶ Also schien im Februar der Druck zu einer Ermächtigung nicht gerade sehr hoch gewesen zu sein, wenn die ordentliche Legislative doch weitgehend funktionierte.

Die Delegierung der gesetzgebenden Gewalt an die Exekutive wird als eine in der Verfassung zwar nicht direkt vorgesehene, von der zeitgenössischen Staatsrechtslehre aber allgemein durchaus mit dem Geist der demokratischen Ordnung in Einklang befindliche Selbstpreisgabe der Macht gewertet, der sich die Fraktionen angesichts der existentiellen Problemlagen nicht unbedingt ungern bedienten, entband sie dies doch von der Verantwortung für die überwiegend unpopulären Maßnahmen. So fanden die Ermächtigungsgesetze bis 1923 auch die Zustimmung weiter Teile der Opposition. In den ersten fünf Jahren der Republik (vom Februar 1919 bis zum Februar 1924) besaßen die Regierungen in nahezu der Hälfte der Zeit (in zwei Jahren und fünf Monaten) durch Ermächtigungsgesetze außerordentliche legislative Vollmachten und erließen auf deren Basis insgesamt 195 gesetzesvertretende Verordnungen.⁴⁷

Neben dem freiwilligen Verzicht auf die Gesetzgebung konnten Reichspräsident und Reichsregierung über den Artikel 48 Verordnungen mit Gesetzeskraft am Parlament vorbei erlassen. Die ursprünglich nur zur Wiederherstellung von Sicherheit und Ordnung konzipierte Bestimmung wurde im Zuge der Finanz- und Wirtschaftskrise auch auf diese Felder ausgedehnt, beginnend im Oktober 1922. Von da bis zum Ende des Jahres 1924 wurden 67 Verordnungen nach Artikel 48 erlassen, von denen immerhin allein 44 finanz-, wirtschafts- und sozialpolitische Maßnahmen betrafen – eine durchaus kritisch gesehene Weiterung der Verfassungsbestimmung. In der bis zum August während Amtszeit Cunos ergingen insgesamt elf Verordnungen nach Artikel 48, davon gelten sechs als wirtschaftliche Notmaßnahmen mit Blick auf Ruhrbesetzung und Inflation.

Beides, Ermächtigungs- und 48er-Verordnungen, sind in den Blick zu nehmen, um der Frage nach der Funktionstüchtigkeit des parlamentarischen Systems nachzugehen. In der Zeit vom 13. Oktober 1923 bis zum 2. November 1923 und vom 8. Dezember 1923 bis zum 15. Februar 1924, der Gültigkeit der beiden Ermächtigungsgesetze, von denen das erste für die Regierung Stresemann inhaltlich begrenzt, das

---

45 Abstimmung in: Verhandlungen des Reichstags. Bd. 358, S. 9874; das „Notgesetz" im Reichsgesetzblatt I 1923, S. 147, das Gesetz zur zeitlichen Ausdehnung ebd., S. 299.
46 Die Zahl 18 bei Raithel (2005): Spiel, S. 204 und 205, dort S. 199 auch zum Entwurf des ursprünglichen Ermächtigungsgesetzes und zum verabschiedeten Notgesetz. Poetzsch [-Heffter] (1925): Staatsleben, S. 212, kommt auf 15 einzeln aufgelistete Verordnungen.
47 Poetzsch[-Heffter] (1925): Staatsleben, S. 216.

zweite für die Regierung Marx zeitlich befristet war, ergingen mehr als einhundert Verordnungen auf deren Basis.[48] Jedoch war es keineswegs so – wie bisweilen geurteilt wird –, dass die beiden Regierungen zur Bekämpfung der „Hyperinflation und Durchsetzung der Währungsreform" sich „bis Februar 1924 regelmäßig auf Notverordnungen des Reichspräsidenten Ebert", gebilligt vom Reichstag, gestützt und sich dabei „beider Instrumente nach Belieben" bedient hätten. Regelungen nach dem Ermächtigungsgesetz und Notverordnungen seien so „faktisch austauschbar" gewesen.[49] Das verzerrt die Tatsachen. Zunächst einmal musste der Reichstag diese Verordnungen nicht billigen, er konnte allenfalls nach Erlass eine Aufhebung einfordern. Und von einer Regelmäßigkeit oder Beliebigkeit kann keine Rede sein, sondern nur in Ausnahmefällen griff man auf die Verfassungsbestimmung zurück, denn der Reichspräsident versperrte diesen Weg, wenn ein Ermächtigungsgesetz die Umsetzung der als erforderlich betrachteten Schritte ermöglichte. Generell galt: Erst wenn ein Ermächtigungsgesetz fehlte, zog sich die Regierung in prekären Notlagen auf Artikel 48 zurück. Austauschbar waren beide reichstagsunabhängigen Wege zu direkten Maßnahmen nun keineswegs. Und nicht die Bestimmungen nach Artikel 48 dominierten. Im Zeitraum der Gültigkeit der beiden Ermächtigungsgesetze mit über 100 Erlassen auf ihrer Basis kam es zu insgesamt lediglich 13 Verordnungen aufgrund der Verfassungsbestimmung, die nahezu ausschließlich Anordnungen zur Wiederherstellung von Sicherheit und Ordnung oder deren Aufhebung betrafen – also den Feldern, für die Artikel 48 originär geschaffen worden war.[50] Als das Ermächtigungsgesetz vom Oktober 1923 mit dem Ausscheiden der SPD aus der Regierung Stresemann am 3. November erloschen war, wurde wieder Artikel 48 hervorgeholt, in den fünf Wochen bis zum nächsten Ermächtigungsgesetz der Regierung Marx insgesamt 14 Mal.

In dieser vorübergehenden „Entparlamentarisierung" durch Ermächtigungsgesetze und Artikel 48 manifestierte sich eine doch gravierende Störung der Legislative, indem die Macht von Regierung und Reichstag gestärkt, zugleich die des Reichstages erheblich beschnitten wurde. Doch mit dieser Verlagerung der Entscheidungskompetenzen gelang die Überwindung der Existenzkrise der Republik, die sich 1924 wieder in ruhigeren Bahnen bewegte und zum reinen demokratisch-parlamentarischen Spiel zurückkehrte. Es folgte die Phase der relativen Stabilität, bis der Schwarze Freitag vom Oktober 1929 die Weltwirtschaftskrise mit seinen verheerenden wirtschaftlichen und sozialen Wirkungen und seinen letztlich zum Ende

---

[48] Poetzsch[-Heffter] (1925): Staatsleben, S. 213 ff. listet 104 Verordnungen auf der Grundlage der beiden Ermächtigungsgesetze auf (unter Stresemann 36 und unter Marx 68); Raithel (2005): Spiel, S. 297 und S. 327 zählt 113 Verordnungen (unter Stresemann 45 und unter Marx 68).
[49] Zitate bei Haardt/Clark (2018): Reichsverfassung, S. 33 f.; dagegen Mühlhausen (2021): Ausnahmezustand, S. 151 ff.
[50] Errechnet nach den Listen bei Poetzsch[-Heffter] (1925): Staatsleben, S. 145 ff.

der Republik führenden politischen Folgen einläutete. Ein unsteter Parlamentarismus war auch nach der allgemeinen Beruhigung ab 1924 Kennzeichen der ersten Republik, allein abzulesen an den auf das zweite Kabinett Marx folgenden neun Regierungen unter sieben Reichskanzlern – bis zur Auslieferung der Republik an Hitler im Januar 1933.

Archivalische Quellen

BArch, N 1342/Nachlass Joseph Wirth 17.
Bayerisches Hauptstaatsarchiv München, Nachlass Eduard Hamm 26.
Politisches Archiv des Auswärtigen Amts, Berlin, NL 306/Nachlass Gustav Stresemann 256 und 260.

Quellen- und Literaturverzeichnis

Abramowski, Günter (Bearb.): Die Kabinette Marx I und II. 30. November 1923 bis 3. Juni 1924 / 3. Juni 1924 bis 15. Januar 1925, Boppard/Rh. 1973.
Ebert, Simon: Wilhelm Sollmann. Sozialist – Demokrat – Weltbürger (1881–1951), Bonn 2014.
Erdmann, Karl Dietrich / Vogt, Martin (Bearb.): Die Kabinette Stresemann I und II. 13. August bis 6. Oktober 1923 / 6. Oktober bis 30. November 1923, Boppard/Rh. 1978.
Haardt, Oliver F. R. / Clark, Christopher M.: Die Weimarer Reichsverfassung als Moment in der Geschichte. In: Dreier, Horst / Waldhoff, Christian (Hrsg.): Das Wagnis der Demokratie. Eine Anatomie der Weimarer Reichsverfassung, München 2018, S. 9–44.
Harbeck, Karl-Heinz (Bearb.): Das Kabinett Cuno. 22. November 1922 bis 12. August 1923, Boppard/Rh. 1968.
Hehl, Ulrich von: Wilhelm Marx 1863–1946. Eine politische Biographie, Mainz 1987.
Hoppe, Bernd: Von der parlamentarischen Demokratie zum Präsidialstaat. Verfassungsentwicklung am Beispiel der Kabinettsbildung in der Weimarer Republik, Berlin 1998.
Kielmansegg, Peter Graf: Der Reichspräsident – ein republikanischer Monarch? In: Dreier, Horst / Waldhoff, Christian (Hrsg.): Das Wagnis der Demokratie. Eine Anatomie der Weimarer Reichsverfassung, München 2. Aufl. 2018, S. 219–241.
Kolb, Eberhard / Richter, Ludwig (Bearb.): Nationalliberalismus in der Weimarer Republik. Die Führungsgremien der Deutschen Volkspartei 1918–1933. Erster Halbband: 1918–1925, Düsseldorf 1999.
Longerich, Peter: Außer Kontrolle. Deutschland 1923, Wien/Graz 2022.
Morsey, Rudolf: Die Deutsche Zentrumspartei 1917–1923, Düsseldorf 1966.
Mühlhausen, Walter: Friedrich Ebert 1871–1925. Reichspräsident der Weimarer Republik, Bonn 2. Aufl. 2007; 3. Aufl. 2025.
Mühlhausen, Walter: Das Weimar-Experiment. Die erste deutsche Demokratie 1918–1933, Bonn 2019.

Mühlhausen, Walter: Friedrich Ebert und die Prägung des präsidialen Verfassungsrechts. In: Schumann, Dirk / Gusy, Christoph / Mühlhausen, Walter (Hrsg.): Demokratie versuchen. Die Verfassung in der politischen Kultur der Weimarer Republik, Göttingen 2021, S. 137–158.

Mühlhausen, Walter: Reichspräsident und Ausnahmezustand. Friedrich Ebert und die Anwendung von Artikel 48 zur Wiederherstellung von Sicherheit und Ordnung. In: Braune, Andreas / Dreyer, Michael / Elsbach, Sebastian (Hrsg.): Vom drohenden Bürgerkrieg zum demokratischen Gewaltmonopol (1918–1924), Stuttgart 2021, S. 149–170.

Mühlhausen, Walter: Hyperinflation und Staatskrise. Die Weimarer Republik am Abgrund 1923, Wiesbaden 2024.

Pinner, Felix (Frank Faßland): Deutsche Wirtschaftsführer, Charlottenburg 15. erw. Aufl. 1925.

Poetzsch[-Heffter], Fritz: Vom Staatsleben unter der Weimarer Verfassung (vom 1. Januar 1920 bis 31. Dezember 1924). In: Jahrbuch des Öffentlichen Rechts der Gegenwart 13 (1925), S. 1–248.

Pohl, Karl Heinrich: Gustav Stresemann. Biografie eines Grenzgängers, Göttingen 2015.

Pohl, Karl Heinrich: Sachsen 1923. Das linksrepublikanische Projekt – eine vertane Chance für die Weimarer Demokratie?, Göttingen 2022.

Raithel, Thomas: Das schwierige Spiel des Parlamentarismus. Deutscher Reichstag und französische Chambre des Députés in den Inflationskrisen der 1920er Jahre, München 2005.

Stresemann, Gustav: Vermächtnis. Der Nachlaß in drei Bänden. Hrsg. von Henry Bernhard unter Mitarbeit von Wolfgang Goetz und Paul Wiegler. Erster Band, Berlin 1932.

Ullrich, Volker: Deutschland 1923. Das Jahr am Abgrund, München 2022 3. Aufl. 2023.

Ursachen und Folgen. Vom deutschen Zusammenbruch 1918 und 1945 bis zur staatlichen Neuordnung Deutschlands in der Gegenwart. Eine Urkunden- und Dokumentensammlung zur Zeitgeschichte. Hrsg. und bearb. von Herbert Michaelis und Ernst Schraepler unter Mitarbeit von Günter Scheel. Band 5: Die Weimarer Republik. Das kritische Jahr 1923, Berlin o. J. [1961].

Verhandlungen des Reichstags. I. Wahlperiode, Band 358 bis 361. Stenographische Berichte, Berlin 1923 und 1924.

Winkler, Heinrich August: Arbeiter und Arbeiterbewegung in der Weimarer Republik. Band 1: Von der Revolution zur Stabilisierung 1918 bis 1924, Berlin/Bonn 1984.

Wright, Jonathan: Gustav Stresemann 1878–1929. Weimars größter Staatsmann, München 2006.

Zur Person: Mühlhausen, Walter, Prof. Dr. phil., außerplanmäßiger Professor für Neuere und Neueste Geschichte an der Universität Darmstadt, ehem. Vorstandsmitglied und Geschäftsführer der Stiftung Reichspräsident-Friedrich-Ebert-Gedenkstätte in Heidelberg.

II. Politische Kultur – Republikanismus und Antirepublikanismus

Gefahren von links

ECKHARD JESSE

1   Einleitung

Es ist ein verstörender und zugleich verständlicher Befund, dass die linksextremen Attacken gegen die Weimarer Republik nur marginal zur Sprache kommen – in der Wissenschaft[1] wie in der breiten Öffentlichkeit. Verstörend deshalb, weil deren Gewaltaufrufe und Gewalttätigkeiten die erste deutsche Demokratie begleitet haben. Nur wer mit Blindheit geschlagen ist, kann dies übersehen. Verständlich deshalb, weil die Weimarer Republik durch den Nationalsozialismus beseitigt wurde, dieser zuerst den Kommunismus in seinen verschiedensten Facetten im Land vernichtet und später einen Angriffskrieg gegen die kommunistische Sowjetunion unternommen hatte. Deswegen fällt die Erinnerung an die kommunistische Gewaltbereitschaft in der Weimarer Republik eher zurückhaltend aus. Es besteht die Angst vor – unterstellter – Aufrechnung.

Doch wer antidemokratisches Denken und Gewalt der einen Seite erwähnt, bagatellisiert nicht die Militanz des Antipoden. Der Name des Nationalsozialismus ist auf immer verbunden mit der Zerstörung der Weimarer Demokratie und einem historischen Zivilisationsbruch. Wer den linken Extremismus mit seiner Gewaltbereitschaft herunterspielt oder gar verschweigt, unterliegt allerdings einer selektiven Wahrnehmung. Dies verstößt gegen einen zentralen Grundsatz der Geschichtswissenschaft, ein komplexes Phänomen von allen Seiten zu erfassen – sine ira et studio. Oft besteht ein wechselseitiger Wirkungszusammenhang.

Meine teils chronologisch, teils systematisch angelegten Ausführungen erwähnen Beispiele für den antidemokratischen Furor von links – angefangen bei Rosa Luxemburgs Kampf gegen die junge Demokratie. Es folgt ein Kapitel über die KPD mit ihrer Vielzahl von Abspaltungen. Die KPD, ideologisch abhängig von der Sowjetunion, hat in der gesamten Zeit der ersten deutschen Demokratie diese abgelehnt, gar bis aufs Messer bekämpft. Ein weiterer Abschnitt widmet sich dem „linksrepublikanischen Projekt"[2] im „Roten Oktober", dem die Reichswehr flugs ein Ende bereitet hatte. Es folgen Beispiele für den Kampf der KPD in der Weimarer

---

[1] Das gilt nicht für Heinrich August Winkler. Vgl. ders. (1995): Von der Revolution; ders. (1985): Der Schein (1995); ders. (1987): Der Weg.
[2] Dieser mehr verdunkelnde als erhellende Begriff wurde nach Kenntnis des Verfassers zum ersten Mal in folgendem Text verwendet: Rudolph (1993): Die Sozialdemokratie, S. 212–225.

Republik gegen die NSDAP (und umgekehrt) sowie für die partielle Zusammenarbeit der beiden „absolutistischen Integrationsparteien"[3]. Neben der KPD existierten verschiedene Gruppierungen in ihrem Umkreis. Die tonangebenden – die Rote Hilfe, der Rote Frontkämpferbund, die Antifaschistische Aktion – werden knapp porträtiert. Linke außer- und antiparlamentarische Kräfte, etwa im Milieu der Intellektuellen, reichten über die KPD hinaus, wie ein weiteres Kapitel belegt. Auch parteipolitisch ungebundene Linksaußenintellektuelle delegitimierten die ungefestigte Weimarer Demokratie. Die abschließenden Überlegungen ziehen ein Fazit, geben eine Antwort auf die Schlüsselfrage nach der linken Gefahr und richten den Blick kurz auf die Gegenwart.

Die Leitfrage lautet: Hat es eine linke Gefahr für die Weimarer Republik gegeben? Die Antwort hängt wesentlich davon ab, wie der Begriff der Gefahr zu interpretieren ist. Hinzu kommt: Die Wahrnehmung der Zeitgenossen kann durchaus abweichen von der Sicht der Wissenschaft, die aus der Distanz urteilt und um den weiteren Fortgang des Geschehens weiß.

2   Zum Begriff der Gefahr

Wer den Begriff der Gefahr verwendet, muss ihn interpretieren, um Missverständnisse zu vermeiden. Ein inflationärer Gebrauch verbietet sich ebenso wie ein ganz eng gefasster. Wird so gut wie alles als Gefahr betrachtet, kommt die tatsächliche Gefahr für das Gemeinwesen zu kurz. Und wer jegliche Gefahr leugnet, nimmt die destabilisierende Kraft einer echten Gefahr nicht wahr. Das Ergebnis ist in beiden Fällen das Gleiche.

Um den Grad der Gefährdung zu bestimmen, ist zweierlei notwendig, der Blick auf den Extremismus und der Blick auf die Demokratie: Erstens müssen Kriterien genannt werden, die eine Einschätzung des extremistischen Gefahrenpotentials ermöglichen (Wahlen, Stärke der Organisation, Ideologie, Handlungsstil, Einstellungspotential, Infiltration), zweitens Rahmenbedingungen zur Sprache kommen (politische Kultur, Antiextremismus, Schutzmechanismen, institutionelle Systemschwächen, äußere Sicherheit). Das ist an anderer Stelle geschehen[4] und soll hier unterbleiben.

Was oft übersehen wird: die Unterscheidung zwischen politischer Gefahr (für den demokratischen Verfassungsstaat) und sozialer Gefahr (für Leib und Leben von Individuen). Die beiden Gefahrenfelder müssen sich nicht decken. Und neben der vielfältigen Gefahr für die Demokratie durch Extremisten besteht eine Gefahr für die

---

3 So Neumann (1977): Die Parteien, S. 107.
4 Vgl. Backes/Jesse (1991): Extremistische Gefahrenpotentiale, S. 7–32 – mit Blick auf Weimar: ebd., S. 16–22, 28–30.

Demokratie durch den Nicht-Extremismus, zum einen die Gefahr von „oben" (durch den Staat), z. B. durch Überreaktion, zum anderen die Gefahr von „unten" (durch die Bürger), z. B. durch Verletzung des Äquidistanzgebotes. Dieser Aspekt bleibt ebenso unberücksichtigt.[5]

3   Die Ikone Rosa Luxemburg

„Rosa Luxemburg war eine charismatische Persönlichkeit."[6] In diesem Punkt besteht unter ihren Anhängern wie Gegnern Einigkeit. Sie, nach der die Partei Die Linke die ihr nahestehende Stiftung genannt hat, gilt für viele als eine Ikone des demokratischen Sozialismus. Davon kann faktisch keine Rede sein.[7] Der Mythos um sie ist beträchtlich, auch nach dem Ende der Sowjetunion und der DDR,[8] nicht nur in der Partei Die Linke.[9] Stets auf dem linken Flügel der SPD agierend, hatte sich Luxemburg durch den Ersten Weltkrieg weiter radikalisiert.

Viele, selbst Sozialdemokraten und Repräsentanten der Grünen, sind fixiert auf eine Passage in der nicht zu ihren Lebzeiten publizierten Schrift *Zur russischen Revolution*, in der sie partielle Kritik an Lenins Bolschewiki übt: „Ohne allgemeine Wahl, ungehemmte Presse- und Versammlungsfreiheit, freien Meinungskampf erstirbt das Leben in jeder öffentlichen Institution, wird zum Scheinleben, in der die Bürokratie allein das tätige Element bleibt."[10] Kaum zur Sprache kommen zwei andere Kritikpunkte: Lenins Aufteilung von Grund und Boden an Bauern und seine Parole vom Selbstbestimmungsrecht der Nationen. Hier argumentiert Luxemburg radikaler als Lenin.

Insgesamt heißt sie die russische Revolution ohne Wenn und Aber gut, wie nachfolgende Zitate belegen. „Lenin und Trotzki [waren] mit ihren Freunden die *ersten*, die dem Weltproletariat mit dem Beispiel vorangegangen sind, sie sind bis jetzt immer noch die *einzigen*, die mit Hutten ausrufen können: Ich hab's gewagt!"[11] Das Lob für den Bolschewismus ging einher mit einem wütenden Tadel für die deutschen Sozialdemokraten, deren Reihen sie entstammte. „Als eingefleischte Zöglinge des parlamentarischen Kretinismus übertragen sie auf die Revolution einfach die hausbackene Weisheit aus der parlamentarischen Kinderstube: um etwas durchzusetzen,

---

5 Vgl. Jesse (2015): Wie gefährlich?, S. 7–33.
6 Piper (2018): Rosa Luxemburg, S. 9.
7 Vgl. etwa die Kritik folgender Autoren: Jesse (2002): Demokratie oder Diktatur?, S. 187–212; Müller (2007): Bolschewismuskritik (2007), S. 29–48; Scharrer (2002): „Freiheit ist immer ..."; Pfahl-Traughber (2011): Die Berufung, S. 181–195; Strobel (1992): Die Legende, S. 373–394.
8 Vgl. Könczöl (2005): „Dem Karl Liebknecht", S. 171–188; Könczöl (2008): „Märtyrer".
9 Vgl. Lang (2009): Heilige Rosa?, S. 900–907.
10 Luxemburg (2000): Zur russischen Revolution, S. 362.
11 Ebd., S. 365 (Hervorhebungen im Original).

müsse man erst die Mehrheit haben. Also auch in der Revolution: Zuerst werben wir eine ‚Mehrheit'. Die wirkliche Dialektik der Revolutionen stellt aber diese parlamentarische Maulwurfsweisheit auf den Kopf: Nicht durch Mehrheit zur revolutionären Taktik, sondern durch revolutionäre Taktik zur Mehrheit geht der Weg. Nur eine Partei, die zu führen, d. h. vorwärtszutreiben versucht, erwirbt sich im Sturm die Anhängerschaft."[12]

Was in Russland geschah, sollte ebenso in Deutschland Realität werden. In dem von Luxemburg verfassten Spartakus-Programm steht: „Der Kampf um den Sozialismus ist der gewaltigste Bürgerkrieg, den die Weltgeschichte gesehen, und die proletarische Revolution muss sich für diesen Bürgerkrieg das nötige Rüstzeug bereiten, sie muss lernen, es zu gebrauchen – Zu Kämpfen und Siegen."[13] Bekannt sind ihre manichäischen Schlusssätze: „Auf Proletarier! Zum Kampf! Es gilt, eine Welt zu erobern und gegen eine Welt anzukämpfen. In diesem letzten Klassenkampf der Weltgeschichte um die höchsten Ziele der Menschheit gilt dem Feinde das Wort: Daumen aufs Auge und Knie auf die Brust!"[14]

Die Mitgründerin der KPD hatte wegen mangelnder Aussicht zunächst Skepsis gegen den Januaraufstand angemeldet, ihn später jedoch mit glühenden Worten unterstützt. Ein Beispiel von vielen: „Die Auseinandersetzung mit der Kapitalistenklasse gestaltet sich in Deutschland in erster Linie als Abrechnung mit den Scheidemann-Ebert, die die Schutzwand der Bourgeoisie sind. Und die Abrechnung mit den Scheidemännern setzt voraus die Liquidierung der USP, die als Schutzwand der Ebert-Scheidemann fungiert."[15]

Der bis in unsere Tage anhaltende und nicht nur von der Partei Die Linke betriebene Kult um Luxemburg, einer Anhängerin der „Diktatur des Proletariats" wie des „Massenspontaneismus", ist ein Phänomen, wesentlich erklärbar damit: Luxemburg war eine Frau, Jüdin, charismatisch, behindert und wurde meuchlings getötet. „Die frühe Ermordung Rosa Luxemburgs und die Ausschaltung ihrer Anhänger in der KPD bewirkte, dass der demokratische Kommunismus in der deutschen Partei unterdrückt wurde."[16] Diese These Hermann Webers ist gleich in doppelter Hinsicht problematisch. Zum einen kann Luxemburg, bei aller Kritik an Lenin, keineswegs das Epitheton „demokratisch" beanspruchen, zum anderen trifft die Suggestion nicht zu, als gehe das Scheitern des „demokratischen Kommunismus" auf Antikommunisten zurück. Umgekehrt wird ein Schuh daraus: Die frühe Ermordung Luxemburgs ließ den Mythos von einem demokratischen Kommunismus aufkommen.

---

12 Ebd., S. 341.
13 Luxemburg (2000): Spartakusbund, S. 445.
14 Ebd., S. 449.
15 Luxemburg (2000): Das Versagen, S. 526.
16 Weber (1969): Die Wandlung, S. 14.

4   KPD

„So traten in der KPD an die Stelle von Pluralismus, Selbständigkeit, Diskussion und Autonomie Unterordnung, Gläubigkeit, Disziplin und Kommandoherrschaft."[17] Diese Position Hermann Webers ist ebenso unhaltbar. Die These von der – freilich früher anzusetzenden – Stalinisierung stimmt zwar, aber die Kommunistische Partei Deutschlands fungierte in der gesamten Weimarer Republik, auch in der frühen, als eine antidemokratische Kraft. Betrachtete Weber die KPD „von oben", analysierte Klaus Michael Mallmann die Partei „von unten". „Ein links-proletarisches Milieu ließ sich dank seines Eigen-Sinns selten durch die Parteiführung steuern", so Mallmann.[18] Dies ändert freilich nichts an dem durch und durch extremistischen Charakter der Partei von Anfang an.

Die KPD mitsamt ihres linksextremistischen Umfeldes propagierte nicht nur Gewalt, sondern praktizierte sie auch in manchen Phasen der Weimarer Republik, vor allem am Anfang und am Ende. Allerdings vermied sie weithin individuellen Terror mit Attentaten. Das ist ein Unterschied zum extremistischen Antipoden von rechts.[19]

Vom Spartakusaufstand im Januar 1919 war schon die Rede. Die Berliner Märzkämpfe im gleichen Jahr – nach einem von der KPD initiierten Generalstreik – endeten mit einem Fiasko für die Aufständischen. Der sozialdemokratische Reichswehrminister Gustav Noske ließ deren Kampf blutig niederschlagen.[20] Scheiterte der Ruhraufstand im Zusammenhang mit und nach dem rechtsgerichteten Kapp-Putsch im April 1920,[21] brach der Mitteldeutsche Aufstand im März 1921, maßgeblich geleitet von Max Hoelz, der zunächst der KPD, später der KAPD und schließlich wieder der KPD angehört hatte, nach einer Woche zusammen.[22]

Die KPD, im Dezember 1920 durch den Übertritt des linken Flügels der USPD zur Massenpartei geworden, trat, auch ohne Aufstandsversuche, stets parlamentsfeindlich auf. Das Parlament fungierte lediglich als Bühne des Klassenkampfes. Bei der zweiten Reichstagswahl 1932 erreichte diese Partei, die seinerzeit mehr als 300.000 Mitglieder aufwies, mit 16,9 Prozent der Stimmen ihr bestes Ergebnis – sie lag damit knapp hinter der SPD (20,4 Prozent). Mal propagierte die KPD eine Politik der „Einheitsfront", mal eine ultralinke Politik. Ernst Thälmann, von 1925 an Parteivorsitzender, agierte und agitierte als ein loyaler Gefolgsmann Stalins. Er trat jeweils 1925 und 1932 bei der Volkswahl zum Reichspräsidenten an. 1925 wurde durch ihn die Wahl des Zentrumsmannes Wilhelm Marx im zweiten Wahlgang zugunsten

---

17 Weber (1991): Aufstieg und Niedergang, S. 28.
18 Vgl. Mallmann (1996): Kommunisten.
19 Vgl. Schmeitzner (2021): Weltkrieg (2021); ders. (2023): Mit „eiserner Faust".
20 Vgl. Jones (2017): Am Anfang.
21 Vgl. Reininghaus (2020): Der Arbeiteraufstand.
22 Vgl. Koch-Baumgarten (1984): Aufstand.

Paul von Hindenburgs verhindert (ebenso allerdings durch die Bayerische Volkspartei), und 1932 musste Hindenburg wegen der erneuten Kandidatur Thälmanns in einen zweiten Wahlgang gegen Hitler.[23] Von 1929 an dominierte die von der Sowjetunion vorgegebene Linie vom „Sozialfaschismus" der SPD.[24]

Die Grabenkämpfe innerhalb der KPD gingen auf ideologische und machtpolitische Zwistigkeiten zurück – diese mündeten zum Teil in Abspaltungen. Hermann Weber nennt vereinfachend vier Strömungen[25], die untereinander zum Teil wieder in sich gespalten waren: die „Rechten", etwa August Thalheimer, die „Versöhnler", etwa Ernst Meyer, die „Linken", etwa Ruth Fischer, die „Ultralinken", etwa Werner Scholem. Unter dem Vorsitz von Ernst Thälmann (1925–1933), der 1928 im Zuge der Wittorf-Affäre sein Amt zeitweilig nicht wahrnehmen durfte, ließen die internen Auseinandersetzungen nach, zumal in den frühen 1930er Jahren.

5 „Roter Oktober" 1923

In der krisengeschüttelten Weimarer Republik war das Jahr 1923 ein besonderes Krisenjahr. Die junge Demokratie sah sich durch mehrere Vorgänge vielfach herausgefordert: Ruhrbesetzung von vor allem französischen Truppen, die Hyperinflation, der Hitler-Putsch, rheinischer Separatismus. In diese Reihe fällt der „Rote Oktober", der Versuch einer „Kopie der russischen Oktoberrevolution von 1917".[26] Der von der Komintern ins Auge gefasste Umsturz mit Hilfe „Proletarischer Hundertschaften", denen es freilich an Schlagkraft fehlte, wurde nach dem Scheitern eines Generalstreiks in Sachsen, wo die KPD wie in Thüringen in der Regierung saß, schließlich abgeblasen. Die revolutionäre Stimmung war weit überschätzt worden – es gab nur den „Hamburger Aufstand" unter Ernst Thälmann, der selbst ohne Intervention der Reichswehr schnell zusammenfiel. Als der linke sächsische Ministerpräsident Erich Zeigner, der sein Kabinett als „Regierung der republikanischen und proletarischen Verteidigung" bezeichnet hatte, weder die „Proletarischen Hundertschaften" auflösen noch die Koalition mit den Kommunisten aufkündigen wollte, folgte die Reichsexekution. Da die neue sozialdemokratische (Minderheits-)Regierung dann ohne die Beteiligung von Kommunisten auskam, ging das Reichskommissariat schnell zu Ende. Ähnliches ereignete sich fast zeitgleich in Thüringen mit der Bildung der „Ein-

---

23 1925 war Hindenburg der Kandidat der rechten Wähler, 1932 Kandidat der mitte-links Wähler. So hatte sich das politische Koordinatensystem binnen weniger Jahre verschoben. Vgl. Falter (1990): The Two Hindenburg Elections.
24 Vgl. Weingartner (1970): Stalin.
25 Weber (1969): Die Wandlung, S. 16–19.
26 Reichel (2022): Rettung der Republik?, S. 109.

heitsfrontregierung" unter August Frölich. Hier blieb eine Reichsexekution aus, hatten die kommunistischen Minister doch die Regierung verlassen.

Der jüngst von Karl Heinrich Pohl vertretenen Auffassung, das „linksrepublikanische Projekt" sei eine Chance für Sachsen wie für das gesamte Reich gewesen, mangelt es an Plausibilität, vorsichtig formuliert.[27] Zwar ist in der Tat eine Schieflage erkennbar (das linke Sachsen musste eine Reichsexekution erdulden, jedoch nicht das rechte Bayern, das sich gegenüber dem Reich renitenter als Sachsen verhielt), aber die „Proletarischen Hundertschaften" gehörten keineswegs „zu den Stützen der Weimarer Republik".[28] Auch wer die Reichsexekution als übertrieben betrachten mag, kann die Vorbereitungen der von der Sowjetunion instruierten sächsischen Kommunisten für den bewaffneten Kampf nicht leugnen. Insofern kommt es einem Euphemismus gleich, diese „nur sehr mittelbar als ‚lupenreine Demokraten'"[29] anzusehen.

6   Kampf gegen die NSDAP und partielle Zusammenarbeit mit ihr

Die KPD bekämpfte die NSDAP mit Wort und Tat. Vice versa gilt das ebenso. Christian Striefler hat die erbitterten Auseinandersetzungen mit ihren Wechselwirkungen am Ende der Weimarer Republik detailliert nachgezeichnet, etwa bei den Berliner Straßenkämpfen.[30] Versuchte die NSDAP aus taktischen Gründen mehr oder weniger eine Legalitätstaktik einzuschlagen, machte die KPD aus ihrem revolutionären Impetus kein Hehl. Allein in einem einzigen Monat des Jahres 1932 soll es, im Zusammenhang mit der Reichstagswahl im Juli, zu 99 Toten gekommen sein.[31] Allerdings ist es angesichts einer unklaren Quellenlage schwer möglich, exakte Angaben darüber zu machen, welche der beiden Kräfte für mehr Gewalt verantwortlich war.[32]

Trotz vielfältiger Vorkehrungen der Kommunisten für den „Fall des Falles" blieb ihr Widerstand nach der Machtübernahme der in ihrer totalitären Dynamik unterschätzten Nationalsozialisten fast völlig aus. Als am 27. Februar 1933, eine Woche vor der entscheidenden Reichstagswahl, der Plenarsaal des Reichstagsgebäudes durch

---

27 Hingegen, und das wird in der Literatur weithin übersehen, gab es 1922 nach der Rückkehr des verbliebenen Teiles der USPD-Mitglieder zur SPD im Reichstag eine Mehrheit für die Parteien der „Weimarer Koalition", selbst ohne die BVP. Ein solches „linksrepublikanisches Projekt" wurde niemals in Angriff genommen.
28 Pohl (2023): Sachsen 1923, S. 232.
29 Ebd., S. 288.
30 Vgl. Striefler (1993): Kampf.
31 Vgl. Schroeder/Deutz-Schroeder (2019): Der Kampf, S. 72.
32 Anders als Striefler hebt Dirk Schumann die offensive Rolle der Kommunisten hervor. Vgl. Schumann (2001): Politische Gewalt.

den holländischen Alleintäter Marinus van der Lubbe, ohne Mitwisser, Hintermänner und Mithelfer,[33] in Flammen aufging, holten die Nationalsozialisten zu einem Schlag gegen die Kommunisten aus. Viele von ihnen kamen in wilde Konzentrationslager. Bei der Abstimmung über das Ermächtigungsgesetz im März 1933 konnten sie schon nicht mehr teilnehmen, ohne dass es zu einem formellen KPD-Verbot gekommen war.[34] Im Dritten Reich mussten die Kommunisten einen hohen Blutzoll entrichten.

Die heftigen Kämpfe zwischen den antidemokratischen Kontrahenten bildeten nur die eine Seite. Die KPD griff zuweilen selbst nationalistische Positionen auf – so 1923 im „Schlageter-Kurs" gegen das Versailler „Diktat", so 1930 mit dem „Programm zur nationalen und sozialen Befreiung des deutschen Volkes". 1932, im Vorfeld der November-Reichstagswahlen, kam es sogar zu einem gemeinsam organisierten Streik bei der Berliner Verkehrsgesellschaft. Die „Revolutionäre Gewerkschafts-Opposition" und die „Nationalsozialistische Betriebszellenorganisation" arbeiteten Hand in Hand. Dieses wahltaktisch bedingte Bündnis mit den Strippenziehern Joseph Goebbels und Walter Ulbricht diente dazu, dem jeweiligen Gegner Stimmen in der Arbeiterschaft abspenstig zu machen.

Allerdings steht der Berliner Verkehrsarbeiterstreik nicht als Vorbote für den „Teufelspakt" im Jahre 1939 zwischen dem Dritten Reich und der Sowjetunion. Wer dies wie Klaus Rainer Röhl in seinem Buch *Nähe zum Gegner* nahelegt,[35] überschätzt ihn in seiner Tragweite. Die beiden Beispiele erhellen jedoch die Flexibilität der einen wie der anderen Variante des Extremismus bzw. des Totalitarismus.

Im Kampf gegen die „Systemparteien" votierten KPD und NSDAP oft gleich, zumal in der Endphase der Weimarer Republik, wie eine Analyse der namentlichen Abstimmungen belegt.[36] Jedoch muss dies kein Indiz für ideologische Nähe sein, eher lag dem gemeinsamen Abstimmungsverhalten eine Ablehnung der demokratischen Kräfte zugrunde. Der „Beifall von der falschen Seite"-Topos spielte keine Rolle. Was das Wahlverhalten betrifft, gelangt Jürgen W. Falter in seinem Standardwerk *Hitlers Wähler* zu dem folgenden empirisch ermittelten Befund, der die Stärke des blockinternen Wahlverhaltens anzeigt: „Von einem erhöhten Wähleraustausch zwischen den beiden in diesem Zusammenhang gern als ‚totalitär' charakterisierten ex-

---

33 Glaubten die Nationalsozialisten, van der Lubbe sei ein Werkzeug der Kommunisten, war er für diese ein Werkzeug der Nationalsozialisten. Beides stimmt entgegen hartnäckig sich haltenden Legenden nicht. Die Alleintäterschaft passte weder in das strategische Konzept der Nationalsozialisten noch der Kommunisten. Willi Münzenbergs „Braunbuch" machte vor Fälschungen nicht Halt, um den Nationalsozialisten die Schuld in die Schuhe zu schieben.
34 Vgl. Repgen (1985): Ein KPD-Verbot, S. 67–99.
35 Vgl. Röhl (1994): Nähe zum Gegner, S. 21, 255.
36 Vgl. Plöhn (2011): Extremismus im Reichstag, S. 65–77.

tremistischen Flügelparteien des Weimarer Systems, der KPD und der NSDAP, kann [...] kaum gesprochen werden."[37]

7 Rote Hilfe, Roter Frontkämpferbund, Antifaschistische Aktion

Im Umfeld der KPD bildeten sich zahlreiche Gruppierungen mit höchst unterschiedlichem Einfluss heraus. Die drei wichtigsten: die Rote Hilfe, der Rote Frontkämpferbund und die Antifaschistische Aktion. Sie richteten sich an spezifische Zielgruppen und fungierten alle nicht als stabilisierende Kräfte der Weimarer Republik, obwohl sie diesen Eindruck mitunter zu erwecken suchten.

1924 entstand die nach Ortsgruppen organisierte Rote Hilfe unter dem Vorsitz von Wilhelm Pieck, dem späteren ersten und letzten Präsidenten der DDR. Ihm folgte Clara Zetkin.[38] Inhaftierte Genossen sollten (auch finanziell) unterstützt werden, etwa durch Rechtsberatung und Verteidigung der Angeklagten im Kampf gegen die „Klassenjustiz", so bei den Prozessen nach dem Berliner „Blutmai" 1929.[39] Der Roten Hilfe mit ihren mehreren 100.000 Mitgliedern gelang es immer wieder, Persönlichkeiten hoher Reputation, die keine Kommunisten waren, vor den eigenen Karren zu spannen, etwa bei Solidaritätsaktionen, so Albert Einstein, Heinrich Mann und Carl von Ossietzky. Auf diese Weise wirkte sie über ein kommunistisches Umfeld hinaus. Ihre Zeitschriften, zunächst *Der Rote Helfer* (monatlich), später, von 1928 an, *Tribunal* (vierzehntäglich), dienten der Roten Hilfe für öffentlichkeitswirksame Kampagnen. Nach der Machtübernahme der Nationalsozialisten setzte sie illegal ihre Tätigkeit zunächst fort.

Ebenfalls 1924 gründete sich der Rote Frontkämpferbund, nach dem (zeitweiligen) Verbot der Partei ins Leben gerufen. Er zählte zu den vielen Kampfbünden der damaligen Zeit. Eine KPD-Mitgliedschaft war nicht Voraussetzung – doch konnte von Überparteilichkeit keine Rede sein. Der Fahneneid des Roten Frontkämpferbundes lautete u. a.:

> Wir klassenbewussten Proletarier schwören: [...] Frontkämpfer auf, die Brust gereckt: Wir schwören rot, Sieg oder Tod. Dem großen Klassenkampf sind wir geweiht, wir sind die roten Pioniere einer neuen Zeit. Sieg oder Tod, ein heiliger Schwur. Wir leben oder sterben für dich, du rote Fahne der Proletarier-Diktatur.[40]

---

37 Falter (2020): Hitlers Wähler, S. 410.
38 Vgl. Brauns (2003): Schafft Rote Hilfe!
39 Vgl. Kurz (1988): „Blutmai".
40 Zitiert nach Schuster (1975): Der Rote Frontkämpferbund, S. 262 f.

Die verbale Gewaltrhetorik ging oft mit blanker Gewalt einher. Dem Verbot nach dem „Blutmai" 1929 folgte der Schritt in die Illegalität. Zudem entstanden Nachfolgeorganisationen wie der „Kampfbund gegen den Faschismus". Unterstützer wie Gegner des Bundes neigten vielfach dazu, die Agitationsmacht des Roten Frontkämpferbundes zu überschätzen.

Im Juni 1932 rief die KPD, als Gegengründung zur „Eisernen Front", einem Bündnis des sozialdemokratisch dominierten „Reichsbanners", ihrerseits eine Reaktion auf die Harzburger Front der „Nationalen Opposition", eine Antifaschistische Aktion ins Leben.[41] Sie sollte überparteilich sein, propagierte eine „Einheitsfront von unten", wurde aber von Kommunisten dominiert. Ernst Thälmanns Diktum vom Juli 1932 kommt kein Wahrheitsgehalt zu: „Sie ist ein überparteiliches Sammelbecken für alle zum rücksichtslosen Kampf gegen den Faschismus."[42] Das Logo der Antifaschistischen Aktion bestand aus zwei nach rechts wehenden Fahnen (sie sollten Kommunisten und Sozialdemokraten repräsentieren) in einem weißen Kreis, umrandet von einem roten Ring mit dem weißen Schriftzug „Antifaschistische Aktion".[43] Insgesamt fiel deren Einfluss im sozialdemokratischen Milieu begrenzt aus.

Charakteristisch für alle drei Vorfeldorganisationen der KPD ist der „Antifaschismus". Damit hoffte die Partei ein breites Bündnis aufbauen und zusätzlich jene Strömungen einbeziehen zu können, die zwar nicht kommunistisch, wohl aber antifaschistisch orientiert waren.[44] Denn der Kampf gegen den Faschismus mobilisiert stärker als der Kampf für den Kommunismus.[45]

8 Linker Antiparlamentarismus

Antiparlamentarische Positionen von links reichten weit über die KPD und ihr engeres Umfeld hinaus. Für diese eher wenig vertretene Position steht Riccardo Bavaj mit seinem Buch *Von links gegen Weimar*[46], einer Art Pendant zu Kurt Sontheimers Werk *Antidemokratisches Denken in der Weimarer Republik*, das ausschließlich die verhängnisvolle Rolle von Rechtsintellektuellen, zumal aus dem „Tat"-Kreis, kritisch unter die Lupe nahm.[47] Bavaj, der gute Argumente und viele Belege für seine Sichtweise zusammengetragen hat, unterscheidet mit Blick auf das parteiförmige

---

41 Vgl. aus Antifa-Sicht Langer (2018): Antifaschistische Aktion.
42 Zitiert nach ebd., S. 73.
43 Das heutige Logo der Antifaschistischen Aktion – mit zwei nach links wehenden Fahnen, einer größeren roten, die für Kommunismus steht, und einer kleineren schwarzen, die den Anarchismus symbolisieren soll, unterscheidet sich von dem damaligen. So ist der Ring nun in schwarz gehalten.
44 Vgl. Rohrmoser (2022): ANTIFA; Jesse (2023): Antifaschismus.
45 Diese Strategie setzte sich nach 1945 fort und hält bis heute an.
46 Vgl. Bavaj (2005): Von links.
47 Vgl. Sontheimer (1994): Antidemokratisches Denken.

Lager zwischen „Kommunismus" (z. B. der KPD, dem Leninbund und der KPD-Opposition), „Linksradikalismus" (z. B. den Bremer und Hamburger Linksradikalen sowie der Freien Arbeiter-Union) und „Linkssozialismus" (z. B. der USPD, dem Internationalen Jugendbund und dem Internationalen Sozialistischen Kampfbund).

Ein Teil der Linksintellektuellen machte sich ebenso antiparlamentarisches Denken zu eigen. Dies kommt wegen der Fixierung auf die extreme Rechte häufig zu kurz. Hier legt Bavaj eine ähnliche Typologie zugrunde wie bei den Parteien. Unter die Kategorie „Anarchismus und Kommunismus" fällt etwa der Bund proletarisch-revolutionärer Schriftsteller mit Johannes R. Becher, unter die Kategorie „Linksradikalismus" z. B. Franz Pfemferts Zeitschrift *Die Aktion*, unter „Linkssozialismus" Carl von Ossietzkys *Weltbühne*, ebenso dazu zählen Kurt Hiller und Ernst Toller, die mit ihrem Verbalradikalismus nicht zur Stabilisierung der Weimarer Republik beitrugen. Das Parlament wurde „von den Anhängern beider Extreme als historisch überlebte Institution diffamiert, in der miteinander konkurrierende, als künstliche Gebilde verdammte Parteien faule Kompromisse aushandelten, die nicht dem hehren Wohl des Volkes, sondern ausschließlich sinistren Partikularinteressen dienten."[48] Allerdings sind Differenzierungen angebracht. So gab es unter den Autoren der *Weltbühne*, die sich in der zweiten Hälfte der Weimarer Republik radikalisierte, durchaus Autoren, die in ihren Texten die Weimarer Republik verteidigten.[49]

Manche Linksintellektuelle spielten die hehre Theorie gegen die schnöde Praxis aus. Sie zogen mit ihren Positionen nicht den Maßstab in Frage, sondern verwarfen die reale Demokratie in toto. „Nicht selten wirkten die sich darin manifestierenden harmonistischen Gesellschaftskonzeptionen der linken Intelligenz – in Abwandlung eines berühmten Goethe-Zitats – wie ein Teil von jener Kraft, die etwa das Gute will, und stets das Böse schafft."[50] Das Medienunternehmen des Kommunisten Willi Münzenbergs stand dem Konzern des Deutschnationalen Alfred Hugenberg nur wenig nach und ließ antiparlamentarisch Gesinnte von links zu Wort kommen.

9 Resümee

Linke Gewalt gehörte neben rechter Gewalt zum Alltag in der Weimarer Republik. „Parteikommunistische Umsturzversuche waren Teil einer politischen Gewalt, die sich sowohl aus ideologischen Prämissen als auch aus situativen Kontexten ergab."[51] Ideologisch deshalb, weil die Weltrevolution nach der Machtübernahme der Kommunisten in Russland weiter vorangetrieben werden sollte. Das verbreitete Schlag-

---

48 Bavaj (2005): Von links, S. 491.
49 Vgl. Gallus (2012): Heimat „Weltbühne".
50 Bavaj (2005): Von links, S. 20.
51 Schmeitzner (2021): Mit „eiserner Faust", S. 169.

wort: „Diktatur des Proletariats". Situativ deshalb, weil es an langfristiger Planung fehlte. Das spontane „Losschlagen" in der Frühphase berücksichtigte wenig die realen Machtverhältnisse und war so zum Scheitern verurteilt.

Wenn „Republikanismus" im formalen Sinn nur als Absage an die Monarchie verstanden wird, waren alle Linksaußenströmungen „republikanisch". Aber das ist ein verkürztes Verständnis von „Republikanismus". Wer diesen Terminus eng auslegt, kann darunter einerseits eine Idee verstehen, die sich gegen ein utopisches Demokratieverständnis wendet. Und wer ihn weit auslegt, zielt auf ein partizipatorisches Demokratieverständnis im Sinne von „Radikaldemokratie". Aber weder in dem einen noch in dem anderen Sinne trifft „Republikanismus" entgegen Mythen auf Linksaußenpositionen zu.

Was misslich ist: Manche Wissenschaftler machen einen Bogen um den gemeinhin negativ konnotierten Begriff des Linksextremismus.[52] Stattdessen ist von der „militanten Linken" die Rede, von der „radikalen Linken" oder allenfalls von „Linksradikalen". Solche Autoren folgen damit dem Selbstverständnis der betreffenden Gruppen. Der Terminus „linksradikal" treffe nicht auf die KPD in den Phasen zu, in denen sie eine „Einheitsfront" anstrebte.[53] Dabei war diese nur taktischer Natur. Und selbst die Bezeichnung „antiparlamentarische Linke" erfährt zuweilen Zurückweisung, habe doch der kommunistische Leninbund am Ende der Weimarer Republik propagiert: „Her mit dem antifaschistischen Parlament."[54] Tatsächlich wohnt einer solchen Formel ein taktisches Element inne – sie belegt nicht die Akzeptanz des Parlamentarismus.

Die These Riccardo Bavajs, es sei „äußerst zweifelhaft, ja unwahrscheinlich, dass Hitler auch ohne die nichtintendierte Schützenhilfe der extremen Linken an die Macht gekommen wäre",[55] lässt sich keineswegs beweisen. Deswegen ist sein folgender Schlusssatz apodiktisch formuliert: „Daher bildete der kommunistische, linkssozialistische und anarcho-syndikalistische Angriff gegen den Weimarer Staat eine notwendige Prämisse für das Scheitern des Parlamentarismus im Deutschland der Zwischenkriegszeit."[56] Kontrafaktisches Denken ist anregend, jedoch spekulativ. Zwei Argumenten kommt mit Blick auf den Linksextremismus eine gewisse Plausibilität zu:

Zum einen hat der rabiate Kommunismus in bürgerlichen Kreisen provoziert. Manch einer glaubte, es gäbe nur die Wahl zwischen KPD oder NSDAP. Die beiden Parteien hatten schließlich bei den zwei Reichstagswahlen 1932 jeweils eine „negative Mehrheit" errungen. Zum anderen schwächte die KPD mit ihrem irrationalen

---

52 Charakteristisch hierfür ist der Band von Deycke (2021): Von der KPD.
53 Vgl. Bois (2021): Linksradikalismus, S. 88.
54 Zitiert nach ebd., S. 88.
55 Bavaj (2005): Von links, S. 497.
56 Ebd.

Kampf gegen den – behaupteten – „Sozialfaschismus" die Arbeiterbewegung massiv. Begünstigt durch die Moskauer Vorgaben, sah sie vor allem am Ende der Weimarer Republik in der Sozialdemokratie ihren Hauptfeind.

Was den Terminus der „Gefahr" im Titel betrifft, liegt dem eine doppelte Konnotation zugrunde. Die KPD bekämpfte die Weimarer Republik und delegitimierte diese vielfach. Sie war damit das Gegenteil eines Aktivpostens der Demokratie. Das ist die eine Seite. Die andere: Bei allem totalitären Machtanspruch hatte sie nicht den gesellschaftlichen Einfluss, die Weimarer Republik zu zerstören. Die Aufstandsversuche 1919, 1920, 1921 und 1923 scheiterten kläglich. Und der Gewaltrhetorik am Ende mangelte es an von oben gesteuerter Gewalt. Viele der eingangs genannten Kriterien für die Gefahren waren nicht erfüllt, die Rahmenbedingungen schon eher.

Der linke Extremismus in seinen verschiedenen Facetten wollte die erste deutsche Demokratie nicht stützen, konnte sie aber auch nicht stürzen. Wollen und Können klaffte damit auseinander. Die KPD wurde von den Zeitgenossen vielfach als Gefahr für die Weimarer Republik wahrgenommen, doch fehlte ihr dafür die Machtbasis. Allerdings hat sie indirekt und unfreiwillig der NSDAP den Weg bereitet. Gleichwohl gilt: *Der* Totengräber der Weimarer Republik ist der Nationalsozialismus. Zu den Begleitumständen, die ihm den Sturz der Demokratie erleichtert haben, gehört die Rolle der KPD samt der sie unterstützenden Kräfte.

Was vor neunzig Jahren in Deutschland geschah, bewegt nach wie vor die Gemüter. Die Frage, ob die zweite deutsche Demokratie auf den Weg der ersten geraten könnte, sorgt für Diskussionsstoff. Gewiss, historischer Determinismus ist fehl am Platz, doch spricht sehr viel für die gegenteilige Annahme.[57] Zum einen ist die gefestigte, ins westliche Bündnissystem integrierte Bundesrepublik Deutschland nicht die labile Weimarer Republik mit ihrer fragmentierten und polarisierten politischen Kultur, zum anderen unterscheiden sich die heutigen Flügelparteien (AfD und Die Linke) gewaltig von den damaligen. Zudem: Der heutige Demokratieschutz funktioniert besser als der damalige Republikschutz. Dies gilt in zweierlei Hinsicht: Erstens bezog sich die ‚Wehrhaftigkeit' seinerzeit bloß auf die Abwehr gewaltsamer Mittel; zweitens fehlte es in Weimar weithin am Willen, die ungefestigte Demokratie zu verteidigen.[58]

Quellen- und Literaturverzeichnis

Backes, Uwe / Jesse, Eckhard: Extremistische Gefahrenpotentiale im demokratischen Verfassungsstaat – Am Beispiel der ersten und der zweiten deutschen Demokratie. In: Dies. (Hrsg.): Jahrbuch Extremismus & Demokratie, Bd. 3, Bonn 1991, S. 7–32.

---

57 Vgl. Schumann (2017): Berlin, S. 102–121; Wirsching u. a. (2018): Weimarer Verhältnisse?
58 Vgl. Höreth (2020): Republikschutz.

Bavaj, Riccardo: Von links gegen Weimar. Linkes antiparlamentarisches Denken in der Weimarer Republik, Bonn 2005.

Bois, Marcel: Linksradikalismus und radikale Linke in der Weimarer Republik. In: Deycke, Alexander u. a. (Hrsg.): Von der KPD zu den Post-Autonomen. Orientierungen im Feld der radikalen Linken, Göttingen 2021, S. 85–106.

Brauns, Nikolaus: Schafft Rote Hilfe! Geschichte und Aktivitäten der proletarischen Hilfsorganisation für politische Gefangene in Deutschland (1919–1938), Bonn 2003.

Deycke, Alexander u. a. (Hrsg.): Von der KPD zu den Post-Autonomen. Orientierungen im Feld der radikalen Linken, Göttingen 2021.

Falter, Jürgen W.: The Two Hindenburg Elections of 1925 and 1932. A Total Reversal of Voter Coalitions. In: Central European History 23 (1990), S. 225–241.

Falter, Jürgen W.: Hitlers Wähler. Die Anhänger der NSDAP 1924–1933, überarbeitete und erweiterte Neuauflage, Frankfurt a. M./New York 2020.

Gallus, Alexander: Heimat „Weltbühne". Eine Intellektuellengeschichte im 20. Jahrhundert, Göttingen 2012.

Höreth, Marcus: Republikschutz. In: Voigt, Rüdiger (Hrsg.): Aufbruch zur Demokratie. Die Weimarer Reichsverfassung als Bauplan für eine demokratische Republik, Baden-Baden 2020, S. 199–205.

Jesse, Eckhard: Demokratie oder Diktatur? Luxemburg und der Luxemburgismus. In: Backes, Uwe / Courtois, Stéphane (Hrsg.): „Ein Gespenst geht um in Europa". Das Erbe kommunistischer Ideologien, Köln u. a. 2002, S. 187–212.

Jesse, Eckhard: Wie gefährlich ist Extremismus? Gefahren durch Extremisten, Gefahren durch Demokraten für den demokratischen Verfassungsstaat. In: Jesse, Eckhard (Hrsg.): Wie gefährlich ist Extremismus? Gefahren durch Extremismus, Gefahren im Umgang mit Extremismus. Sonderband 2015 der Zeitschrift für Politikwissenschaft, Baden-Baden 2015, S. 7–33.

Jesse, Eckhard: Antifaschismus – gestern und heute. In: Ders. (Hrsg.): Interventionen. Zur (Zeit-)Geschichte und zur Politikwissenschaft: Extremismus, Parteien und Wahlen, Baden-Baden 2023, S. 183–218.

Jones, Mark: Am Anfang war Gewalt. Die deutsche Revolution 1918/19 und der Beginn der Weimarer Republik, Berlin 2017.

Koch-Baumgarten, Sigrid: Aufstand der Avantgarde. Die Märzaktion der KPD 1921, Frankfurt a. M./New York 1984.

Könczöl, Barbara: „Märtyrer" des Sozialismus. Die SED und das Gedenken an Rosa Luxemburg und Karl Liebknecht, Frankfurt a. M. 2008.

Könczöl, Barbara: „Dem Karl Liebknecht haben wir's geschworen, der Rosa Luxemburg reichen wir die Hand" – Der Wandel des 15. Januar als politischer Gedenktag von KPD und der SED (1920 bis 1989). In: Jahrbuch für Historische Kommunismusforschung 2005, Berlin 2005, S. 171–188.

Kurz, Thomas: „Blutmai". Sozialdemokraten und Kommunisten im Brennpunkt der Berliner Ereignisse von 1918, Berlin 1988.

Lang, Jürgen P.: Heilige Rosa? Die Luxemburg-Rezeption in der Partei „Die Linke". In: Deutschland Archiv 42 (2009), S. 900–907.

Langer, Bernd: Antifaschistische Aktion. Geschichte einer linksradikalen Bewegung, 3. Aufl., Münster 2018.

Luxemburg, Rosa: Zur russischen Revolution. In: Dies.: Gesammelte Werke, Band 4: August 1914 bis Januar 1919, 6. Aufl., Berlin 2000, S. 332–365.

Luxemburg, Rosa: Was will der Spartakusbund? In: Dies.: Gesammelte Werke, Band 4: August 1914 bis Januar 1919, 6. Aufl., Berlin 2000, S. 440–449.
Luxemburg, Rosa: Das Versagen der Führer. In: Dies.: Gesammelte Werke, Band 4: August 1914 bis Januar 1919, 6. Aufl., Berlin 2000, S. 523–526.
Mallmann, Klaus-Michael: Kommunisten in der Weimarer Republik. Sozialgeschichte einer revolutionären Bewegung, Darmstadt 1996.
Müller, Werner: Bolschewismuskritik und Revolutionseuphorie. Das Janusgesicht der Rosa Luxemburg. In: Schmeitzner, Mike (Hrsg.): Totalitarismuskritik von links. Deutsche Diskurse im 20. Jahrhundert, Göttingen 2007, S. 29–48.
Neumann, Sigmund: Die Parteien der Weimarer Republik, 4. Aufl., Stuttgart 1977 (Erstauflage: Die politischen Parteien in Deutschland, Berlin 1932).
Pfahl-Traughber, Armin: Die Berufung auf den Marxismus der Rosa Luxemburg. Zur demokratie- und extremismustheoretischen Einschätzung einer Klassikerin. In: Möllers, Martin H. W. / van Ooyen, Robert Chr. (Hrsg.): Jahrbuch Öffentliche Sicherheit 2010/2011, Frankfurt a. M. 2011, S. 181–195.
Piper, Ernst: Rosa Luxemburg. Ein Leben, München 2018.
Plöhn, Jürgen: Extremismus im Reichstag der Weimarer Republik – Zum Zusammenspiel der Kräfte. In: Backes, Uwe / Gallus, Alexander / Jesse, Eckhard (Hrsg.): Jahrbuch Extremismus & Demokratie, Bd. 22, Baden-Baden 2011, S. 65–77.
Reichel, Peter: Rettung der Republik? Deutschland im Krisenjahr 1923, München 2022.
Reininghaus, Wilfried (Bearb.): Der Arbeiteraufstand im Ruhrgebiet 1920, Münster 2020.
Repgen, Konrad: Ein KPD-Verbot im Jahre 1933? In: Historische Zeitschrift 240 (1985), S. 67–99.
Röhl, Klaus Rainer: Nähe zum Gegner. Kommunisten und Nationalsozialisten im Berliner BVG-Streik von 1932, Frankfurt a. M./New York 1994.
Rohrmoser, Richard: ANTIFA. Porträt einer linksradikalen Bewegung. Von den 1920er Jahren bis heute, München 2022.
Rudolph, Karsten: Die Sozialdemokratie in der Regierung. Das linksrepublikanische Projekt in Sachsen 1920–1922. In: Grebing, Helga u. a. (Hrsg.): Demokratie und Emanzipation zwischen Saale und Elbe. Beiträge zur Geschichte der sozialdemokratischen Arbeiterbewegung bis 1933, Essen 1993, S. 212–225.
Scharrer, Manfred: „Freiheit ist immer …". Die Legende von Rosa & Karl, Berlin 2002.
Schmeitzner, Mike: Weltkrieg – Revolution – Diktatur? Gewalt von links und ihre Rechtfertigung 1918 bis 1923/24. In: Braune, Andreas u. a. (Hrsg.): Vom drohenden Bürgerkrieg zum demokratischen Gewaltmonopol (1918–1924), Stuttgart 2021, S. 29–49.
Schmeitzner, Mike: Mit „eiserner Faust" und der „Waffe der Revolution". Kommunisten im Kampf 1918–1933. In: Sabrow, Martin (Hrsg.): Gewalt gegen Weimar. Zerreißproben der frühen Republik 1918–1923, Göttingen 2023, S. 155–168.
Schroeder, Klaus / Deutz-Schroeder, Monika: Der Kampf ist nicht zu Ende. Geschichte und Aktualität linker Gewalt, Freiburg/Brsg. u. a. 2019.
Schumann, Dirk: Politische Gewalt in der Weimarer Republik 1918–1933. Kampf um die Straße und Furcht vor dem Bürgerkrieg, Essen 2001.
Schumann, Dirk: Berlin ist nicht Weimar: Die Weimarer Republik und ihre politische Kultur. In: Jahrbuch der Akademie der Wissenschaften in Göttingen 2016, Berlin 2017, S. 102–121.
Schuster, Kurt G.: Der Rote Frontkämpferbund 1924–1929, Düsseldorf 1975.
Sontheimer, Kurt: Antidemokratisches Denken in der Weimarer Republik. Die politischen Ideen des deutschen Nationalismus zwischen 1918 und 1933, 4. Aufl., München 1994.

Striefler, Christian: Kampf um die Macht. Kommunisten und Nationalsozialisten am Ende der Weimarer Republik, Berlin 1993.
Strobel, Georg W.: Die Legende von der Rosa Luxemburg. Eine politisch-historische Betrachtung. In: Internationale Wissenschaftliche Korrespondenz der Arbeiterbewegung 28 (1992), S. 373–394.
Weber, Hermann: Die Wandlung des deutschen Kommunismus. Die Stalinisierung der KPD in der Weimarer Republik, Frankfurt a. M. 1969.
Weber, Hermann: Aufstieg und Niedergang des deutschen Kommunismus. In: Aus Politik und Zeitgeschichte B 40/1991, S. 25–39.
Weingartner, Thomas: Stalin und der Aufstieg Hitlers. Die Deutschlandpolitik der Sowjetunion und der Kommunistischen Internationale 1929–1934, Berlin 1970.
Winkler, Heinrich August: Von der Revolution zur Stabilisierung. Arbeiter und Arbeiterbewegung in der Weimarer Republik 1918 bis 1924, 2. Aufl., Berlin/Bonn 1985.
Winkler, Heinrich August: Der Schein der Normalität. Arbeiter und Arbeiterbewegung in der Weimarer Republik 1924 bis 1930, Berlin/Bonn 1985.
Winkler, Heinrich August: Der Weg in die Katastrophe. Arbeiter und Arbeiterbewegung in der Weimarer Republik 1930 bis 1933, Berlin/Bonn 1987.
Wirsching, Andreas / Kohler, Berthold / Wilhelm, Ulrich (Hrsg.): Weimarer Verhältnisse? Historische Lektionen für unsere Demokratie, Ditzingen 2018.

Zur Person: Jesse, Eckhard, Prof. Dr. phil., Professor i. R. für Politikwissenschaft an der Technischen Universität Chemnitz.

Gefahren von rechts
Der Hitler-Putsch im November 1923

VOLKER STALMANN

Im Krisenjahr 1923 war der Ruf nach einem „starken Mann", einem nationalen Messias, der das Land aus seiner größten Krise seit Kriegsende retten könne, besonders am rechten Rand nicht zu überhören. Vor dem Hintergrund von Ruhrbesetzung und Hyperinflation sehnte man sich nach einem charismatischen Führer, der die ungeliebte Republik beseitigen und das Reich zu neuer Größe führen würde. Drei Jahre, nachdem die Republik im März 1920 durch den Kapp-Lüttwitz-Putsch ein erstes Mal von rechts in Frage gestellt wurde, wurde ein erneuter Versuch unternommen, die parlamentarische Demokratie durch eine „nationale Diktatur" abzulösen. Mochte der Hitler-Putsch vom 8./9. November 1923 auf den ersten Blick auch nur von lokaler Bedeutung sein, so offenbarte er doch bei näherem Hinsehen brisante Verbindungslinien zwischen Rechtsextremen und rechtskonservativem Establishment, die weit über Bayern hinaus nach Berlin reichten.

Bevor auf die uns interessierenden Ereignisse des Krisenjahres, die im Hitler-Putsch am 8./9. November 1923 kulminierten, eingegangen wird, soll vorab die Frage nach den Rahmenbedingungen und Bedingungskomplexen, die für den Aufschwung des Rechtsradikalismus nach 1918 ausschlaggebend waren, einer Klärung zugeführt werden. Mehrere Punkte wird man hierbei hervorheben müssen.

Verwiesen werden muss zum einen auf die mentalen Vorprägungen und Dispositionen, die tief in der Gesellschaft verankert waren und nach dem Ende des Ersten Weltkrieges einen fruchtbaren Nährboden für rechtsradikale Auffassungen bildeten. Dazu zählten die autoritären und obrigkeitlichen Einstellungen, eng verbunden mit anti-marxistischen, antiliberalen und antisemitischen Ideologien, ebenso wie die Hochschätzung des Militärs und allem Militärischen, die bereits im Kaiserreich als Folge der siegreichen Einigungskriege tief in die Gesellschaft hineinwirkten. Hinzu trat ein schon vor 1914 als übersteigert geltender Nationalismus, der angesichts der Kriegsniederlage und des alliierten Friedensdiktats von Versailles geradezu hysterische Züge annahm, seinen Ausdruck in der Dolchstoßlegende und der Agitation gegen den „Schmach- und Schandfrieden" von Versailles fand.

Diese mentalen Dispositionen bildeten die Grundlage, auf der der organisierte Konservativismus nach 1918 operieren konnte. Durch die militärische Niederlage, den Untergang der Monarchie und durch die Gründung der parlamentarischen Republik war das Selbstverständnis deutscher Konservativer einem radikalen Wandel unterworfen, was zur Entwicklung unterschiedlichster Positionen und Denkhaltungen führte. Den gemeinsamen Nenner dieser konservativen Gruppen und der sich am rechten Rand etablierten völkischen Organisationen bildeten letztlich die entschiedene Ablehnung der Republik und ihre antiliberale, antimarxistische und antiegalitäre Orientierung. Aber die Unterschiede waren offenkundig. Während Altkonservative den Einfluss der Massen auf die Politik eindämmen wollten, vermochten völkische Radikale gekonnt auf der Klaviatur der Massengesellschaft zu spielen. Die Rechtsradikalen der Weimarer Republik waren in gewisser Weise ohne die Revolution nicht zu denken, auch sie erstrebten den Umsturz und wollten die Verfassungsordnung beseitigen. Die Extremen vermochten nicht nur die neuen Medien, Presse, Rundfunk und Film geschickt für ihre Ziele einzuspannen, sondern auch militärische Formen und Stilelemente der Jugendbewegung aufzugreifen, um ihre Entschiedenheit und Jugendlichkeit unter Beweis zu stellen.

Diese Veränderungen spielten sich vor dem Hintergrund existenzieller politischer und wirtschaftlicher Krisen ab. Die Häufung schwerer Krisen, zu denen die Kriegsniederlage und die „Schmach von Versailles" mit den damit verbundenen tiefen Verletzungen des nationalen Selbstwertgefühls, die Hyperinflation, die Weltwirtschaftskrise und die damit einhergehenden verheerenden finanziellen und wirtschaftlichen Schäden zählten, führten zu einer allgemeinen Radikalisierung, die vor allem die extremen Flügelparteien begünstigte, die einfache Antworten auf komplexe Fragen anboten und den Protest zu bündeln vermochten.

Anfangs vermochte die 1918 gegründete Deutschnationale Volkspartei (DNVP) die unterschiedlichsten Strömungen zu bündeln und den Anhängern der beiden konservativen Parteien des Kaiserreichs, den Deutschkonservativen und der Reichspartei, sowie den Christlich-Sozialen und Deutsch-Völkischen eine Heimat zu bieten. Die Partei, die bei den Reichstagswahlen 1920 15 % der Stimmen erhielt, setzte sich für die Wiederherstellung der Monarchie ein und verstand sich als Interessenvertretung der politischen und wirtschaftlichen Eliten des Kaiserreichs. Aus Protest gegen den gemäßigt konservativen Kurs unter ihrem Parteivorsitzenden Oskar Hergt trennten sich die völkisch-radikalen Gruppen 1922 von der Partei und gründeten im Dezember die Deutschvölkische Freiheitspartei (DVFP). Diese rechtsextreme Partei, die damals mit ihren drei Gründern, unter ihnen ihr Vorsitzender, der mecklenburgische Gutsbesitzer Albrecht von Graefe, im Reichstag vertreten war, forderte die „völkische Diktatur", den Ersatz des Reichstags durch ein ständisches Berufsparlament und die Entfernung aller Juden aus öffentlichen Ämtern sowie ihre Unterstellung unter Fremdenrecht. Eng arbeitete die DVFP mit der NSDAP zusammen, mit der im Februar 1923 ein Abkommen geschlossen werden konnte, dass die räumliche Zuständigkeit der Parteien regelte und der in Preußen und den meisten norddeutschen Ländern verbotenen NSDAP Süddeutschland, der DVFP Nord- und Mitteldeutschland zuwies. Wie eng die Partei mit der NSDAP kooperierte, zeigte sich am 9. November 1923, als Graefe beim Marsch auf die Münchner Feldherrnhalle zu den führenden Teilnehmern zählte. Die Partei wurde deshalb im November 1923 zusammen mit der NSDAP im Reich verboten.

Zur Militanz des Rechtsextremismus trugen damals auch terroristische Vereinigungen wie die aus der 1920 aufgelösten Marine-Brigade Ehrhardt entstandene Organisation Consul (OC) bei. Die nationalistisch-antisemitisch ausgerichtete OC, die unter der Leitung des Freikorpsführers Hermann Ehrhardt (1881–1971) stand, war als paramilitärischer Geheimbund organisiert und für zahlreiche Mordanschläge auf Repräsentanten des demokratischen Staates, unter ihnen der Zentrumspolitiker und frühere Reichsfinanzminister Matthias Erzberger und der linksliberale Außenminister Walther Rathenau, verantwortlich. 1922 wurde die OC zwar verboten, bestand jedoch in der Nachfolgeorganisation Bund Wiking fort.

In Bayern spielte die von München aus operierende Nationalsozialistische Deutsche Arbeiterpartei (NSDAP) dank der agitatorischen Fähigkeiten ihres „Führers", des Österreichers Adolf Hitler, eine herausragende Rolle. 1889 als Sohn eines österreichischen Zollbeamten in Braunau am Inn geboren, hatte Hitler in Linz die Realschule ohne Abschluss verlassen und sich daraufhin mehrfach erfolglos für ein Kunststudium an der Wiener Kunstakademie beworben. Ohne feste Arbeit gab er sich als Kunstmaler oder Schriftsteller aus und wohnte in Obdachlosenasylen und Männerwohnheimen. Wenn er sich auch vor dem Krieg mehr für die Musik Richard Wagners begeisterte als für die Politik, formte sich damals doch sein Weltbild, auf das die Ideen der Alldeutschen, Deutschnationalen und Antisemiten einwirkten. 1913 zog er nach München, trat bei Kriegsausbruch in die bayerische Armee ein und wurde bereits wenige Monate später mit dem Eisernen Kreuz I. Klasse ausgezeichnet. Nach dem Krieg wurde er für eine „Aufklärungsabteilung" der Reichswehr in München rekrutiert und trat als Propagandaredner auf, wo rasch seine Redegewandtheit auffiel. Im September 1919 schloss er sich einer unbedeutenden völkischen Gruppierung, der Deutschen Arbeiterpartei (DAP), an, in welcher er in kurzer Zeit aufstieg und zu einer Münchner Lokalgröße avancierte. Im Februar 1920 wurde die Partei in „Nationalsozialistische Deutsche Arbeiterpartei" (NSDAP) umbenannt und ein von Hitler mitverfasstes 25-Punkte-Programm verabschiedet, das kleinbürgerliche Bedürfnisse, aber auch antikapitalistische Ressentiments zu bedienen wusste. Im Zentrum der Propaganda stand der Kampf gegen „Versailles" und die Weimarer Republik sowie ein radikaler Antisemitismus. Programmatisch unterschied sich die Partei mithin kaum von anderen rechtsradikalen Splittergruppen. Mit dem Erwerb des „Völkischen Beobachters" erhielt die Partei Ende 1920 ein eigenes Sprachrohr, das anfangs zweimal wöchentlich und seit Februar 1923 täglich erschien. Nachdem Hitler im Juli 1921 zum Parteiführer mit diktatorischen Machtbefugnissen gewählt worden war, baute er den Ordnungsdienst zu einer ihm ergebenen Parteitruppe, der Sturmabteilung (SA), aus. Der Zulauf, den die NSDAP im Laufe des Jahres 1923 verzeichnen konnte, war beträchtlich. Im November zählte die Partei nicht weniger als 55.000 Mitglieder.

Der italienische Faschismus und Benito Mussolini besaßen für Hitler Vorbildcharakter. Auch für viele Zeitgenossen waren die Parallelen offenkundig, stilisierte doch auch die nationalsozialistische Propaganda ihren Parteiführer zum „deutschen Mussolini". Mit der gleichen aggressiven Rücksichtslosigkeit bekämpften die Nationalsozialisten ihren Hauptgegner, die marxistische Arbeiterbewegung, mit der gleichen Entschiedenheit und Vehemenz lehnten sie die parlamentarische Demokratie ab. Hitler ließ auch keinen Zweifel daran, dass er ebenso wie Mussolini mit seinem Marsch auf Rom im Oktober 1922 gewillt war, mit einem Marsch auf Berlin die verfassungsmäßige Regierung zu stürzen und mit Marxisten und Juden aufzuräumen. Hitler, so General Lossow im Hitler-Prozess 1924, „hielt sich für den deutschen Mussolini", „und seine Gefolgschaft, die das Erbe des Byzantinismus der Monarchie angetreten hatte, bezeichnete ihn als den deutschen Messias. Er war der ‚Berufene', und die damalige Misere verstärkte natürlich diesen Glauben."[1]

Man wird an dieser Stelle fragen müssen, weshalb sich der „braune Sumpf" gerade in Bayern ausbreiten konnte. Dies hing mit mehreren Faktoren zusammen. Zum einen wird man auf die Revolution von 1918/19 verweisen müssen, die in einem stockkonservativen, katholischen und ländlich geprägten Land mit wenigen Inseln der Industrialisierung stattfand. Die Auswüchse dieser Revolution und ihre blutige Niederschlagung begünstigten einen antirevolutionären Umschlag, der nach 1920 unter dem bayerischen Ministerpräsidenten Gustav Ritter von Kahr (Bayerische Volkspartei, BVP) seinen prägnanten Ausdruck im Umbau des Freistaats zu einer gegenrevolutionären „Ordnungszelle" fand. Bayern wurde zu einem Eldorado und Aufmarschgebiet rechtsextremer Kräfte. Hinzu trat ein tiefsitzender Anti-Berlin-Affekt, verbunden mit dem Bemühen um Wahrung der Eigenständigkeit des Landes, der in den Auseinandersetzungen um die Geltung des Republikschutzgesetzes 1922 zum Tragen kam. Zu einer Verschärfung der Lage trugen im Herbst 1923 schließlich auch die kommunistische Regierungsbeteiligung in Sachsen und Thüringen und die Aufstellung sog. Proletarischer Hundertschaften bei, die eine enge Kooperation zwischen Rechtsextremen und Nationalkonservativen begünstigte und einen passenden Vorwand für einen Staatsstreich zu bieten schien.

Die Sonderrolle, die Hitler innerhalb des rechten Lagers aufgrund seiner unumschränkten Stellung in seiner Partei und seiner charismatischen Ausstrahlung spielte, wurde deutlich, als Franzosen und Belgier im Januar 1923 wegen Rückständen bei den deutschen Reparationsleistungen das Ruhrgebiet besetzten. Als die Reichsregierung unter Reichskanzler Wilhelm Cuno den passiven Widerstand proklamierte und sich die deutsche Rechte in die nationale Einheitsfront einzureihen begann, ja sich selbst die militante Rechte an den vom Reichswehrministerium geleiteten Sabotageakten beteiligte, scherte Hitler aus. Seine Partei sollte nicht in der Anonymität eines breiten nationalen Widerstands untergehen. Zudem bestand die Gefahr, dass die Reichsregierung aus dieser Auseinandersetzung gestärkt hervorgehen

---

1 Tyrell (1969): Führer befiehl ..., Nr. 15, S. 56f., hier S. 56.

könnte. Auf einer Veranstaltung im Zirkus Krone in München am 14. Januar 1923 machte Hitler deutlich, dass er den passiven Widerstand für sinnlos hielt. Erst wenn die Nation im Innern von allen Feinden gereinigt sei, könne man sich gegen den äußeren Feind wenden. „Wichtiger als die sinnlosen Proteste gegen Frankreich" seien letztlich „Maßnahmen gegen die Vaterlandsverräter und Novemberverbrecher." „Unsere Forderung bleibt: An den Galgen mit den Novemberverbrechern; dann wird es nicht 10 Jahre dauern, sondern schon nach 5 Jahren nationaler Reinigungsdiktatur wird der Umschwung kommen."[2]

Es mag überraschen, dass dieser eigenwillige Kurs Hitler nicht schadete. Dies mochte damit zusammenhängen, dass er mit dieser Wendung letztlich die gerade in Bayern tiefsitzenden Ressentiments gegen die marxistischen Arbeiterparteien, gegen Juden und „Berlin" zu bedienen wusste. Ausdruck seines Selbstbewusstseins und seiner Stärke war der Erste Reichsparteitag der NSDAP in München am 27. und 28. Januar 1923, den er trotz eines drohenden Verbots abzuhalten wusste. Hitlers Stellung wurde auch durch die wenige Tage später erfolgte Gründung der „Arbeitsgemeinschaft der vaterländischen Verbände", zu der sich die NSDAP, die SA und mehrere rechtsextreme Wehrverbände Anfang Februar zusammenschlossen, aufgewertet. Straffer organisiert war der als neue Dachorganisation der radikalen Wehrverbände ins Leben gerufene Deutsche Kampfbund, dessen politische Führung Hitler im September übertragen wurde.

Einen Dämpfer erhielt Hitler im Frühsommer, als der Versuch der Nationalsozialisten, zusammen mit den in der Arbeitsgemeinschaft organisierten Wehrverbänden die Mai-Demonstrationen der Arbeiterbewegung in München zu zerschlagen, am Widerstand der Landespolizei scheiterte. Dass Hitlers Position innerhalb des rechten Lagers jedoch durch die Münchener Vorgänge keineswegs geschwächt war, zeigte sich bei der Heerschau der sog. Vaterländischen Verbände auf dem Deutschen Tag in Nürnberg am 1./2. September, der den engen Schulterschluss Hitlers mit dem Weltkriegsgeneral Erich Ludendorff deutlich machte.

Ludendorff, 1865 in der Provinz Posen als Sohn eines Rittergutsbesitzers und Reserveoffiziers zur Welt gekommen, hatte während des Ersten Weltkrieges als Erster Generalquartiermeister und Stabschef von Generalfeldmarschall Paul von Hindenburg maßgeblichen Einfluss auf die Kriegführung und die Politik des Reiches. Nach dem Krieg versuchte er sein militärisches Scheitern vergessen zu machen, in dem er Sozialisten und Pazifisten die Schuld an der Niederlage gab. Als einer der Väter der Dolchstoßlegende näherte er sich früh der völkischen Bewegung, nahm am Kapp-Lüttwitz-Putsch 1920 teil und spielte nach seiner Übersiedlung nach Bayern eine führende Rolle in der dortigen Wehrverbandszene. Das Interesse an dem im Dienst-

---

2 Rede Hitlers auf einem NSDAP-Sprechabend am 15.1.1923 in München; Hitler (1980): Sämtliche Aufzeichnungen, Nr. 460, S. 791–793, hier S. 792 f.

grad deutlich unter ihm stehenden Gefreiten Hitler, den er vermutlich bereits 1921 kennenlernte, war anfangs gering, es wuchs jedoch in dem Maße, in dem Ludendorff nicht nur dessen politisches Potenzial, sondern auch die militärische Bedeutung der SA kennenlernte. Auch wenn sich Hitler in den frühen zwanziger Jahren wiederholt in den Vordergrund drängte, erblickten viele in Ludendorff noch den Strippenzieher im Hintergrund und gestanden Hitler lediglich die Rolle eines Propagandisten oder „Trommlers" für die nationale Sache zu.

Mit seinem Wunsch, die verfassungsmäßige Regierung in Berlin zu stürzen und eine „nationale Diktatur" zu errichten, ging Hitler mit den führenden bayerischen Politikern, wie dem Ministerpräsidenten Eugen Ritter von Knilling (BVP), aber auch dem Landeskommandanten der Reichswehr, General von Lossow, und dem Chef der bayerischen Landespolizei, Hans Ritter von Seißer, konform. Von den Staatsstreichbestrebungen der bayerischen Nationalkonservativen ging letztlich eine wesentlich größere Gefahr für die Republik aus, weil sie mit Militär, Polizei und Verwaltung über Respekt gebietende Machtmittel verfügten.

Als die Reichsregierung am 26. September den passiven Widerstand beendete, ging die bayerische Landesregierung unter Ministerpräsident Knilling auf Konfrontationskurs, rief den Ausnahmezustand für Bayern aus, ernannte den früheren Ministerpräsidenten und Regierungspräsidenten von Oberbayern, Gustav Ritter von Kahr (BVP), zum Generalstaatskommissar und übertrug ihm die gesamte vollziehende Gewalt. Begründet wurde diese Maßnahme mit der in Bayern herrschenden außerordentlich starken politischen Erregung. Nachdem die Reichsregierung den Ausnahmezustand über das ganze Reich in der Nacht vom 26. auf den 27. September verhängt hatte, bestanden für Bayern zwei Sonderrechtsordnungen nebeneinander, wodurch neue Reibungen zwangsläufig entstehen mussten.

Rasch gewann der Konflikt mit dem Reich an Schärfe. So setzte Kahr wenige Tage nach seiner Ernennung den Vollzug des Republikschutzgesetzes außer Kraft und wies mehrere jüdische Familien aus Bayern aus, um seinen Rückhalt bei der radikalen Rechten zu festigen. Den vorläufigen Höhepunkt erreichte die Auseinandersetzung, als sich General von Lossow weigerte, den Befehl von Reichswehrminister Otto Geßler, den „Völkischen Beobachter" wegen Beleidigung der Reichsregierung zu verbieten, auszuführen, worauf er am 19. Oktober von Reichspräsident Friedrich Ebert seiner Ämter enthoben wurde. Am folgenden Tag wurde er jedoch von der bayerischen Regierung als Landeskommandant wieder eingesetzt und die bayerische 7. Division auf den Freistaat vereidigt. Dies war ein klarer Bruch der Reichsverfassung. Doch eine Reichsexekution gegen Bayern lehnte General Hans von Seeckt ab, da, wie es schon beim Kapp-Putsch hieß, Truppe nicht auf Truppe schießen würde. Da die Reichsregierung an Seeckt festhielt, verfügte sie über kein Machtinstrument, um gegen das offen reichsfeindliche Bayern vorzugehen.

Nach Kräften bemühten sich Kahr, Lossow und Seißer, die Reichswehrführung in Berlin für ihre Pläne zu gewinnen. Ein Marsch der Vaterländischen Verbände und der bayerischen Reichswehr auf Berlin mit dem Ziel des Sturzes der Reichsregierung und der Errichtung einer „nationalen Diktatur" hatte nur dann Aussicht auf Erfolg, wenn auch die Reichswehr in Berlin mitzog. Dabei war die Rolle des „deutschen Mussolini" in den Konzeptionen der bayerischen Nationalkonservativen nicht Hitler, sondern zunächst von Kahr und später dem Chef der Heeresleitung von Seeckt zugedacht. Die Unterstützung der Nationalsozialisten und des „Kampfbundes" war zwar willkommen, doch wollte man Hitler nur eine Nebenrolle, die des „Trommlers" und Agitators, zugestehen.

Dass Teile des Militärs bereit waren, mit der verfassungsmäßigen Ordnung aufzuräumen, offenbarte der allerdings kläglich gescheiterte Putsch des Majors a. D. Bruno Buchrucker am 1. Oktober in Küstrin. Buchrucker, der offiziell als Angestellter bei der Reichswehr beschäftigt wurde, war für den Aufbau der „Schwarzen Reichswehr", der geheimen Verstärkung der Armee, zuständig, die in mehreren Kasernen rund um Berlin lag. Sein Aufstandsversuch war Teil eines größeren, auf die Besetzung des Berliner Regierungsviertels und die Errichtung einer Militärdiktatur ausgerichteten Unternehmens.

Ungeachtet der in Teilen der Truppe herrschenden Stimmung weigerte sich Seeckt, auf die Pläne des bayerischen Triumvirats einzugehen. Obwohl er nach Abbruch des passiven Widerstands von verschiedenen Seiten, von Deutschnationalen, Alldeutschen, Vertretern der Großlandwirtschaft und der Industrie, gedrängt wurde, selbst die Macht zu übernehmen, beharrte er auf der Legalität des Machtwechsels. Bei aller Sympathie für Kahrs Vorstellungen gab Seeckt diesem unmissverständlich zu verstehen, dass er für einen Putsch nicht zur Verfügung stehe. Zudem warnte er den Bayern eindringlich davor, sich von den völkischen und nationalistischen Extremisten ins Schlepptau nehmen zu lassen.

Diese Mahnung blieb nicht ohne Wirkung. Da ein „Marsch auf Berlin" ohne die Unterstützung der Berliner Reichswehrführung keine Aussicht auf Erfolg haben würde und mit der Reichsexekution gegen Sachsen und Thüringen Ende Oktober/ Anfang November auch der Vorwand für eine Aktion entfallen war, nahmen die Nationalkonservativen von ihren Plänen vorerst Abstand. Als Ludendorff und Hitler dies erkannten, entschlossen sie sich, eine von Kahr auf den 8. November anberaumte Versammlung im Münchner Bürgerbräukeller zu nutzen, um durch einen Überraschungscoup die Zaudernden auf ihre Seite zu ziehen und dadurch den Staatsstreich gleichsam zu erzwingen. Die Gelegenheit schien günstig, weil an jenem Abend nicht nur Kahr, Lossow und Seißer, sondern auch Teile des bayerischen Kabinetts anwesend waren.

Als Kahr am Abend des 8. November seine Rede vortrug, stürmte Hitler mit seiner SA in den Saal und verschaffte sich mit einem Pistolenschuss Ruhe. Hitler, so eine für den Hitler-Prozess angefertigte Schrift, sei „über einen Tisch hinweg auf das Podium" gestiegen, „das Herr v. Kahr inzwischen verlassen hatte, und rief: Die nationale Revolution ist ausgebrochen. Der Saal ist von 600 Schwerbewaffneten besetzt, wenn nicht sofort Ruhe eintritt, kommt ein Maschinengewehr auf die Galerie. Die bayerische Regierung ist abgesetzt, eine provisorische Reichsregierung wird gebildet."[3]

Mit Ludendorffs Hilfe erzwang Hitler in einem Nebenzimmer von Kahr, Lossow und Seißer die Zustimmung zur Mitwirkung an der Aktion und der Proklamation einer provisorischen Reichsregierung Ludendorff-Hitler-Lossow-Seißer. Während Hitler als Reichskanzler die politische Leitung zukommen sollte, waren Ludendorff als Oberbefehlshaber der Nationalarmee, Lossow als Reichswehrminister, Seißer als Polizeiminister, Kahr als Statthalter der Monarchie in Bayern und der frühere Münchner Polizeipräsident Ernst Pöhner als bayerischer Ministerpräsident ausersehen. Während die im Bürgerbräukeller versammelten Mitglieder der bayerischen Staatsregierung verhaftet und als Geiseln über Nacht festgehalten wurden, erhielten Kahr, Lossow und Seißer auf ihr Ehrenwort hin von Ludendorff ihre Bewegungsfreiheit zurück. Noch in der Nacht widerriefen sie ihre erpressten Stellungnahmen und begannen Gegenmaßnahmen einzuleiten.

Die Vorgänge, die sich in der Nacht und am nächsten Morgen abspielten, gaben bereits einen Vorgeschmack auf das, was sich zehn Jahre später nach der Wahl Hitlers zum Reichskanzler unter der NS-Diktatur ereignen sollte. Das Verlagsgebäude der SPD-Zeitung „Münchener Post" wurde gestürmt und verwüstet, jüdische Bürger misshandelt und der sozialdemokratische Bürgermeister Eduard Schmid zusammen mit mehreren Stadträten der Linksparteien verhaftet.

Als Hitler und Ludendorff am Morgen des 9. November erkannten, dass sie überspielt worden waren und Reichswehr und Landespolizei sich gegen die Putschisten stellen würden, weigerten sie sich aufzugeben. Sie entschlossen sich zu einem Demonstrationszug durch die Münchner Innenstadt in der vagen Hoffnung, die öffentliche Meinung gewinnen und damit auch zu einem Umdenkungsprozess bei Offizieren und Mannschaften von Armee und Polizei beitragen zu können. Gegen Mittag formierte sich daraufhin vor dem Bürgerbräukeller ein Zug mit über 2000 Mann, der zum Marienplatz marschierte und dort nach Norden in Richtung Odeonsplatz abbog, um sich beim Wehrkreiskommando mit den Kräften des Offiziers Ernst Röhm zu vereinen. Bei der Feldherrnhalle wurde der Zug jedoch durch einen Polizeikordon aufgehalten. Es kam zu einem Schusswechsel, bei dem 18 Menschen, vier Polizisten, 13 Putschisten und ein Passant, starben.

Hitler überlebte den Zusammenstoß leicht verletzt – er hatte sich beim Sturz auf das Straßenpflaster die linke Schulter ausgekugelt –, und konnte nach Uffing südlich von München ins Haus seines Freundes Ernst Hanfstaengl flüchten, wo er zwei Tage später verhaftet wurde. Ludendorff, der während des Feuerwechsels unbeirrt durch den polizeilichen Sperrriegel geschritten war, wurde schließlich am Odeonsplatz

---

3 Hitler (1980): Sämtliche Aufzeichnungen, Nr. 594 b, S. 1052.

festgenommen. Nach dem gescheiterten Putsch wurden NSDAP und DVFP im ganzen Reich verboten. Die „nationale Revolution" war gescheitert.

Durch das Vorpreschen Hitlers am 8. November 1923 konnten die bayerischen Konservativen ihre Putschpläne, die bereits durch die Absage Seeckts an Realitätsgehalt verloren hatten, endgültig begraben. Kahr hatte zudem an Autorität eingebüßt, sein Massenrückhalt war geschwunden. Im Februar 1924 trat er vom Posten des Generalstaatskommissars zurück. Hitler sollte sich später nach der Machtergreifung bitter an ihm rächen und ihn im Zuge des sog. Röhm-Putsches 1934 ermorden lassen. Die bayerische Reichswehr wiederum distanzierte sich nach dem 9. November klar von den Putschisten und ordnete sich wieder der Berliner Führung unter. Durch seine Insurrektion diskreditierte Hitler nicht nur die „seriösen" Putschpläne der Gruppe um Kahr, sondern entschärfte letztlich auch den Konflikt zwischen Bayern und dem Reich.

Der 9. November 1923 zeigte sehr deutlich, dass eine Änderung der verfassungsmäßigen Ordnung nicht in Konfrontation mit der Staatsmacht, sondern nur in einem wie auch immer gearteten Zusammenspiel mit ihr möglich war. Diese Lehre begann Hitler nach 1923 zu beherzigen. Konkret hieß das, dass die bis dahin geltende Putschtaktik durch einen Kurs der Legalität ersetzt wurde. Die NSDAP begann sich an Wahlen zu beteiligen und sich dem Schein nach den Spielregeln der parlamentarischen Republik anzupassen. Dieser Kurs war letztlich die Voraussetzung für ein tragfähiges Bündnis der Rechtsextremen mit den rechtskonservativen Eliten, das schließlich zehn Jahre später Hitler zur Macht verhelfen sollte.

Die Ereignisse im Herbst 1923 warfen ein grelles Schlaglicht auf das beträchtliche antirepublikanisch-antidemokratische Potential, dass es am rechten politischen Rand gab. Es umfasste nicht nur die Reichswehrführung, die Wehrverbände, große Teile der Industrie und konservativ-nationale und nationalistische Organisationen, wie den Alldeutschen Verband, den Stahlhelm oder Bund Wiking, sondern auf politischer Ebene auch die DNVP und weite Teile der rechtsliberalen Deutschen Volkspartei (DVP) und der BVP. Gerade in Bayern ging die Gefahr für die Republik weniger von den Extremisten um Hitler als vom konservativ-antirepublikanischen Establishment in Reichswehr, Wehrverbänden, Regierung und Verwaltung aus.

Wenn die Demokratie sich auch in dieser existenziellen Krise behaupten konnte, so offenbarte die justizielle Aufarbeitung des Putsches doch ihre eklatanten Schwächen. Hitler und seinen Mitstreitern wurde zwar der Prozess gemacht, aber gegen Hitlers Gönner, Kahr, Lossow und Seißer, wurde keine Anklage erhoben. Ermöglicht wurde dies dadurch, dass die bayerische Regierung gegenüber Berlin durchzusetzen vermochte, dass der Prozess nicht vor dem Staatsgerichtshof zum Schutz der Republik beim Reichsgericht in Leipzig, sondern vor einem Münchner Volksgericht verhandelt wurde. Dadurch konnte die Verstrickung der kompromittierten Amtsträger geschickt vertuscht werden. Auch die Urteile offenbarten die Nachsicht, die das Gericht gegenüber den Putschisten walten ließ. So wurde Hitler am 1. April 1924 wegen Hochverrats lediglich zur gesetzlichen Mindeststrafe von fünf Jahren verurteilt, der Staatsanwalt hatte acht Jahre gefordert. Ludendorff wurde freigesprochen. Von einer Ausweisung Hitlers als Ausländer, die § 9 Absatz 2 des Republikschutzgesetzes vorsah, wurde zudem Abstand genommen. Darüber hinaus wurde ihm nach Verbüßung von sechs Monaten eine Bewährung für den Rest der Strafe zugebilligt, obwohl er bereits wegen einer Verurteilung wegen Landfriedensbruchs 1922 unter Bewährung stand und eine erneute Bewährung nicht zulässig war. Hitler verbüßte denn auch nur wenige Monate. Ende Dezember 1924 kam er bereits wieder auf freien Fuß.

Die Erinnerung an den 8. und 9. November 1923 wurde nach 1933 institutionalisiert. Nachdem der 9. November bereits 1926 zum „Reichstrauertag der NSDAP" erklärt worden war, erhielten die beiden Tage einen festen Platz im nationalsozialistischen Feierkalender. Neben den Reichsparteitagen waren die alljährlich begangenen Münchner Novemberfeiern die herausgehobenste Form der nationalsozialistischen Selbstdarstellung und dienten der Stabilisierung und Überhöhung der NS-Herrschaft.

Quellen- und Literaturverzeichnis

Auerbach, Hellmuth: Vom Trommler zum Führer. Hitler und das nationale Münchner Bürgertum. In: Mensong, Björn/Prinz, Friedrich (Hrsg.): Irrlicht im leuchtenden München? Der Nationalsozialismus in der „Hauptstadt der Bewegung", Regensburg 1991, S. 67–91.

Deuerlein, Ernst (Hrsg.): Der Hitler-Putsch. Bayerische Dokumente zum 8./9. November 1923, Stuttgart 1962.

Fuhrer, Armin: Hitlers Putsch und der Hochverrat von München, München 2023.

Hitler. Sämtliche Aufzeichnungen 1905–1924, hrsg. von Eberhard Jäckel zusammen mit Axel Kuhn, Stuttgart 1980.

Hofmann, Hanns Hubert: Der Hitlerputsch. Krisenjahre deutscher Geschichte 1920–1924, München 1961.

Kellerhoff, Sven Felix: Der Putsch. Hitlers erster Griff nach der Macht, Stuttgart 2023.

Large, David Clay: Hitlers München. Aufstieg und Fall der Hauptstadt der Bewegung, München 1998.

Longerich, Peter: Außer Kontrolle. Deutschland 1923, Wien/Graz 2022.

Niess, Wolfgang: Der Hitlerputsch 1923. Geschichte eines Hochverrats, München 2023.

Thamer, Hans-Ulrich: Die NSDAP. Von der Gründung bis zum Ende des Dritten Reiches, München 2020.

Thoss, Bruno: Der Ludendorff-Kreis 1919–1923. München als Zentrum der mitteleuropäischen Reaktion zwischen Revolution und Hitlerputsch, München 1977.

Tyrell, Albrecht: Führer befiehl … Selbstzeugnisse aus der „Kampfzeit" der NSDAP, Düsseldorf 1969.

Zur Person: Stalmann, Volker, Dr. phil., Wissenschaftlicher Mitarbeiter der Kommission für Geschichte des Parlamentarismus und der politischen Parteien in Berlin.

Liberale Konzeptionen demokratischer Ordnung
Der Weimarer Liberalismus vor den Herausforderungen des Krisenjahrs 1923

DESIDERIUS MEIER

Die historische Forschung hat den Weimarer Liberalismus lange unter der Perspektive des Scheiterns behandelt und in Verfallsgeschichten eingebettet, die zum Teil weit ins 19. Jahrhundert zurückreichen und auf das Jahr 1933 als negativen Zielpunkt zulaufen.[1] Diese Deutung, die schon mit Blick auf den Aufschwung der liberalen Parteien im späten Kaiserreich nicht überzeugt,[2] hat in jüngerer Zeit vermehrt Widerspruch erfahren.[3] Unter anderem ist verschiedentlich hervorgehoben worden, in welchem Ausmaß liberale Leitideen durch den Ersten Weltkrieg in die Defensive gerieten.[4] Ob allerdings dieser Umstand unmittelbar die Krise des Liberalismus in der Weimarer Zeit bedingte, scheint ebenfalls zweifelhaft: Die Deutsche Demokratische Partei (DDP) und die Deutsche Volkspartei (DVP) verfügten anfangs über schlagkräftige, mitgliederstarke Parteiorganisationen,[5] und die Wahlergebnisse des liberalen Lagers bewegten sich 1919/20 zusammengenommen auf dem Niveau der Vorkriegszeit. Folglich scheint es angebracht, den liberalen Niedergang bis 1933 zum einen als ein Weimarer Phänomen zu verstehen und zu begründen.[6] Zum anderen sollte man ihn nicht als zwangsläufige Entwicklung begreifen oder mit dem Verdikt des Scheiterns verknüpfen, sondern auch die Leistungen und Erfolgschancen der liberalen Parteien im Blick behalten.

In diesem Sinne verdient das Krisenjahr 1923 eingehendere, auch ideen- und kulturgeschichtlich angelegte Analysen. Gewiss haben DVP und DDP sowie ihre führenden Vertreter, allen voran Gustav Stresemann, im Kontext der politischen Ereignisse Beachtung gefunden.[7] Doch sieht man von der Spitzenpolitik ab, sind die

---

1 Klassisch Sell (1953): Tragödie; vgl. Grothe (2014): Rosenberg, S. 113–115 u. 121f.
2 Vgl. Meier (2021): Dietrich, S. 41–53; außerdem die Überlegungen von Jones (1988): German Liberalism, S. 5–12.
3 Vgl. z. B. die politikwissenschaftliche Studie von Hacke (2018): Existenzkrise.
4 Doering-Manteuffel/Leonhard (2015): Liberalismus, S. 19–24; Llanque (2014): Linksliberalismus.
5 Schneider (1978): Deutsche Demokratische Partei, S. 68f.; Richter (2002): Deutsche Volkspartei, S. 177–180.
6 So auch Jones (1988): German Liberalism, S. 1–3.
7 Dazu vor allem Wright (2002): Stresemann, S. 202–259; Richter (2002): Deutsche Volkspartei, S. 264–322; die DDP ist für das Jahr 1923 wesentlich schlechter erforscht: Jones (1988): German Liberalism, S. 184–222 (passim).

grundlegenden Herausforderungen, mit denen der Liberalismus sich konfrontiert sah, als 1923 die Krisenlagen der Weimarer Anfangsjahre kulminierten, recht spärlich untersucht oder nur in anderen Zusammenhängen berührt worden.[8] Im Folgenden werden drei Aspekte thematisiert: Erstens wirkte das Krisenjahr als Katalysator für die Integration der liberalen Parteien in das politische System der Republik. Vor dem Hintergrund des verfassungsrechtlichen Ausnahmezustands ist, zweitens, das liberale Staatsverständnis zu problematisieren. Schließlich ist zu unterstreichen, dass der gesellschaftliche Rückhalt des Liberalismus durch eine schwere Krise liberaler Ordnungsmodelle erschüttert wurde.

1 Die Integration des organisierten Liberalismus in die republikanische Ordnung

Bis 1923 standen viele Liberale der Republik skeptisch, wenn nicht gar ablehnend gegenüber. Das galt in erster Linie für die DVP, die sich in ihrem Programm zur Monarchie bekannte und in der das Misstrauen gegen die Massendemokratie sowie den politischen Einfluss der Arbeiterbewegung groß waren. Wenngleich Gustav Stresemann bald eine konstruktive Rolle im Rahmen der neuen Ordnung anstrebte, blieb seine Partei überwiegend außerhalb der Regierungsverantwortung.[9] Zu beachten ist, dass die Weimarer Demokratie zunächst auch in der DDP auf Vorbehalte stieß, die weniger in grundsätzlichen Positionierungen, wohl aber im politischen Tagesgeschäft hervortraten. Gerade in Bezug auf die ersten Jahre nach der Revolution führt es in die Irre, die DDP als eine im Wortsinn „demokratische" Partei zu begreifen. Stark verbreitet war ein funktionalistisches Staatsverständnis, das eine Hypothek für die Akzeptanz der neuen Staatsform bedeutete, weil sie ihre Tauglichkeit unter Beweis stellen musste: Die gravierenden Krisenerscheinungen, welche die junge Republik in Atem hielten, legten die Frage nahe, was diese *nicht* leistete.[10] In der Kritik standen zum einen die Wirtschafts-, Sozial- und Finanzpolitik, und zwar auch bei Vertretern des Linksliberalismus der wilhelminischen Zeit, die einen starken Interventionsstaat ablehnten.[11] Zum anderen war die sogenannte Erfüllungspolitik gegenüber den Siegermächten im liberalen Lager nicht mehrheitsfähig,[12] ein Umstand, der wiederholt schwere Regierungskrisen auslöste und so das politische System destabilisierte.

---

8 Siehe die in den folgenden Anmerkungen genannte Literatur.
9 Vgl. Richter (2002): Deutsche Volkspartei, S. 31–123 u. 217–272; Wright (2002): Stresemann, S. 111–201.
10 Vgl. Meier (2021): Dietrich, S. 88–114; Wirsching (2008): Vernunftrepublikanismus, S. 22–25.
11 Am Beispiel von Georg Gothein: Kramp (2018): Gothein, S. 418–437.
12 Auch das traf, mit gewissen Abstrichen, auf die DDP zu, in der die Außenpolitik zumindest stark umstritten war: Heß (1978): Demokratischer Nationalismus, S. 116–146.

Das Jahr 1923 wurde zu einem Meilenstein für die Integration der liberalen Parteien in die republikanische Ordnung, was besonders im Fall der DVP Beachtung verdient. Angesichts der Staatskrise war die Haltung zur Staatsform keine abstrakte Frage, und namentlich die Diktaturbestrebungen von rechts, die das ganze Jahr hindurch debattiert wurden, stellten spätestens im Herbst eine ernstzunehmende Herausforderung dar. In dieser Konstellation führte Stresemann seine Partei in die Große Koalition mit der SPD, und er stand für die Verfassung ein. Mit den vermeintlichen Alternativen setzte er sich ausführlich und reflektiert auseinander, wobei nicht zuletzt die eigene Partei Adressat seiner Einlassungen war. So verurteilte er Anfang August, kurz vor seiner Ernennung zum Reichskanzler, das „hysterische Schreien nach dem Diktator". Die Behauptung der „weit rechtsstehenden Presse", der Parlamentarismus und speziell die Abhängigkeit der Regierung vom Vertrauen des Reichstags seien für die gegenwärtige Misere verantwortlich, war für ihn „politischer Blödsinn" – damit gelangte er, worauf noch zurückzukommen ist, zu einer energischeren Verteidigung der parlamentarischen Demokratie als manche Politiker der DDP. Stresemann wies stattdessen auf die „Wirkungen des verlorenen Krieges" hin, die eben nicht ohne weiteres zu meistern seien, und hob hervor, dass auch die bestehende Ordnung handlungsfähig sei: „Wenn in Deutschland eine diktatorische Gewalt in der Hand einer oder weniger Persönlichkeiten die Dinge zum Besseren wenden soll, so liegt gar keine Hemmung darin, daß diese Persönlichkeiten das als Kabinettsmitglieder innerhalb der Verfassung des Reiches tun."[13] Drei Monate später, auf dem Höhepunkt der Krise, betonte Stresemann bei einer Parteiversammlung: „Die Form der Diktatur allein bringt uns absolut nicht weiter". Dagegen werde dem „Inhalt" nach ohnehin schon diktatorisch regiert. Dank des Artikels 48 sei der Rahmen der Verfassung vollkommen ausreichend, um „in Zeiten der Not" durchgreifende Maßnahmen zu ermöglichen und „die Dinge gegebenenfalls ohne Parlament zu erledigen".[14]

Kurzfristig war Stresemanns parteipolitischer Kurs nur bedingt erfolgreich. Die spannungsreiche Koalition mit der SPD währte keine drei Monate, und in seiner Partei geriet er massiv unter Beschuss, weil der Gedanke eines rechtsgerichteten „Direktoriums", verbunden mit einer Abkehr von der Weimarer Verfassung, auch beim rechten DVP-Flügel Widerhall fand.[15] Anfang November stand die Reichstags-

---

13 Gustav Stresemann: Politische Umschau. In: Deutsche Stimmen Nr. 15 vom 5.8.1923, S. 253–258, hier S. 255. Die „Deutschen Stimmen" fungierten als Parteiorgan der DVP.
14 Rede Stresemanns auf dem Landesparteitag der sächsischen DVP, 11.11.1923, abgedruckt in Stresemann (1932): Vermächtnis Bd. 1, S. 207.
15 Ähnliche Stimmen gab es vereinzelt sogar in der DDP. So forderte Heinrich Gerland, immerhin stellvertretender Parteivorsitzender, im Vorstand die Bildung einer Regierung unter Einschluss der DNVP und bekannte: „Die Frage der Verfassungsrevision ist gar nicht mehr aufzuhalten." Bei der großen Mehrheit stieß er allerdings auf entschiedenen Widerspruch: Sitzung des Vorstands der DDP, 11.11.1923, BAB R 45 III-19, fol. 43–53, Zitat fol. 49.

fraktion kurz davor, ihn zu stürzen. Doch der Kanzler behielt die Oberhand, mobilisierte die Parteibasis, die ihm mit überwältigender Mehrheit den Rücken stärkte, und positionierte die DVP in den folgenden Monaten als „Partei der Mitte", die sich die Option einer Zusammenarbeit mit den Sozialdemokraten grundsätzlich offenhielt. Eine Reihe hartnäckiger Widersacher vom rechten Flügel verließ infolgedessen die DVP.[16] Danach waren die internen Konflikte nicht beendet, die Vorbehalte gegenüber der Weimarer Demokratie keineswegs ausgeräumt, aber der Krisenherbst 1923 führte personell wie programmatisch durchaus zu einer innerparteilichen Bereinigung. Sie stellte die Weichen dafür, dass die DVP in den folgenden Jahren eine republiktragende, systemstabilisierende Rolle spielte.

Noch wichtiger war freilich, dass die multiplen Krisen des Jahres 1923 überwunden wurden. Das galt für die Vereitelung aller Putschversuche und separatistischen Bestrebungen, vor allem aber für die gelungene Währungsstabilisierung, die mit einer Stärkung liberaler Prinzipien in der Wirtschaftspolitik einherging, sowie für die Außenpolitik: Die Verständigung mit den Siegermächten, die nach der Katastrophe des Ruhrkampfs ohnehin alternativlos schien, trug rasch Früchte, war im liberalen Lager fortan nicht mehr umstritten und konnte so Weimarer Staatsräson werden. Die Republik stellte nun ihre Leistungsfähigkeit unter Beweis und gewann damit aus funktionalistischer Perspektive an Legitimation. Hinzu kam, dass liberale Politiker maßgeblich zur Krisenbewältigung beigetragen hatten: In den Reichsregierungen des Jahres 1923 waren DDP und DVP zahlreich vertreten, und im Winter 1923/24 befanden sich praktisch alle Schlüsselpositionen, vom Finanz- und Wirtschaftsministerium (Hans Luther[17], Eduard Hamm) über das Reichswehrressort (Otto Geßler) bis zum Auswärtigen Amt (Stresemann) in liberaler Hand; hinzu kam, erst als Währungskommissar, dann als neuer Reichsbankpräsident, Hjalmar Schacht. Bereits in den Wahlkämpfen von 1924 reklamierten die liberalen Parteien die Erfolge republikanischer Politik jeweils für sich. Das galt wiederum nicht nur für die Demokraten,[18] sondern auch für die Volkspartei. „Wenn wir versucht haben, diesem Staate eine Stütze zu sein, und wenn wir heute zurückblicken", erklärte Stresemann Anfang Dezember 1924, „so können wir sagen, daß wir einen guten Schritt vorwärts gekommen sind, nach außen und nach innen."[19]

---

16 Vgl. Richter (2002): Deutsche Volkspartei, S. 273–330.
17 Luther war parteilos, stand aber der DVP nahe.
18 Siehe z. B. die Parteitagsrede des DDP-Vorsitzenden Erich Koch-Weser am 5.4.1924, Vossische Zeitung Nr. 166 vom 6.4.1924, S. 4.
19 Rede Stresemanns am 6.12.1924, Die Zeit Nr. 289 vom 7.12.1924, abgedruckt in Stresemann (2020): Reden, S. 513.

2 Verordnungsregime und liberales Staatsverständnis

Die Bewältigung der Staatskrise war ein Erfolg, der angesichts der katastrophalen Lage im Herbst 1923 nicht selbstverständlich war und viele Zeitgenossen überraschte. Das Überleben der Republik und die rasch einsetzende politische und wirtschaftliche Konsolidierung waren aber mit dem Makel behaftet, dass sie im Wesentlichen auf dem Verordnungsweg ins Werk gesetzt wurden, vor allem durch die weit gefassten Ermächtigungsgesetze vom 13. Oktober und 8. Dezember, mit denen der Reichstag seine legislativen Kompetenzen aufgab, daneben mithilfe des Artikels 48, der nun, entgegen seinem ursprünglichen Sinn, extensiv bei wirtschaftlichen Notstandsmaßnahmen zur Anwendung kam.[20] Wie positionierten sich die liberalen Politiker zu diesen bedenklichen Instrumenten, die den Parlamentarismus monatelang weitgehend aushebelten?

Gerade die Haltung der DDP, die sich programmatisch zur Weimarer Verfassung bekannte und maßgeblich an ihrer Ausarbeitung mitgewirkt hatte, ist von Interesse. Im Allgemeinen wurde bei den Demokraten die Sorge um den Fortbestand der Republik deutlich formuliert. Die rechtsextremen Umtriebe in Bayern identifizierte man bereits im Januar 1923 als große Gefahr. Im Herbst schloss man eine Kooperation mit verfassungsfeindlichen Kräften bzw. mit der Deutschnationalen Volkspartei (DNVP) aus, blickte argwöhnisch auf die Haltung der Reichswehr, und es gab erhebliche Widerstände gegen die Handhabung des militärischen Ausnahmezustands durch das Kabinett Stresemann, das sich in Sachsen zu scharfem Einschreiten gegen links entschloss, während entsprechende Maßnahmen in Bayern unterblieben.[21] Der legislative Ausnahmezustand wurde jedoch kaum hinterfragt: Kritik erhob sich im Wesentlichen erst im Winter 1923/24, als die Eigendynamik der technokratisch-autoritären Verordnungspraxis deutlich zutage trat.[22] Als die Demokraten im Reichstag ihre Zustimmung zu den Ermächtigungsgesetzen begründeten, äußerten sie keine Einwände.

---

20 Vgl. Frehse (1985): Ermächtigungsgesetzgebung, S. 91–135; Kurz (1992): Demokratische Diktatur, S. 151–192.
21 Siehe die Gremiensitzungen in Wegner/Albertin (1980): Linksliberalismus, S. 285–303; vgl. Jones (1988): German Liberalism, S. 211 f.
22 Koch-Weser missbilligte im Januar die „Diktatur der Geheimräte" und bemerkte, nun sehe jeder, was eine Diktatur, die ja so viele herbeigesehnt hätten, bedeute: Sitzung des Parteiausschusses der DDP, 27.1.1924, Wegner/Albertin (1980): Linksliberalismus, S. 305 f. Ähnlich äußerte sich Georg Gothein: Kramp (2018): Gothein, S. 522. Hugo Preuß kritisierte zu Neujahr sowohl die „Ermächtigungsgesetze, die nicht bloß den Parlamentarismus, sondern die elementarsten Begriffe des Rechtsstaates ausschalten", als auch die „nachgerade bedenklich werdende Überanstrengung des Artikel 48": Hugo Preuß: Volksgemeinschaft? In: Berliner Tageblatt Nr. 1 vom 1.1.1924, S. 1 f. Doch auch der DVP-Fraktionsvorsitzende Ernst Scholz legte gegen die Handhabung des Ermächtigungsgesetzes Verwahrung ein: Raithel (2005): Parlamentarismus, S. 330.

Am 8. Oktober verwies Erich Koch-Weser auf die „Gefahr [...] des Verfalls aller staatlichen und wirtschaftlichen Einrichtungen". Aus diesem Grund benötige man eine „starke Regierung", die „uns endlich zur Ruhe und zum Frieden führt". Statt Bedenken gegen die Pauschalität der finanz-, wirtschafts- und sozialpolitischen Ermächtigung vorzubringen, bekräftigte er die Absicht, der Regierung einen Freibrief auszustellen: „Wir wissen heute noch nicht, welche Bahn die deutsche Politik in den nächsten Wochen gehen wird; wir müssen die Lösung dieser Frage dem Herrn Reichskanzler überlassen." Er wies die Überlegung zurück, „daß man den Parlamentarismus als solchen für diese Krise verantwortlich zu machen habe", konstatierte aber, dass „man das Instrument des Parlamentarismus bei uns noch nicht richtig zu handhaben weiß" – er negierte also für die Praxis, gegenwärtig und mit ungewisser Zukunftsperspektive, die Funktionstüchtigkeit des parlamentarischen Systems in Deutschland.[23] Koch-Weser diagnostizierte rückblickend einen übermäßigen Einfluss der Parteien auf die Regierung, den er missbilligte: „Parteiführer haben die Schicksale Deutschlands bestimmt", dabei seien diese „genötigt, im Sinne der eigenen Partei zu arbeiten" und daher „nicht geneigt [...], sich auf eine mittlere Linie, wie die in der Regierung vertretenen Minister, zu einigen." Diese Einschätzung fiel umso mehr ins Gewicht, als er den akuten Handlungsbedarf, dem nun durch die Bevollmächtigung der Exekutive abgeholfen werden sollte, mit Fehlentwicklungen der vergangenen Jahre in Verbindung brachte, zu denen es unter den Bedingungen parlamentarischen Regierens gekommen war, namentlich im Hinblick auf „die Wirtschaftspolitik, die wir seit dem Jahre 1918 getrieben haben", die „Überfülle unserer Gesetze" und den „ungeheuren Beamtenapparat".[24]

Am Tag darauf sah Eugen Schiffer sich veranlasst, auf die (per Zwischenruf von „der äußersten Linken" bekräftigte) Vorhaltung zu reagieren, das Ermächtigungsgesetz bedeute einen „Bankrott des Parlaments und des Parlamentarismus". Dies sei „falsch", so Schiffer: „es droht der Bankrott des Vaterlandes; und deshalb schränken wir den Parlamentarismus so ein, wie es notwendig ist". Schiffer erklärte, das parlamentarische Verfahren sei in der jetzigen Lage „zu kompliziert", allerdings wiesen seine Ausführungen ebenfalls über die aktuelle Ausnahmesituation hinaus: Er wandte sich gegen „diese ganze komplizierte und zeitraubende parlamentarische Taktik", im Reichstag werde „viel zu viel debattiert und geredet", es sei nötig, „herauszukommen aus dem ewigen Überlegen und Erwägen und endlich einmal Taten vor sich zu sehen".[25]

---

23 Die Vorstellung von einer demokratischen „Unreife" Deutschlands war während des Ersten Weltkriegs im (links)liberalen Spektrum verbreitet: Llanque (2000): Demokratisches Denken, S. 231–237.
24 Rede Koch-Wesers am 8.10.1923, Verhandlungen des Reichstags, Bd. 361, S. 11990–11996.
25 Rede Schiffers am 9.10.1923, Verhandlungen des Reichstags, Bd. 361, S. 12034–12037.

Ebenso wie zwei Monate später Ludwig Haas, als das nächste (noch weitreichendere) Ermächtigungsgesetz verabschiedet wurde,[26] verzichteten Koch-Weser und Schiffer darauf, im Detail auf die Bestimmungen des Gesetzes, deren Implikationen und mögliche Gefahren einzugehen; sie thematisierten nicht die pauschale Vollmacht zur Außerkraftsetzung von Grundrechten, setzten sich nicht mit der Frage auseinander, inwiefern ein heikler Präzedenzfall geschaffen wurde und nutzten nicht die Gelegenheit, die Prinzipien des liberalen Verfassungsstaats zu markieren.[27] Der Befund von Thomas Raithel, dass sich bei der parlamentarischen Behandlung der Ermächtigungsgesetze ein „eklatanter Mangel an verfassungsrechtlichem Problembewußtsein" zeigte, trifft auf die DDP fraglos zu.[28] Gewiss sind bei der Einordnung dieser Stellungnahmen die katastrophalen ökonomischen, innen- und außenpolitischen Umstände zu berücksichtigen. Auch aus heutiger Sicht ist schwer vorstellbar, wie die akute Notlage im regulären parlamentarischen Verfahren hätte gemeistert werden können. Zweifellos litt die junge parlamentarische Demokratie an Funktionsstörungen, die sich aus dem kaum demokratieverträglichen Ausmaß der innenpolitischen Polarisierung ergaben, sowie aus dem Umfang der kurzfristig und bei engen Handlungsspielräumen zu bewältigenden Probleme, mit denen die Republik in den Nachkriegsjahren konfrontiert war. Ungeachtet der Zustimmung zur Selbstentmachtung des Parlaments hätte es aber nahegelegen, dieselbe angemessen zu problematisieren – erst recht vor dem Plenum des Reichstags. Die parteien- und parlamentarismuskritischen Darlegungen, in denen sich die DDP-Abgeordneten ergingen, näherten sich in der Wortwahl einer grundsätzlichen Systemkritik; jedenfalls lag es bei diesem Anlass nahe, sie so verstehen.

Es handelte sich hierbei nicht lediglich um Versäumnisse unter dem Eindruck der Krise. Vielmehr entsprach die Argumentationslinie von Koch-Weser und Schiffer dem in der DDP vorherrschenden, mit antipluralistischen Tendenzen befrachteten und am Konstitutionalismus des Kaiserreichs orientierten Staatsverständnis, in dem ein als überparteilich begriffener, starker Staat von der Gesellschaft getrennt blieb.[29] Diese Vorstellung vom Staat als solchem trat 1923 deutlich hervor, als Ruhrbesetzung, Separatismus und Partikularismus die Sorge um die Reichseinheit befeuerten und der rechte und linke Radikalismus die Gefahr eines Bürgerkriegs heraufzubeschwören schien. Die Staats*form* war demgegenüber von nachgeordneter Bedeutung. Zugespitzt formuliert begegnen uns in den Äußerungen Koch-Wesers und Schiffers primär Konzeptionen staatlicher, nicht demokratischer Ordnung.

---

26 Haas streifte das Ermächtigungsgesetz in der Reichstagssitzung vom 5. Dezember nur kurz, indem er feststellte: „Es muß aber schnell gehandelt werden. Deshalb stimmen wir für das Ermächtigungsgesetz." Verhandlungen des Reichstags, Bd. 361, S. 12312.
27 Vgl. zu den Stellungnahmen von Koch-Weser und Schiffer auch knapp Becker (2016): Realpolitik, S. 100 f.; Raithel (2005): Parlamentarismus, S. 289–291.
28 Raithel (2005): Parlamentarismus, S. 324.
29 Vgl. Meier (2020): Dietrich, S. 29–32.

3 Liberale Ordnungsmodelle in der Krise

Es ist geboten, den Liberalismus nicht nur „von oben" zu betrachten, sondern seinen gesellschaftlichen Rückhalt im Blick zu behalten. In politischer wie ökonomischer Hinsicht waren liberale Ordnungsmodelle in der Weimarer Verfassung fest verankert. Zugleich befanden sie sich seit dem Ausbruch des Ersten Weltkriegs in einer Krise, die über 1918 hinaus anhielt und 1923 einen Höhepunkt erreichte. Während der Nachkriegsjahre schienen liberale Leitbilder zum einen mit dem Weimarer Staat in Konflikt zu stehen, zum anderen wurden sie durch sozioökonomische Verwerfungen grundsätzlich infrage gestellt.

Der staatliche Interventionismus der Kriegszeit setzte sich nach 1918 in vielen Bereichen fort: Die Aufrechterhaltung zwangswirtschaftlicher Maßnahmen, Steuererhöhungen mit teils (zumindest de jure) konfiskatorischem Charakter, die staatliche Regulierung von Preisen, Mieten, Löhnen und Arbeitszeit schienen nicht nur ausgesprochenen Wirtschaftsliberalen kaum tragbar. Ebenso fand die Einschränkung des Rechts- und Verfassungsstaats durch den Belagerungszustand während des Weltkriegs in gewisser Weise seine Fortsetzung in den Ausnahmezuständen der Republik. Hinzu kamen die soziokulturellen Auswirkungen der Inflation, insbesondere der im Sommer 1922 einsetzenden Hyperinflation mit ihren teils grotesken Begleiterscheinungen: Die unerhörte Geldentwertung brachte zahllose Menschen um ihr Vermögen, wobei ausgerechnet solche Anlagen am stärksten betroffen waren, die traditionell als äußerst sicher, als „mündelsicher" galten, etwa Hypotheken und Staatsanleihen. Papiergeld verlor nicht nur seine Funktion als gesetzliches Zahlungsmittel, sondern auch als Medium sozialer und ökonomischer Kommunikation; „gerechte" Preise ließen sich nicht mehr bestimmen. Solides Wirtschaften und die Einhaltung gesetzlicher Bestimmungen wurden bestraft, die Spekulation am Rande der Legalität belohnt, und von der Ökonomie der Inflationszeit schienen einige wenige auf Kosten der Mehrheit zu profitieren. Diese „verkehrte Welt" erschütterte ökonomisch-moralische Gewissheiten, das Vertrauen in die Wirtschafts- und Rechtsordnung sowie in den Staat, der sie garantierte.[30]

Ähnliche Auswirkungen hatten die drakonischen Maßnahmen zur Währungsstabilisierung, die im Winter 1923/24 verordnet wurden. Um die Staatsausgaben zu reduzieren, setzte ein rigider Personalabbau im öffentlichen Dienst ein, von dem neben Arbeitern und Angestellten schließlich auch über zwanzig Prozent der Reichsbeamten, gut 170.000 Personen, betroffen waren – ein beispielloser Vorgang, der an den „wohlerworbenen Rechten" der Beamten rüttelte, die in der Verfassung verbürgt waren. Darüber hinaus mussten diejenigen, die nicht entlassen wurden, im Vergleich

---

30 Vgl. Geyer (2014): Grenzüberschreitungen; Geyer (1998): Verkehrte Welt, S. 167–278.

zur Vorkriegszeit drastische Gehaltseinbußen hinnehmen.[31] Als größtes Reizthema erwies sich indes die Frage, in welchem Umfang eine Aufwertung von Hypotheken, festverzinslichen Papieren und sonstigen Gläubigerforderungen stattfinden würde, die infolge der Inflation praktisch wertlos waren. In einer aufsehenerregenden Entscheidung stellte das Reichsgericht am 28. November 1923 den grundsätzlichen Anspruch auf Schuldenaufwertung fest und weckte bei den Inflationsgeschädigten große Erwartungen. Die Regierung hingegen sah darin eine Gefahr für die Erholung der Wirtschaft, vor allem aber, mit Blick auf die exorbitanten Papiermarkschulden, die der Staat seit August 1914 angehäuft hatte, für die Reichsfinanzen und damit für die Währungsstabilisierung, deren Gelingen aus damaliger Sicht keineswegs ausgemacht war. Entsprechend bescheiden blieben die Aufwertungsbestimmungen, die in der dritten Steuernotverordnung vom 14. Februar 1924 verankert waren: Im Allgemeinen waren die vorgesehenen Prozentsätze gering, und für Inhaber öffentlicher Anleihen war de facto gar keine Entschädigung vorgesehen.[32]

Der Staat, mithin die Republik, erschien als Profiteur der Inflation – sanktioniert durch Gesetzgebung auf dem Verordnungsweg, ohne direkte Mitwirkung des dafür zuständigen Verfassungsorgans. Es erhob sich ein Sturm der Entrüstung, der sich nicht zuletzt gegen die liberalen Regierungsparteien und ihre Minister richtete. Gleichzeitig waren die Mittel- und Oberschichten, aus denen sich die liberale Wählerschaft in erster Linie rekrutierte, von den inflationsbedingten Vermögensverlusten und den schmerzhaften Einschnitten der Stabilisierungspolitik besonders betroffen. Profitieren konnten Deutschnationale und Völkische, die sich in den Wahlkämpfen von 1924 zu Sachwaltern der Inflationsgeschädigten aufschwangen.[33]

4   Fazit

Im Frühjahr 1924 war die Lage der liberalen Parteien desolat. Seit 1919/20 hatte ihnen ein Großteil der Mitglieder den Rücken gekehrt,[34] und die Reichstagswahl vom 4. Mai 1924 endete desaströs: DVP und DDP verloren jeweils knapp ein Drittel ihrer Wähler von 1920 und kamen zusammen nur noch auf 14,9 % der Stimmen (1920: 22,2 %).[35] Seit der Reichsgründung 1871 hatte der organisierte Liberalismus bei Wahlen auf nationaler Ebene nie derart schwach abgeschnitten.

---

31 Vgl. Fattmann (2001): Bildungsbürger, S. 38–50 u. 125.
32 Vgl. Holtfrerich (1980): Inflation, S. 315–321.
33 Vgl. Hughes (1988): Paying, S. 17–81; Geyer (1998): Verkehrte Welt, S. 355–359.
34 Richter (2002): Deutsche Volkspartei, S. 180 f.; Schneider (1978): Deutsche Demokratische Partei, S. 68 f.
35 Falter et al. (1986): Wahlen, S. 44.

Larry Eugene Jones hat betont, dass die Konsequenzen von Inflation und Stabilisierung auch auf Dauer verheerend für den Weimarer Liberalismus waren, weil die Entfremdung seiner Wählerklientel sich als nachhaltig erwies.[36] Wenngleich diese längerfristigen Wirkungen schwer messbar sind, wird man sie nicht unterschätzen dürfen, wie schon die brisante Aufwertungsfrage zeigt, die noch jahrelang ein Politikum blieb.[37] Generell fällt es nicht schwer, die krisengeschüttelte Nachkriegszeit und das Jahr 1923 mit der Spätphase der Republik zu verknüpfen und bleibende Belastungen für die politischen und ökonomischen Leitbilder des Liberalismus zu diagnostizieren. Diese gerieten ab Ende der 1920er Jahre wiederum fundamental unter Druck – infolge einer weiteren Wirtschaftskrise unerhörten Ausmaßes sowie einer erneuten (von den Liberalen abermals mitgetragenen) Aushebelung des Parlamentarismus durch den Artikel 48 und das Ermächtigungsgesetz vom 24. März 1933.

Eine solche Sichtweise hat ihre Berechtigung. Gleichwohl sollte sie nicht den Blick auf die positiven Perspektiven verstellen, die aus der Bewältigung der Krise von 1923 resultierten. Die nun folgende wirtschaftliche, innen- und außenpolitische Konsolidierung blieb zwar von Krisensymptomen begleitet, verlief aber zunächst einmal so schnell und erfolgreich, dass der Weimarer Staat, gerade im Vergleich mit den Jahren 1918–1923, bald gefestigt wirkte. Dadurch eröffnete sich eine veritable Zukunftsperspektive für republikanische Politik – ebenso wie für die systemtragenden Parteien, zu denen nun sowohl DDP als auch DVP zählten. Aus Sicht der Zeitgenossen sprach viel dafür, dass Regierungsbeteiligungen, wenn sich Erfolge einstellten, vom Wähler doch noch honoriert werden würden: Schließlich konnten die liberalen Parteien bei der Reichstagswahl vom 7. Dezember 1924 immerhin 1,5 % hinzugewinnen und damit einen ansehnlichen Teil der Verluste wettmachen, die sie nur sieben Monate zuvor erlitten hatten. An dem Ergebnis ließ sich eine Trendwende ablesen, verbunden mit der Aussicht, dass nach dem Ende eines nahezu zehnjährigen Ausnahmezustands auch die historische Wahlschlappe vom Mai 1924 eine Ausnahmeerscheinung bleiben werde.[38]

---

36 Zum Beispiel Jones (1979): Inflation.
37 Vgl. ebd. und Hughes (1988): Paying, S. 82–180.
38 Vgl. Meier (2021): Dietrich, S. 319–321.

Quellen- und Literaturverzeichnis

Archivalische Quellen

Bundesarchiv Berlin (BAB): R 45 III (Deutsche Demokratische Partei / Deutsche Staatspartei)

Gedruckte Quellen

Berliner Tageblatt.
Deutsche Stimmen.
Stresemann, Gustav: Reden. Hrsg. u. bearb. v. Wolfgang Elz. Mainz 2020 (online), URL: https://neuestegeschichte.uni-mainz.de/internationale-politik/stresemann-reden/ (26.11.2024).
Stresemann, Gustav: Vermächtnis. Der Nachlaß in drei Bänden. Hrsg. v. Henry Bernhard, Bd. 1, Berlin 1932.
Verhandlungen des Reichstags. Stenographische Berichte, Bd. 361, Berlin 1924.
Vossische Zeitung.
Wegner, Konstanze / Albertin, Lothar (Bearb.): Linksliberalismus in der Weimarer Republik. Die Führungsgremien der Deutschen Demokratischen Partei und der Deutschen Staatspartei 1918–1933, Düsseldorf 1980.

Literatur

Becker, Ernst Wolfgang: Die normative Dimension der Realpolitik. Linksliberalismus und Ermächtigungsgesetzgebung in der Weimarer Republik. In: Jahrbuch zur Liberalismus-Forschung 28 (2016), S. 91–118.
Doering-Manteuffel, Anselm / Leonhard, Jörn: Liberalismus im 20. Jahrhundert – Aufriss einer historischen Phänomenologie. In: dies. (Hrsg.): Liberalismus im 20. Jahrhundert, Stuttgart 2015, S. 13–32.
Falter, Jürgen / Lindenberger, Thomas / Schumann, Siegfried: Wahlen und Abstimmungen in der Weimarer Republik. Materialien zum Wahlverhalten 1919–1932, München 1986.
Fattmann, Rainer: Bildungsbürger in der Defensive. Die akademische Beamtenschaft und der „Reichsbund der höheren Beamten" in der Weimarer Republik, Göttingen 2001.
Frehse, Michael: Ermächtigungsgesetzgebung im Deutschen Reich 1914–1933, Pfaffenweiler 1985.
Geyer, Martin H.: Grenzüberschreitungen: Vom Belagerungszustand zum Ausnahmezustand. In: Werber, Niels / Kaufmann, Stefan / Koch, Lars (Hrsg.): Erster Weltkrieg. Kulturwissenschaftliches Handbuch, Stuttgart 2014, S. 341–384.
Geyer, Martin H.: Verkehrte Welt. Revolution, Inflation und Moderne, München 1914–1924, Göttingen 1998.
Grothe, Ewald: Hans Rosenberg und die Geschichte des deutschen Liberalismus. Seine unveröffentlichte Antrittsvorlesung vom Januar 1933. In: Vierteljahrshefte für Zeitgeschichte 62 (2014), S. 109–138.

Hacke, Jens: Existenzkrise der Demokratie. Zur politischen Theorie des Liberalismus in der Zwischenkriegszeit, Berlin 2018.

Heß, Jürgen C.: „Das ganze Deutschland soll es sein". Demokratischer Nationalismus in der Weimarer Republik am Beispiel der Deutschen Demokratischen Partei, Stuttgart 1978.

Holtfrerich, Carl-Ludwig: Die deutsche Inflation 1914–1923. Ursachen und Folgen in internationaler Perspektive, Berlin u. a. 1980.

Hughes, Michael L.: Paying for the German Inflation. Chapel Hill u. a. 1988.

Jones, Larry Eugene: German Liberalism and the Dissolution of the Weimar Party System, 1918–1933, Chapel Hill u. a. 1988.

Jones, Larry Eugene: Inflation, Revaluation, and the Crisis of Middle-Class Politics: A Study in the Dissolution of the German Party System, 1923–28. In: Central European History 12 (1979), S. 143–168.

Kramp, Andrea: Georg Gothein (1857–1940). Aufstieg und Niedergang des deutschen Linksliberalismus, Düsseldorf 2018.

Kurz, Achim: Demokratische Diktatur? Auslegung und Handhabung des Artikels 48 der Weimarer Verfassung 1919–25, Berlin 1992.

Llanque, Marcus: Der deutsche Linksliberalismus in der ideenpolitischen Konstellation des Ersten Weltkriegs und der Wandel des Politikverständnisses. In: Jahrbuch zur Liberalismus-Forschung 26 (2014), S. 27–47.

Llanque, Marcus: Demokratisches Denken im Krieg. Die deutsche Debatte im Ersten Weltkrieg, Berlin 2000.

Meier, Desiderius: Hermann Dietrich. Bürgertum und Liberalismus in der Weimarer Republik, Berlin u. a. 2021.

Meier, Desiderius: Hermann Dietrich – ein Demokrat? Zum liberalen Staatsverständnis in der Weimarer Republik. In: Elsbach, Sebastian / Böhles, Marcel / Braune, Andreas (Hrsg.): Demokratische Persönlichkeiten in der Weimarer Republik, Stuttgart 2020, S. 21–37.

Raithel, Thomas: Das schwierige Spiel des Parlamentarismus. Deutscher Reichstag und französische Chambre des Députés in den Inflationskrisen der 1920er Jahre, München 2005.

Richter, Ludwig: Die Deutsche Volkspartei 1918–1933, Düsseldorf 2002.

Schneider, Werner: Die Deutsche Demokratische Partei in der Weimarer Republik 1924–1930, München 1978.

Sell, Friedrich C.: Die Tragödie des deutschen Liberalismus, Stuttgart 1953.

Wirsching, Andreas: „Vernunftrepublikanismus" in der Weimarer Republik. Neue Analysen und offene Fragen. In: ders. / Eder, Jürgen (Hrsg.): Vernunftrepublikanismus in der Weimarer Republik. Politik, Literatur, Wissenschaft, Stuttgart 2008, S. 9–26.

Wright, Jonathan: Gustav Stresemann. Weimar's Greatest Statesman, Oxford u. a. 2002.

Zur Person: Meier, Desiderius, Dr. phil., Wissenschaftlicher Mitarbeiter am Lehrstuhl für Neuere und Neueste Geschichte, Universität Passau.

III. Transformationsprobleme der Wirtschaft

Als das Geld seinen Wert verlor
Die Große Inflation

JOHANNES BÄHR

In der Erinnerungskultur ist die sogenannte Hyperinflation das eindrücklichste Merkmal des Krisenjahrs 1923 – die Zeit, in der ein Kilo Roggenbrot 233 Milliarden Mark kosten konnte und Geldscheine zum Befeuern von Öfen verwendet wurden. Wirtschaftshistorisch betrachtet war sie der Kulminationspunkt einer Entwicklung, die mit dem Ersten Weltkrieg begann und im November 1923 endete. Während die Datierung unstrittig ist, wurden Ursachen, Verlauf und Folgen der „deutschen Inflation" immer wieder neu bewertet.[1] Heute kann als Konsens gelten, sie auch als einen gesellschaftlichen Prozess zu verstehen und im europäischen Vergleich zu deuten. Aus dieser Sicht gilt es darzulegen, warum die durch den Ersten Weltkrieg entstandene Geldentwertung gerade in Deutschland zur Finanzkatastrophe werden konnte und wie sich diese Erfahrung in die Gesellschaft eingrub.

1 Kriegsschulden und Nachkriegsordnung

Mit dem Ausbruch der Ersten Weltkrieges endete die Ära des klassischen Goldstandards, in der wegen der Golddeckung der Währungen ein relativ stabiles Preisniveau bestanden hatte. Im August 1914 wurde die Golddeckung in den europäischen Großmächten ausgesetzt, da die Ausgaben für den Krieg zur Ausweitung der Geldmenge zwangen. Der steigende Finanzbedarf konnte nur durch eine Verschuldung der Staaten gedeckt werden. Für Deutschland galt dies besonders, da das Reich nur Einnahmen aus Zöllen und Verbrauchsteuern hatte, während die Einkommensteuer den Einzelstaaten zufloss.

Das Reich verschuldete sich bei der von der Regierung abhängigen Reichsbank, die die Geldmenge durch diskontierte Schatzanweisungen und Darlehenskassenscheine praktisch unbegrenzt ausweitete. Ein großer Teil der Ausgaben konnte durch patriotisch beworbene Kriegsanleihen finanziert werden, die von institutionellen Anlegern und breiten Kreisen der Bevölkerung gezeichnet wurden – im festen Glauben, dass diese Schulden des Reichs später von den besiegten Kriegsgeg-

---

[1] Als Standardwerke: Feldman (1993): Great Disorder; Holtfrerich (1980): Inflation. Aus der neuesten Forschung: Teupe (2022): Zeit des Geldes.

nern beglichen würden. Am Ende des Krieges hinterließ das Kaiserreich eine Reichsschuld von 135 Mrd. Mark, davon 55 Mrd. Mark in schwebenden Schulden und 80 Mrd. Mark in Kriegsanleihen.[2] Die Großhandelspreise hatten nicht mit der Ausweitung der Geldmenge Schritt gehalten. Das Ausmaß der Geldentwertung blieb durch administrative Höchstpreise und den zunehmenden Mangel an Waren verdeckt. Mit dem Abbau der Bewirtschaftungsmaßnahmen nach dem Krieg musste diese zurückgestaute Inflation zu hohen Preissteigerungen führen.

Gleichwohl ist die weitere Entwicklung der deutschen Inflation nicht durch die im Krieg aufgehäuften Schulden allein zu erklären. Die Staatsverschuldung lag in Deutschland bei Kriegsende noch in einer ähnlichen Größenordnung wie in Frankreich und im Vereinigten Königreich. In Frankreich waren die Ausgaben für den Krieg ebenfalls weitgehend durch Kredite finanziert worden, in Großbritannien trotz eines leistungsfähigen Steuersystems zu 70 bis 80 Prozent.[3] Im Laufe des Krieges waren die Vereinigten Staaten durch Kredite an Großbritannien und Frankreich zum weltweit größten Gläubiger geworden. Großbritannien hatte wiederum Frankreich mit Krediten unterstützt. Insgesamt beliefen sich die interalliierten Kriegsschulden auf rund 26,5 Mrd. US-Dollar.[4]

Nach dem Krieg beschleunigte sich in Deutschland die Geldentwertung. Der Dollarwechselkurs, der nun zum Maßstab der deutschen Inflation wurde, lag am Kriegsende bei 7,43 Mark – fast 80 Prozent über der Vorkriegsparität von 4,20 Mark –, im September 1919 bereits bei 24,05 Mark und im Februar 1920 bei 99,11 Mark. Die Preise stiegen durch die schrittweise Freigabe und die anhaltende Erhöhung der Geldmenge, allerdings etwas langsamer als der Dollarwechselkurs.[5] Auch in den Ländern der Siegermächte nahm die Inflation nach dem Krieg zu, aber bei weitem nicht so stark wie in Deutschland. Im Mai 1920 lagen die Großhandelspreise in den USA um 147 Prozent über dem Stand von 1913, in Großbritannien um 213 Prozent, in Deutschland erreichten sie im März 1920 hingegen das 17fache des Vorkriegsstandes.[6] Von einer derart beschleunigten Inflation waren in Europa außer Deutschland nur Österreich, Ungarn, Polen und Russland (ab 30. Dezember 1922 Sowjetunion) betroffen. Berücksichtigt man, dass es sich in Russland um eine durch Revolution, Enteignungen und Bürgerkrieg bedingte Sonderentwicklung handelte und in Polen die Geldentwertung eng mit der Wiedererrichtung des Staats zusammenhing, dann handelte es sich bei den Hochinflations-Ländern um die Verlierer des Ersten Weltkrieges. Es war naheliegend, dass die Geldentwertung in diesen Ländern als eine Folge des desaströsen Kriegsausgangs und der als „Diktatfrieden" wahrgenomme-

---

2 Hardach (2020): Kriegsfinanzierung, S. 103.
3 Hardach (1973): Erster Weltkrieg, S. 168 u. 174–179.
4 Aldcroft (1978): Zwanziger Jahre, S. 98.
5 Zahlen zur Geldentwertung (1925), S. 6 u. 16.
6 Preisentwicklung (1924), S. 21.

nen Friedensverträge galt. Der Zusammenhang ist offensichtlich, erweist sich bei näherer Betrachtung aber nicht als hinreichende Erklärung.

Auf alle am Ersten Weltkrieg beteiligten Staaten kamen nach dem Ende der Kampfhandlungen Kosten zu, die nur durch weitere Staatsschulden finanziert werden konnten. Im Rahmen der Demobilmachung mussten Millionen ehemaliger Soldaten in den Arbeitsmarkt eingegliedert oder mit Fürsorgeleistungen unterstützt werden, Kriegsversehrte und Hinterbliebene von Gefallenen waren zu versorgen, Lebensmittel mussten subventioniert werden. Doch hatte Deutschland darüber hinaus hohe Belastungen, die sich aus der Niederlage ergaben: Das Reich musste Reparationsleistungen in Form von Barzahlungen, Kohle, Eisenbahnmaterial und Schiffen aufbringen, hinzu kamen Besatzungskosten und Ausgaben für die Folgen der Gebietsverluste. Österreich und Ungarn litten unter der Aufteilung des Habsburgerreichs und der damit verbundenen Währungstrennung. Die Umorientierung auf einen wesentlich kleineren Staat, der als wirtschaftlich nicht lebensfähig angesehen wurde, gilt als die wichtigste Ursache der österreichischen Nachkriegsinflation.[7]

In Deutschland wie in Österreich entstand nach dem Krieg aber auch eine demokratische Republik mit sozialen Errungenschaften und neuen staatlichen Leistungen, die es zu finanzieren galt. Die deutsche Inflation erhielt zudem durch die Streiks und bewaffneten Kämpfe der Revolutionszeit von 1918/19 weiteren Auftrieb. Unternehmer und Gewerkschaften setzten darauf, durch Lohnerhöhungen soziale Befriedung zu erreichen. Hugo Stinnes, der mächtigste Konzernchef an der Ruhr, hielt die Inflation für unvermeidlich, da andernfalls „der Bolschewismus die sichere Folge" wäre.[8]

2   Trügerische Stabilität und Reparationskonflikt

Von April 1920 bis Juli 1921 gaben die Großhandelspreise in Deutschland vorübergehend leicht nach, der Dollarwechselkurs blieb unter dem im Februar 1920 erreichten Stand. Es schien, als würde die Weimarer Republik an Krisenresistenz gewinnen. Das Scheitern des Putschversuchs rechtsextremer Militärs im März 1920 und die anschließende Niederschlagung des Aufstands der Roten Ruhrarmee deuteten auf eine Stabilisierung des Staats hin, die Reparationskonferenz von Spa führte zu einer Herabsetzung der Kohlelieferungen an die Siegermächte und die Erzbergersche Finanz- und Steuerreform erschloss dem Reich Einnahmen aus direkten Steuern. Spekulanten, die auf einen weiteren Fall der Mark gesetzt hatten, erlitten hohe Verluste.

---

7 Vgl. Weber (2008): Zusammenbruch, S. 7–32.
8 Zitiert nach Pünder (1961): Politik in der Reichskanzlei, S. 19.

Die relative Stabilisierung der deutschen Währung im Frühjahr 1920 war allerdings auch durch die weltweit um sich greifende Deflation bedingt. In den USA waren die Regierung und die Notenbank Federal Reserve dazu übergegangen, die Nachkriegsinflation mit drakonischen Maßnahmen zu bekämpfen. Die britische Regierung und die Bank von England schlossen sich an, um nicht weiter gegenüber den USA zurückzufallen. In beiden Ländern stürzten Haushaltskürzungen und hohe Zinsen die Wirtschaft in eine Deflation, die zu einer schweren Depression wurde.[9]

Vor diesem Hintergrund wirkte Deutschland wie eine Insel der Stabilität. Das konstant hohe Preisniveau, niedrige Wechselkurse und billige Kredite sicherten hier Vollbeschäftigung und Wachstum; die Verschuldung des Reichs konnte leichter getragen werden und verlor laufend an Wert. Von einer Sanierung konnte aber nicht die Rede sein, nominal stieg die Verschuldung des Reichs ebenso weiter wie die im Umlauf befindliche Geldmenge.[10] Durch die Deflationskrise der Weltwirtschaft sah man sich darin bestärkt, der Beschäftigungspolitik Vorrang vor der Haushaltssanierung zu geben, um das Land vor schweren Erschütterungen zu bewahren. Tatsächlich hätte die fragile junge Demokratie der Weimarer Republik wohl kaum ein Szenario wie in England mit über zwei Millionen Arbeitslosen und schweren Arbeitskämpfen überlebt.[11] Indem die Stabilisierung vertagt wurde, blieben die sozialen und ökonomischen Lasten des verlorenen Krieges unter dem Schleier der Geldentwertung.

In der Forschung ist umstritten, ob in dieser Zeit in Deutschland ein gesellschaftlicher „Inflationskonsens" bestanden hat. Die Unternehmer waren nicht mehr wie 1919 zu großzügigen Lohnerhöhungen bereit, sahen in der Geldentwertung ein Symptom der gesunkenen Leistungsfähigkeit und drängten immer stärker auf Eingriffe in die sozialpolitischen Grundlagen der Republik. Doch für die deutsche Industrie war die Inflation unverzichtbar, um die Produktion ankurbeln zu können. Sie blieb durch den niedrigen Wechselkurs der deutschen Währung von ausländischer Konkurrenz abgeschottet, konnte ihre Produkte im währungsstabilen Ausland zu konkurrenzlos günstigen Preisen anbieten und sich mit den erwirtschafteten Devisen gegen die Inflation auf dem Heimatmarkt absichern. Ein Bild davon vermitteln die in deflationierten Werten erstellten Statistiken der Siemens-Schuckertwerke. Der Anteil des Exports am Umsatz stieg hier von 24,5 Prozent (1919/20) auf 39,6 Prozent (1922/23). Ein anderes Beispiel ist der Druckmaschinenbau der MAN. Hier entfiel in den Jahren 1921 und 1922 durchgehend die Hälfte des Umsatzes auf den Export.[12]

---

9 Zur Depression von 1920/21 zusammenfassend: Tooze (2015): Sintflut, S. 439–453.
10 Teupe (2022): Zeit, S. 95 f.; Fischer (2013): Staatsverschuldung, S. 203.
11 Winkler (1993): Weimar, S. 144.
12 Bähr (2023): Siemens, S. 137; Lindenlaub (1985): Maschinenbauunternehmen, S. 104.

Löhne und Gehälter wurden durch rückwirkend festgesetzte Teuerungszuschläge der Inflation angepasst. Eine breite Verarmung konnte dadurch verhindert werden, zumal die Mietkosten zwangswirtschaftlichen Regelungen unterlagen. Allerdings lagen die Realeinkommen in den meisten Berufsgruppen deutlich unter dem Vorkriegsniveau. Für ungelernte Arbeiterinnen und Arbeiter galt dies weniger als für höhere Beamte, doch hatten auch sie keinen Grund, mit der Inflation zufrieden zu sein. Lediglich die Vollbeschäftigung konnte als Vorteil gelten.[13]

Im Mai 1921 ging die Phase der relativen Preisniveaustabilität zu Ende. Im Londoner Zahlungsplan hatten die Alliierten die Reparationsschuld des Reichs auf 132 Mrd. Goldmark (Mark zum Dollarwechselkurs des Vorkriegsstands) festgesetzt, verteilt auf jährliche Raten in Höhe von zwei Mrd. Goldmark. In Deutschland löste der Zahlungsplan einen Sturm nationaler Empörung aus. Dass der horrende Gesamtbetrag zum größten Teil unter Vorbehalt stand, in Form sogenannter C-Bonds im Wert von 82 Mrd. Goldmark, wurde kaum zur Kenntnis genommen. Erst nachdem die Alliierten in einem Ultimatum mit der Besetzung des Ruhrgebiets gedroht hatten, fand sich am 10. Mai 1921 im Reichstag eine knappe Mehrheit für den Londoner Zahlungsplan. Schon im folgenden Monat fiel die Mark an den Devisenmärkten. An Dynamik gewann dieser Inflationsschub als die Weltwirtschaft im Sommer 1921 die schwere Deflationskrise überwand. Nicht länger wurde die deutsche Inflation durch einen internationalen Preisverfall gedämpft. Durch den Reparationskonflikt und die Erholung der amerikanischen Wirtschaft stieg der Dollarwechselkurs in Berlin von 62,30 Mark im Mai 1921 auf 262,96 Mark im November 1921.[14] Die Großhandelspreise stiegen ebenfalls wieder, wenn auch nicht im selben Tempo. Wie fast die gesamte deutsche Inflation hindurch, hinkte die „innere" Geldentwertung (Großhandelspreise) auch jetzt der „äußeren" (Dollarwechselkurs) hinterher.

Washington und London drängten die Reichsregierung nun zu einer Sanierung des Haushaltes und einer Stabilisierung der Währung, doch alle derartigen Pläne drehten sich mit dem Reparationsproblem im Kreis. Wie der amerikanische Handelsminister Herbert Hoover im Januar 1922 festhielt, war eine Währungsstabilisierung nicht möglich, solange die Inflation anhielt, diese könne aber nicht gestoppt werden, solange der Haushalt nicht ausgeglichen war, und dies könne erst erreicht werden, wenn die Reparationen ordnungsgemäß geleistet würden.[15] Die Reichsregierung hatte jedoch schon größte Mühe, die Devisen für die erste Jahresrate der Reparationszahlungen aufzutreiben. Eine internationale Anleihe erhielt sie nicht, und eine geplante Anleihe der deutschen Industrie kam nicht zustande.

---

13 Zu der in der Forschung kontrovers bewerteten Position der Arbeitnehmerschaft in den Inflationsjahren zusammenfassend: Teupe (2022): Zeit, S. 198–205; Torp (2011): Konsum, S. 30 ff.
14 Zahlen zur Geldentwertung (1925), S. 6.
15 Teupe (2022): Zeit, S. 129.

Die Alliierten konnten lediglich die Umwandlung der Reichsbank in eine von der Regierung formal unabhängige Notenbank durchsetzen. Doch der 64-jährige Präsident der Reichsbank, Rudolf Havenstein, verstand sich als pflichtbewusster Beamter und dachte nicht daran, seine Politik nach Inkrafttreten des Autonomiegesetzes zu ändern. Die Reichsbank beließ den Diskontsatz auf dem seit 1914 unveränderten Stand von fünf Prozent und hielt mit Unterstützung der Justiz an dem Grundsatz fest, dass „eine Mark gleich eine Mark" sei. Für Gläubiger und Sparer hatte dies verheerende Folgen, ihr Geld verlor laufend an Wert.

Die Wirtschaft stieg dagegen in großen Teilen aus der „Papiermark" aus. Vor allem die Großunternehmen führten ihre Geschäfte in „Goldmark", der Recheneinheit, die auf der Vorkriegsparität der Mark zum US-Dollar basierte. Die Firmenvermögen wurden schon länger so weit wie möglich in Sachwerten und Devisen gehalten, im Ausland hatten dagegen viele Spekulanten noch Vertrauen in die deutsche Währung. Der britische Ökonom John Maynard Keynes, der durch seine Kritik am Versailler Friedensvertrag ein internationaler Star geworden war, mokierte sich im September 1922 darüber, dass in der ganzen Welt Mark-Scheine gekauft wurden: „The argument has been the same [...] Germany is a great and strong country; some day she will recover; when that happens, the Mark will recover also, which will bring a very large profit. So little do bankers and servant girls understand of history and economics."[16]

3 Der Übergang zur Hyperinflation

Im Sommer 1922 geriet die Geldentwertung in Deutschland außer Kontrolle. Ab Juli glitt das Land in die Hyperinflation, die nach dem Modell von Phillip Cagan als Zustand einer monatlichen Preissteigerung von fünfzig Prozent und mehr definiert wird.[17] Den Anstoß zu dieser entscheidenden Beschleunigung der Inflation bildete der Mord an Reichsaußenminister Walther Rathenau (Deutsche Demokratische Partei), der am 2. Juni 1922 von Angehörigen einer rechtsterroristischen Organisation auf offener Straße erschossen wurde. In einer gefestigten Demokratie hätte ein solcher politischer Mord nicht das Vertrauen in den Staat erschüttert, doch die Weimarer Republik war dies nicht, im In- und Ausland wurde das Attentat ihrer Schwäche angelastet.

Die Finanzmärkte reagierten prompt: Zwischen Juni und August 1922 stieg der Dollarwechselkurs von 317,44 Mark auf 1.134,56 Mark. Die Ermordung Rathenaus führte auch deshalb zu einer panikartigen Flucht aus der Mark, weil die Reichsregie-

---

16 John Maynard Keynes: Speculations in the Mark and Germany's balances abroad, zitiert nach: Ferguson (1995): Paper and Iron, S. 245.
17 Cagan (1956): Monetary dynamics, S. 25–117.

rung wenige Wochen vorher eine Art Offenbarungseid abgelegt und die Reparationsgläubiger um einen Zahlungsaufschub ersucht hatte. Reichskanzler Joseph Wirth (Zentrumspartei) hatte einmal mehr vergeblich versucht, eine Auslandsanleihe zu erhalten. Nachdem dieser Plan am Widerstand Frankreichs gescheitert war, stritten sich Reichsregierung, Reichsbank und Industrie um eine „innere" Stützungsaktion für die Mark. Als im August 1922 auch ein von England vorgeschlagenes Moratorium für die deutschen Reparationen wegen der unnachgiebigen Haltung des französischen Ministerpräsidenten Raymond Poincaré nicht zustande kam, beschleunigte sich der Fall der Mark weiter. Vergeblich versuchte Wirth noch am 14. November, von der Reparationskommission ein drei- bis vierjähriges Moratorium für die Reparationszahlungen in Verbindung mit einer Anleihe über 500 Millionen Goldmark zu erreichen. Auch dieser Vorstoß wurde von Poincaré blockiert, der seinerseits unter dem Druck stand, die Kriegsschulden Frankreichs bei den Alliierten zu bezahlen. Der hochverschuldete französische Staat, der auch den Wiederaufbau in den vom Krieg zerstörten Gebieten zu finanzieren hatte, benötigte dafür die Reparationszahlungen und -sachleistungen aus Deutschland.[18]

Tab. 1 Wechselkurse, Großhandelsindex und Geldumlauf 1914–1923[19]

Monat	Dollarwechselkurs der Mark	1913 = 1*	Großhandelsindex (1913 = 1)	Geldumlauf** (1913 = 1)
Juni 1914	4,20	0,998	0,99	1,04
Nov. 1918	7,43	1,77	2,34	4,82
März 1920	83,89	19,97	17,09	9,82
März 1921	62,45	14,87	13,38	13,25
Juni 1921	69,36	16,51	13,66	13,99
Sept. 1921	104,91	24,98	20,67	15,64
Dez. 1921	191,93	45,72	34,87	20,26
März 1922	284,19	67,70	54,33	23,15
Juni 1922	317,44	76,62	70,30	29,78
Sept. 1922	1.465,87	349,18	287	54,79
Dez. 1922	7.589,27	1.807,83	1.475	213,4
März 1923	21.190	5.048	4.888	913,2
Juni 1923	109.996	26.202	19.385	2.865,4
Sept. 1923	98.860.000.000	23.549.000	23.948.893	4.653.114
Dez. 1923	4.200.000.000.000***	1.000.000.000.000***	1.261.600.000.000	81.809.800.000

* Parität 4,198 = 1 ** Papiergeld und Münzen *** 15.11.1923

---

18 Vgl. Artaud (1979): Hintergründe der Ruhrbesetzung, S. 241–259.
19 Zahlen zur Geldentwertung in Deutschland (1925), S. 6, 17 u. 45 f.

Zu diesem Zeitpunkt wäre die Hyperinflation wohl auch durch eine Aussetzung der Reparationen nicht mehr aufzuhalten gewesen. Der Dollarwechselkurs erreichte im November 1922 einen Stand von 7.183 Mark. Für die große Zahl der Zeitgenossen in Deutschland, die die Inflation optimistisch gesehen hatten, war es ein bitteres Erwachen. Hermann Bücher, der Hauptgeschäftsführer des Reichsverbands der Deutschen Industrie, musste damals feststellen: „Die Erkenntnis bricht sich Bahn, dass die wirtschaftlichen Verhältnisse in Deutschland dem Verfall zutreiben. Dass es so kommen würde, ist nur wenigen in Deutschland von vornherein klar gewesen, diese wenigen konnten aber mit ihrer Auffassung nicht durchdringen."[20]

In Österreich gelang es Bundeskanzler Julius Seipel (Christlichsoziale Partei) noch im Oktober 1922, eine Stabilisierung der Währung einzuleiten. Auch hier herrschte seit Juli eine Hyperinflation. Die Regierung hatte aber bereits einen Sanierungsplan und fand dafür beim Völkerbund, dem Österreich im Unterschied zu Deutschland angehörte, die benötigte Unterstützung des Auslands. Österreich erhielt in den Genfer Protokollen vom 4. Oktober eine Anleihe über 650 Mio. Goldkronen und verpflichtete sich dafür. ein hartes Sanierungsprogramm durchzuführen, die Zölle zu verpfänden und die Staatsfinanzen unter Aufsicht eines vom Völkerbund eingesetzten Generalkommissärs zu stellen.[21] Der Fall der Krone an den Devisenmärkten endete schlagartig. Österreich blieb deshalb nicht von den bitteren sozialen und ökonomischen Folgen einer Hyperinflation verschont, aber von einem Krisenjahr 1923 wie in Deutschland. Im Vergleich mit dem Nachbarland zeigt sich deutlicher, warum Deutschland in eine solche Katastrophe geriet. Österreich war nicht durch einen Reparationskonflikt belastet und wegen seiner geopolitischen Lage international umworben, aber nach Beginn der Hyperinflation auch zu einer harten Sanierung und einem Souveränitätsverzicht bereit.

4 Der „Hexensabbat" von 1923

Als das Krisenjahr 1923 begann, hatte die Hyperinflation in Deutschland bereits eine Eigendynamik angenommen und auch der Reparationskonflikt hatte eine neue Eskalationsstufe erreicht. Der Absturz der Mark hielt die Regierungen in Paris und Berlin nicht davon ab, bei den Reparationsverhandlungen weiter zu pokern. In Berlin beteuerte man, dass Deutschland nicht mehr in der Lage sei, die Verpflichtungen zu erfüllen, und setzte darauf, dass die sich abzeichnende Finanzkatastrophe die Reparationsgläubiger zu einem Moratorium und weiteren Zugeständnissen zwingen

---

20 Auszüge aus der Niederschrift über die Sitzung des Zentralvorstandes der ZAG am 10. und 11. November 1922 über die Wirtschaftslage, in: Feldman/Steinisch (1985): Industrie und Gewerkschaften, S. 175.
21 Zur Währungsstabilisierung in Österreich vgl. Kernbauer (1991): Währungspolitik, S. 53–60.

würde. In Paris wollte man dies unbedingt vermeiden, solange die interalliierten Schulden nicht neu geregelt waren. Um dem Nachdruck zu verleihen, hatte Poincaré schon länger damit gedroht, bei einer Verzögerung der Reparationsleistungen das Ruhrgebiet als „produktives Pfand" („gage productif") zur Entnahme von Kohle und Stahl zu besetzen. Als im Dezember 1922 eine Lieferung von 20.000 Kubikmetern Schnittholz und 130.000 Telegraphenstangen ausblieb, stellte die Alliierte Reparationskommission auf Drängen Poincarés einen Zahlungsverzug fest.

Da die Reparationsgläubiger nun zu Sanktionen berechtigt waren, machte Poincaré seine Drohung wahr. Am 11. Januar 1923 rückten französische und belgische Truppen in das nach den Bestimmungen des Versailler Vertrags entmilitarisierte Ruhrgebiet ein. Was Poincaré damit bezweckte, ist bis heute unklar. Möglicherweise glaubte er, das Revier unter französischen Einfluss bringen zu können, vielleicht ging es ihm auch darum, gegenüber Großbritannien und den USA Stärke zu demonstrieren.

Die Reichsregierung unter dem erst seit November 1922 amtierenden Wilhelm Cuno (parteilos), der bisher nur als Generaldirektor der HAPAG bekannt geworden war, stellte daraufhin alle Reparationsleistungen an Frankreich und Belgien ein. In nationalistisch überhöhter Geschlossenheit organisierten Behörden, Industrieverbände und Gewerkschaften einen „passiven Widerstand" an der Ruhr. Das Reich sprang als Finanzier ein und übernahm die Löhne und Gehälter. Dass sich der Staat die Lohnfortzahlung für über zwei Millionen Arbeiter und Arbeiterinnen („Cuno-Rentner") nicht leisten konnte, ging im Furor des „Ruhrkampfs" unter. Schon bald zeigte sich, dass es in diesem Konflikt nur Verlierer geben würde. Die Bevölkerung des Ruhrgebiets hatte Opfer zu beklagen und litt bittere Not, die Wirtschaft in den anderen Teilen des Reichs wurde von der Abriegelung des Ruhrgebiets getroffen, die Reichsregierung geriet in einen finanziellen Kontrollverlust. Auf der anderen Seite gelang es dem französischen Militär nicht, im erwarteten Umfang aus dem Ruhrgebiet Reparationsgüter abzufahren, und Poincaré geriet durch die gewaltsame Intervention in offenen Gegensatz zu Großbritannien und den USA.

Die Ruhrbesetzung hat Deutschland nicht in die Hyperinflation getrieben, aber den Kurs der Mark vollends ins Bodenlose gestürzt. Durch die Geldentwertung gerieten nun breite Kreise der Bevölkerung in Not. Die Reallöhne der Arbeiterschaft sanken, weil die Teuerungszuschläge nicht mehr mit den rasanten Preissteigerungen Schritt halten konnten. Erst im Juli 1923 wurden Indexlöhne eingeführt, die automatisch an den Großhandelsindex angepasst wurden. Gegen „Goldlöhne", die nach dem Dollarwechselkurs berechnet wurden und daher höher ausgefallen wären, sperrten sich die Arbeitgeber weiterhin, obwohl die Wirtschaft längst in Goldmark rechnete.

Als der Dollarwechselkurs im Sommer 1923 auf über eine Million Mark stieg, begann der „Hexensabbat" als den der Zeitzeuge Stefan Zweig in seinen postum veröffentlichten Erinnerungen die „fantastischen Irrsinnszahlen von Billionen" beschrieb.[22] Das Geld begann seine Funktionen zu verlieren. Als Zahlungsmittel wurde es bei den Verbrauchern zunehmend von Naturalien und Waren abgelöst, als Wertaufbewahrungsmittel taugte das gesetzliche Zahlungsmittel nicht mehr, Mark-Beträge wurden so schnell wie möglich ausgegeben, und als Recheneinheit war die „Papiermark" nur noch in Verbindung mit Indexmessziffern zu gebrauchen. Die Schilderungen aus dieser Zeit vermitteln ein Bild davon, wie sich das Leben in einer modernen Gesellschaft unter solchen Bedingungen verändert.

Häufig stehen dabei Anekdoten im Vordergrund, wie es sie aus dem Jahr 1923 in großer Zahl gibt, von Restaurantbesuchern, die schon bei der Bestellung zahlten, von Dieben, die Geldsäcke stahlen und das Geld liegen ließen, von Bettlern, die Hunderttausendmarkscheine verächtlich wegwarfen. Ein Blick auf die gesellschaftliche Realität zeigt, dass die völlige Entwertung der Mark zu sozialen Verwerfungen und anhaltenden Konflikten führte. Landwirte gewannen gegenüber Städtern ein ungewohntes Maß an Verhandlungsmacht, in den Städten ordnete sich die gesellschaftliche Hierarchie nach dem Zugang zu Devisen neu, es entstanden Gräben zwischen dem Wirtschaftsbürgertum und dem zumeist stark benachteiligten Bildungsbürgertum, aber auch zwischen der etablierten Gesellschaft und neureichen Inflationsgewinnern. Das auch in anderen Zeiten verbreitete „Berlin-Bashing" in der Provinz nahm Züge eines Exorzismus an. Die Metropole galt als Tollhaus des moralischen Verfalls, als „Babel der Welt".[23] Doch Berlin war keineswegs ganz von dem dekadenten Glamour beherrscht, der später so häufig beschrieben und verfilmt wurde. Vielmehr stießen die Gegensätze hier noch schärfer aufeinander als andernorts, zwischen verzweifelten Arbeiterfamilien, verarmten Mittelständlern, enthemmten Vergnügungssüchtigen und in Luxus schwelgenden Schiebern.

Mit der Geldentwertung hatte schon seit Anfang der 1920er-Jahre die Kriminalität zugenommen. In der Hyperinflation waren nun Plünderungen an der Tagesordnung, in Einzelhandelsgeschäften wie auf Feldern. 1923 wurde das Jahr mit der höchsten Rate an Vermögensdelikten in der deutschen Geschichte. Wie der Historiker Martin H. Geyer herausfand, war dies nicht nur durch die Not und den Hunger der Bevölkerung bedingt. Die rasante Entwertung des Geldes führte auch dazu, dass in der Wahrnehmung der Unterschied zwischen eigenem und fremdem Eigentum verschwamm.[24]

Am Eindrücklichsten wirkte sich die Hyperinflation durch eine Umkehrung von Wertmaßstäben aus, mit denen die Zeitgenossen überfordert waren. Die Geldentwertung bestrafte den fleißigen Arbeiter und den ehrbaren Sparer, belohnte dagegen skrupellose Spekulanten und Schieber. Dass Magier, Heilspropheten und Verschwörungstheoretiker Hochkonjunktur hatten, war vor diesem Hintergrund nicht ver-

---

22 Zweig (2013): Die Welt von Gestern, S. 413.
23 Ebd., S. 415.
24 Geyer (1998): Verkehrte Welt, S. 262 u. S. 392.

wunderlich. In seinem Werk „The Great Disorder", der bedeutendsten Studie zur deutschen Inflation, beschreibt Gerald D. Feldman das Jahr der Hyperinflation als „The Year of Dr. Mabuse".[25] Verarmung, Abstiegsängste und gesellschaftliche Verwerfungen waren zugleich ein Nährboden für Hass, wie der Berliner Journalist Friedrich Kroner im August 1923 festhielt: „Mit dem Dollar steigt das: Hass, Verzweiflung, Not. Tagesgefühle wie Tageskurse."[26] Den gestiegenen Hass bekamen besonders diejenigen zu spüren, die auch in anderen Zeiten stigmatisiert wurden. Die seit dem Ersten Weltkrieg zunehmende antisemitische Hetze entlud sich während der Hyperinflation in gewalttätigen Ausschreitungen gegen Juden.[27]

Reichskanzler Cuno gelang es nicht, den beschleunigten Kontrollverlust des Staats zu stoppen. Teuerungsunruhen und eine Welle von „Cuno-Streiks" zwangen ihn, am 12. August 1923 zurückzutreten. Sein Nachfolger, der erfahrene Politiker Gustav Stresemann (Deutsche Volkspartei), bildete ein Kabinett der Großen Koalition und setzte neue Prioritäten. Statt den Reparationskonflikt weiter auszufechten, strebte er eine rasche Währungsstabilisierung um jeden Preis an. Dass Stresemann die Inflationsbekämpfung von der Reparationsfrage trennte, war in der Politik des Reichs ein neuer Ansatz. Bei einem Dollarwechselkurs von rund 4,6 Millionen Mark blieb ihm auch keine Zeit, die Währungsstabilisierung von Verhandlungen mit der Alliierten Reparationskommission abhängig zu machen, sie musste ohne finanzielle Unterstützung des Auslands gelingen. Am 26. September brach Stresemann den „Ruhrkampf" ab, was ihm das rechtsradikale Lager nie verzieh. Angesichts des nationalen Notstands stimmte der Reichstag am 13. Oktober einem Ermächtigungsgesetz zu, auf dessen Grundlage Stresemann befristet unter Ausschaltung des Parlaments regieren konnte. Reichspräsident Friedrich Ebert (SPD) hatte bereits den Ausnahmezustand verhängt.

Nur mit autoritären Maßnahmen konnte zu diesem Zeitpunkt noch verhindert werden, dass die Weimarer Republik zu einem gescheiterten Staat wurde. Am 9. Oktober wurde der Dollar in Berlin erstmals zu einem Kurs von über einer Milliarde Mark notiert, die Arbeitslosigkeit stieg sprunghaft an. Schätzungen zur Folge hatte die Zahl der Unterstützungsempfänger auf vier bis fünf Millionen zugenommen.[28] Das Reich drohte nun auseinanderzubrechen und in Aufständen zu versinken. In Aachen wurde am 21. Oktober die Rheinische Republik ausgerufen, in Bayern weigerte sich ein rechtsstehendes Regime mit Diktaturgelüsten Weisungen der Reichsregierung zu befolgen, in Hamburg probte die KPD am 23. Oktober den bewaffneten Aufstand, in Sachsen und in Thüringen hatten Volksfront-Regierungen eigene Mili-

---

25 Feldman (1993): Great Disorder, S. 503.
26 Kroner (1923): Überreizte Nerven.
27 Walter (1999): Antisemitische Kriminalität, S. 23 ff.; Zum Pogrom im Berliner Scheunenviertel: Krampitz (2023): Pogrom.
28 Ullrich (2022): Deutschland 1923, S. 132; Feldman (1993): Great Disorder, S. 766.

zen aufgestellt, und am 9. November scheiterte Adolf Hitler, ein bis dahin wenig bekannter Agitator aus dem rechtsextremen bayerischen Milieu, mit einem Putschversuch in München.

Bei den Beratungen zur Währungsstabilisierung wurden zwei Pläne in Erwägung gezogen. Der deutschnationale Politiker und Ökonom Karl Helfferich, der für seine Hetze gegen die Weimarer Demokratie bekannt war, schlug vor, eine von der Wirtschaft getragene Notenbank zu errichten, die eine durch die Roggenvorräte gedeckte „Roggenmark" ausgeben sollte. Der sozialdemokratische Reichsfinanzminister Rudolf Hilferding wollte die neue Währung dagegen auf Goldbestände der Reichsbank stützen und durch eine Hypothek auf den Besitz der Wirtschaft decken. Schließlich setzte sich Reichsernährungsminister Hans Luther (parteilos) mit dem Vorschlag durch, eine „Bodenmark" herauszugeben, gedeckt durch Immobilien der Landwirtschaft und der Industrie. Stresemann machte daraus die „Rentenmark" und erließ am 15. Oktober eine Verordnung über die Gründung einer neuen Notenbank. Vier Wochen später wurde die Rentenmark zu einem Kurs von einer Billion Mark alter Währung eingeführt, was zu diesem Zeitpunkt exakt dem Dollarwechselkurs zur Vorkriegsparität von 4,20 Mark entsprach.

Obwohl die neuen Banknoten nicht eingelöst werden konnten, wurde die Rentenmark akzeptiert. Damit hatte Deutschland erstmals seit 1914 wieder eine stabile Währung. Dies gelang ohne direkte Unterstützung aus dem Ausland, doch war der Erfolg des riskanten Währungsexperiments zweifellos auch den Alliierten zu verdanken. Unter dem Eindruck der deutschen Finanzkatastrophe widersetzte sich Frankreich nicht länger einer Neuregelung der Reparationsfrage. Schon am 30. November 1923 wurde dafür eine Sachverständigenkommission unter dem amerikanischen Bankier Charles Dawes eingesetzt. Dass nun mit einer günstigeren Regelung für Deutschland zu rechnen war, dürfte wesentlich zur Stabilität der neuen Währung beigetragen haben. Die Dawes-Kommission enttäuschte diese Erwartungen nicht, auf ihren Vorschlag hin erhielt Deutschland eine als Reichsmark bezeichnete Währung mit einer 40-prozentigen Gold- und Devisendeckung sowie eine internationale Anleihe über 800 Millionen Reichsmark. Mit geringen Abweichungen blieb der Dollarwechselkurs bis zum Untergang der Weimar Republik bei 4,20 Reichsmark.

5   Die Folgen

Größte Nutznießer der deutschen Inflation waren das Reich, die Länder und die Kommunen, die anschließend nahezu entschuldet waren. Bei der Währungsumstellung wurde aus schwebenden Schulden des Reichs in Höhe von rund 190 Trillionen Mark ein Betrag von 191 Mio. Reichsmark, die Kriegsschulden in Höhe von 135 Mrd.

Mark machten noch 13,5 Pfennige aus.[29] Zu den Verlierern der Inflation gehörten alle, die in Mark-Geldwerten angelegt hatten: Sparer, Rentiers, Stiftungen, Versicherer, auch die Rentenversicherung. Zahllose Inhaber von kleinen Einzelhandelsgeschäften und Handwerksbetrieben verloren ihr Kapital; die Inhaber von Kriegsanleihen, die diese Papiere im Vertrauen auf den deutschen Staat erworben hatten, gingen nun fast leer aus. Besitzer von Sachwerten (Häuser, Grundstücke, Aktien, Gold u. a.) blieben dagegen von Verlusten weitgehend verschont.

Die Währungsstabilisierung führte noch zu weiteren sozialen Härten: die Reallöhne sanken, die Arbeitszeiten wurden verlängert. Die Wirtschaft hatte als Folge der Geldentwertung unter Kapitalmangel zu leiden, ein anhaltender Aufschwung blieb nach der Währungsstabilisierung aus. Politisch führte die Erfahrung der Hyperinflation und ihrer Folgen zu fatalen Verschiebungen in der Parteienlandschaft der Weimarer Republik. Aus der Reichstagswahl vom 4. Mai 1924 gingen die nationalkonservative DNVP, die KPD und die mit Ersatzorganisationen der nach dem Hitler-Putsch verbotenen NSDAP verbundene Deutschvölkische Freiheitsbewegung als Gewinner hervor. Verlierer waren vor allem die beiden liberalen Parteien DVP und DDP. Unter dem Eindruck der Hyperinflation, der Währungsumstellung und der neuen Reparationsregelung, dem Dawes-Plan, wanderten Teile des Bürgertums an den rechten Rand ab und viele Arbeiter zur KPD.

In seinen bereits erwähnten Erinnerungen hielt Stefan Zweig fest, nichts hätte die Deutschen „so erbittert, so hasswütig, so hitlerreif gemacht wie die Inflation".[30] „Hitlerreif" war Weimar auch nach der Wahl vom Mai 1924 nicht, aber Hass und Bitterkeit blieben über die Geldentwertung hinweg und schwächten die junge Demokratie. Diese Entwicklung wird man nicht allein der Inflation anlasten können. Letztlich war die Währungsstabilisierung eine Schlussbilanz der Kriegslasten, die während der Inflation aufgeschoben blieb, aber unvermeidlich gezogen werden musste.

Wie wenige Ereignisse der deutschen Geschichte wurde die Inflation für lange Zeit ein nationales Trauma, was sich nur durch eine Verbindung aus den erfahrenen Werte- und Kontrollverlusten, der erlittenen Not und den harten Folgen erklären lässt. Das Inflationstrauma sicherte der folgenschweren Deflationspolitik in der Weltwirtschaftskrise Akzeptanz und trug später wesentlich dazu bei, dass in der Bundesrepublik die Gewährleistung der Preisniveaustabilität zum vorrangigen Ziel der Zentralbank wurde.

---

29 Hardach (2020): Kriegsfinanzierung, S. 103; Fischer (2013): Staatsverschuldung, S. 204.
30 Zweig (2013): Welt, S. 418.

Quellen- und Literaturverzeichnis

Aldcroft, Derek H.: Die zwanziger Jahre. Von Versailles zur Wall Street 1919–1929, München 1978.

Artaud, Denise: Die Hintergründe der Ruhrbesetzung 1923. Das Problem der interalliierten Schulden. In: Vierteljahrshefte für Zeitgeschichte 27 (1979), H. 2, S. 241–259.

Bähr, Johannes: Carl Friedrich von Siemens 1872–1941. Unternehmer in Zeiten des Umbruchs, München 2023.

Cagan, Phillip: The monetary dynamics of hyperinflation. In: Friedman, Milton (Hrsg.): Studies in the Quantity Theory of Money, Chicago 1956, S. 25–117.

Feldman, Gerald D.: The Great Disorder. Politics, Economics, and Society in the German Inflation, 1914–1924, New York 1993.

Feldman, Gerald D./Steinisch, Irmgard: Industrie und Gewerkschaften 1918–1924. Die überforderte Zentralarbeitsgemeinschaft, Stuttgart 1985.

Ferguson, Niall: Paper and Iron. Hamburg Business and German Politics in the Era of Inflation 1897–1927, Cambridge 1995.

Fischer, Albert: Staatsverschuldung in der Weimarer Republik. In: Beigel, Thorsten/Eckert, Georg (Hrsg.): Vom Wohl und Wehe der Staatsverschuldung. Erscheinungsformen und Sichtweisen von der Antike bis zur Gegenwart, Münster 2013, S. 199–222.

Geyer, Martin H.: Verkehrte Welt. Revolution, Inflation und Moderne. München 1914–1924, Göttingen 1998.

Hardach, Gerd: Der Erste Weltkrieg, München 1973.

Hardach, Gerd: Kriegsfinanzierung. In: Boldorf, Marcel (Hrsg.): Deutsche Wirtschaft im Ersten Weltkrieg, Berlin 2020, S. 89–104.

Holtfrerich, Carl-Ludwig: Die deutsche Inflation 1914–1923. Ursachen und Folgen in internationaler Perspektive, Berlin 1980.

Kernbauer, Hans: Währungspolitik in der Zwischenkriegszeit. Geschichte der österreichischen Nationalbank von 1923 bis 1938, Wien 1991.

Krampitz, Karsten: Pogrom im Scheunenviertel. Antisemitismus in der Weimarer Republik und die Berliner Ausschreitungen 1923, Berlin 2023.

Kroner, Friedrich: Überreizte Nerven. In: Berliner Illustrirte Zeitung, 26.8.1923.

Lindenlaub, Dieter: Maschinenbauunternehmen in der Deutschen Inflation 1919–1923. Unternehmenshistorische Untersuchungen zu einigen Inflationstheorien, Berlin 1985.

Die Preisentwicklung in Deutschland 1914–1923. In: Wirtschaft und Statistik 4. Jg. (1924), Nr. 1, S. 21.

Pünder, Hermann: Politik in der Reichskanzlei. Aufzeichnungen aus den Jahren 1929–1932, hrsg. von Thilo Vogelsang, Stuttgart 1961.

Teupe, Sebastian: Zeit des Geldes. Die deutsche Inflation zwischen 1914 und 1923, Frankfurt am Main 2022.

Tooze, Adam: Sintflut. Die Neuordnung der Welt 1916–1931, München 2015.

Torp, Claudius: Konsum und Politik in der Weimarer Republik, Göttingen 2011.

Ullrich, Volker: Deutschland 1923. Das Jahr am Abgrund, München 2022.

Walter, Dirk: Antisemitische Kriminalität und Gewalt. Judenfeindschaft in der Weimarer Republik, Bonn 1999.

Weber, Fritz: Zusammenbruch, Inflation und Hyperinflation. Zur politischen Ökonomie der Geldentwertung in Österreich 1918 bis 1922. In: Konrad, Helmut/Maderthaner, Wolfgang (Hrsg.): Das Werden der Ersten Republik: ... der Rest ist Österreich, Wien 2008, S. 7–32.

Winkler, Heinrich August: Weimar 1918–1933. Die Geschichte der ersten deutschen Demokratie, München 1993.

Zahlen zur Geldentwertung in Deutschland 1914 bis 1923, Berlin 1925.

Zweig, Stefan: Die Welt von Gestern. Erinnerungen eines Europäers, München 2013 (Erstausgabe Stockholm 1942).

Zur Person: Bähr, Johannes, Prof. Dr. phil., außerplanmäßiger Professor für Wirtschafts- und Sozialgeschichte an der Goethe-Universität Frankfurt am Main.

Marktwirtschaft ohne Marktwirtschaftler
Zu den Ordnungsvorstellungen der Weimarer Wirtschaftseliten

HEIKE KNORTZ

Die Rückkehr zur Marktwirtschaft war nach vierjähriger kriegswirtschaftlicher Regulierungspolitik für Unternehmer, mit vielleicht wenigen Ausnahmen wie zunächst noch Walther Rathenau mit seiner Vision einer „Gemeinwirtschaft", eine Selbstverständlichkeit.[1] Alfred Hugenberg beispielsweise hatte sich als Vorsitzender des Krupp-Direktoriums schon früh besorgt gezeigt, der Krieg könne das Ende der liberal-individualistischen Wirtschaftsepoche markieren.[2] Aber auch für die Arbeitnehmerschaft fiel die „Bilanz des ‚Kriegssozialismus' […] angesichts enormer Versorgungsmängel, unzureichender offizieller Anerkennung und mangelnder politischer Artikulationsmöglichkeiten negativ aus"[3]. Das war laut Kim Christian Priemel ein Grund dafür, dass Arbeitgeber- und Arbeitnehmervertreter zusammenfinden und die „Zentralarbeitsgemeinschaft der industriellen und gewerblichen Arbeitgeber und Arbeitnehmer" (ZAG) begründen konnten.[4] Anschließend lösten radikale Sozialisierungsbestrebungen bei Industriellen anscheinend nicht einmal mehr größere Besorgnis aus; angesichts ihres Potentials als Reparationspfand wurden sie in der Folge auch nicht umgesetzt.[5] So erschöpfte sich schließlich die vom Rat der Volksbeauftragten angekündigte Vergesellschaftung der Schlüsselindustrie „in zwei bescheidenen Sozialisierungsgesetzen, welche die Erzeugung und den Absatz im Kohlen und Kalibergbau einer gewissen staatlichen Aufsicht unterwarfen. Das Privateigentum an den Kohlen- und Kaligruben tastete der Gesetzgeber jedoch nicht an."[6] Nicht zuletzt Sozialdemokraten in verantwortlicher Stellung kanalisierten die revolutionäre Bewegung und sorgten so für die Erhaltung des kapitalistischen Wirtschaftssystems mit jedoch sozialer Prägung.

Bereits Ende 1919, Anfang 1920 büßte die ZAG dann schon wieder an Integrationskraft ein, vor allem weil Unternehmer der Schwerindustrie die Sozialbindung der Wirtschaftsordnung als Zumutung empfanden. 1923/24 erhielt die ZAG mit dem

---

1 Vgl. Michalka (1994): Kriegsrohstoffbewirtschaftung, S. 496.
2 Vgl. Epkenhans (1991): Wilhelminische Flottenrüstung, S. 390.
3 Priemel (2013): Deutsche Unternehmer, S. 316.
4 Vgl. ebd.; in diesem Sinne auch Turner (1985): Großunternehmer, S. 25.
5 Vgl. Bähr/Kopper (2019): Industrie, Politik, Gesellschaft, S. 50.
6 Blaich (1988): Staatsverständnis und politische Haltung, S. 159.

Angriff der Ruhrindustriellen auf den Achtstundentag ihren Todesstoß, was bereits mit einem Anschlag auf die Weimarer Sozialordnung gleichgesetzt worden ist.[7] Erhebliches Mobilisierungspotential enthielt daneben das Betriebsrätegesetz vom 4. Februar 1920. Unter dem Einfluss der Industrieverbände hatte dieses zwar noch einige Änderungen erfahren, aber Teile des Unternehmertums verweigerten sich radikal dieser auf soziale Belange zielenden bescheidenen Mitwirkung.[8] Auch hieran zeigte sich, dass die Industrie in der Defensive verharrte.[9]

Angesichts dessen stellt sich die Frage, welche Ordnungsvorstellungen die Wirtschaftseliten zu Beginn der Weimarer Republik jenseits der Abwehr kriegswirtschaftlicher Regulierungsprinzipien sowie sozialstaatlicher Ordnungselemente überhaupt hatten. Damit ist allein die Frage nach den Vorstellungen zur Wirtschaftsordnung tangiert, jene nach der Positionierung gegenüber dem politisch-demokratischen System soll hier nicht berücksichtigt werden.[10] Es handelt sich also um die Frage nach Ordnungsvorstellungen im Sinne konstitutiver Regeln, die den Rahmen für privatwirtschaftliche und staatliche Aktivitäten definieren. Immerhin agierte selbst der Anfang 1919 aus dem Zusammenschluss des Bundes der Industriellen (BdI), des Centralverbandes deutscher Industrieller (CdI) und des Vereins zur Wahrung der Interessen der chemischen Industrie Deutschlands hervorgegangene Reichsverband der Deutschen Industrie (RDI) die ersten Jahre seines Bestehens ohne programmatische Fixpunkte. Mitte des Jahres 1922 einigte sich der Vorstand des RDI immerhin auf die Notwendigkeit eines „Wirtschaftsprogramms"; Ende desselben Jahres wurden die von dem hierfür eingesetzten Sonderausschuss erarbeiteten Leitlinien von Vorstand und Präsidium genehmigt. Ruhrbesetzung, passiver Widerstand und Währungschaos unterbrachen anschießend die programmatische Arbeit des Verbandes, so dass dieser sein Wirtschaftsprogramm erst 1925 veröffentlichen konnte.[11] Dass selbst die mit diesem Programm zuvorderst verbundenen Forderungen nach einem vereinfachten Steuersystem, einer produktivitätsorientierten Lohnpolitik, flexiblen Arbeitszeiten und einem genügsameren Staat keine Auskunft über grundlegende ordnungspolitische Vorstellungen offenbarten, sei hier nur am Rande erwähnt.[12]

Bis zu jenem Wirtschaftsprogramm jedenfalls lieferte nur ein Programmentwurf des Geschäftsführenden Präsidialmitgliedes Hermann Bücher die Eckpfeiler für

---

7 Vgl. hierzu insgesamt: Feldman/Steinisch (1985): Industrie und Gewerkschaften.
8 Vgl. Wolff-Rohé (2001): Reichsverband, S. 127–144.
9 Vgl. Bähr/Kopper (2019): Industrie, Politik, Gesellschaft, S. 53; James (1988): Deutschland in der Weltwirtschaftskrise, S. 167 f.
10 Vgl. dazu Gehlen (2007): Paul Silverberg, S. 217 f., 221 und 226; Blaich (1988): Staatsverständnis und politische Haltung, S. 170 f.; Schönhoven (2007): Kommentar, S. 164.
11 Vgl. Feldman/Homburg (1977): Industrie und Inflation, S. 344; Bähr/Kopper (2019): Industrie, Politik, Gesellschaft, S. 50–63.
12 Vgl. Deutsche Wirtschafts- und Finanzpolitik (1925); Gehlen (2007): Paul Silverberg, S. 238.

eine innerverbandliche Diskussion, sowie ein aus taktischen Gründen radikalerer des Industriellen Paul Silverberg.[13] Immerhin oszillierten diese beiden Entwürfe neben außenpolitischen (Reparationen), innenpolitischen (Währungsverfall) und unmittelbaren unternehmenspolitischen auch um ordnungspolitische Fragestellungen.[14] Letztere fokussierten nicht nur auf die umstrittene Ausgestaltung der Sozialordnung, sondern allgemein auf die für das unternehmerische Handeln grundlegenden institutionellen Rahmenbedingungen, weshalb sie im hiesigen Zusammenhang von Bedeutung sind.

1   Zum methodischen Vorgehen

Gegen die Orientierung an den Ordnungsvorstellungen des RDI könnte mit Harold James eingewendet werden, dass sich Pauschalurteile zum Unternehmerverhalten schlicht nicht fällen lassen.[15] Kim Christian Priemel hat zudem kritisch angemerkt, dass der Fokus auf die Vertreter der Großindustrie oder auf die artikulationsgewaltige Ruhrindustrie, die den Ton im RDI maßgeblich mitbestimmte, den Blick auf die Positionen der Führungskräfte kleiner und mittlerer Unternehmen verstellt habe.[16] Kritiker übersehen jedoch gerne, dass Verbände u. a. die Funktionen der Interessenaggregation und -selektion erfüllen, das heißt, die „Vielzahl heterogener Forderungen zu einheitlichen verbandspolitischen Zielen und programmatischen Aussagen" bündeln und schließlich „nur diejenigen Interessen vertreten, die realistisch durchsetzbar sind."[17]

Fritz Blaich hat das dem hier gewählten Vorgehen zugrundeliegende methodische Problem, warum der RDI analytisch als repräsentativ für ‚die Wirtschaft' angesehen werden dürfe, noch auf andere Weise klug aufgelöst: In Tuchfühlung nämlich mit der fast alle Arbeitgeber einschließenden „Vereinigung der Deutschen Arbeitgeberverbände" (VDA), erfasste der RDI einschließlich seiner zahlreichen Mitgliedsverbände bis zu achtzig Prozent aller Industrieunternehmen. Über die mit dem RDI Hand in Hand arbeitende VDA war selbst die Zusammenarbeit mit den Spitzenorganisationen des Handels und der Landwirtschaft vertraglich sichergestellt.[18] Vor allem aber weil „Abspaltungen in Form mittelständischer Verbandsgründungen unterblieben, darf man annehmen, dass, zumindest in grundlegenden politischen Fragen, die Stellungnahmen dieser beiden Interessenvertretungen auch die Meinung der Leiter der kleinen und mittelgroßen Industriefirmen widerspiegelten."[19]

---

13 Vgl. ebd., S. 239–243.
14 Vgl. Wolff-Rohé (2001): Reichsverband, S. 302–321.
15 Vgl. James (1988): Deutschland in der Weltwirtschaftskrise, S. 171.
16 Vgl. Priemel (2013): Deutsche Unternehmer, S. 312–314.
17 Vgl. Straßner (2006): Funktionen von Verbänden, S. 11 f.
18 Vgl. Suhr (1924): Organisationen der Unternehmer, S. 14.
19 Blaich (1988): Staatsverständnis und politische Haltung, S. 161.

Weil der Luftverkehr noch zu vernachlässigen und der Staat im übrigen Verkehrsbereich der Hauptakteur war, die Versorgungsbetriebe für Strom und Wasser zudem entweder städtisch oder von öffentlich-rechtlichen Unternehmen betrieben wurden, könnten bei einer solchen Gesamtschau nach Henry Ashby Turner höchstens die Positionen von Unternehmern aus Finanzen und Versicherungen unterbelichtet bleiben. Denn auch in anderen Bereichen waren Industrieunternehmen im Besitz der öffentlichen Hand – „nicht etwa als Folge weitreichender Sozialisierungsmaßnahmen, sondern vor allem weil die Reichs- und Landesregierungen eine große Zahl von Fabriken und Bergwerken des 1918 zusammengebrochenen Kaiserreichs übernommen hatten."[20] Wenn der Reichsverband demnach also 37.429 Betriebe des Geld-, Bank- und Börsenwesens und 1.980 Betriebe des Versicherungswesens ausschloss, handelte es sich dabei nur um 1,13 Prozent gemessen an der Gesamtzahl der Gewerbebetriebe, was die Konzentration auf den RDI als wichtigste wirtschaftspolitische Organisation der Wirtschaft rechtfertigen kann.[21]

Im Folgenden werden deshalb zunächst die beiden im RDI diskutierten programmatischen Entwürfe mit Blick auf ordnungspolitische Aspekte dargestellt. Das dadurch gewonnene Bild der Ordnungsvorstellungen um die Jahreswende 1922/23 wird anschließend auf ordnungstheoretische Stringenz untersucht und mit Blick auf die reale Wirtschaftsordnung einer kritischen Analyse unterzogen.

2 Ordnungspolitische Vorstellungen innerhalb des RDI

Im Juni 1922 legte Hermann Bücher einen Entwurf für ein Wirtschaftsprogramm des RDI vor. Außenwirtschaftspolitische Notwendigkeiten machten demnach die Leistungssteigerung der deutschen Wirtschaft unabdingbar, die vor allem durch eine „weitmöglichste" Befreiung von „produktionshemmenden Belastungen" zu erzielen sei. „Die deutsche Wirtschaft leidet noch heute unter staatlichen Belastungen und Bevormundungen, die aus der Kriegszeit übernommen ohne Vorteil für die Allgemeinheit ihre Erträgnisse herabmindern."[22] Aus ordnungspolitischer Sicht ergab sich hieraus die zentrale Forderung einer „Beseitigung der Zwangswirtschaft in jeder Form und der Abbau aller mit ihr zusammenhängenden unproduktiven Ausgaben [...]. Dies gilt auch für die Zwangsmieten, die staatliche Kohlewirtschaft und die schon lange überlebten Demobilmachungsbestimmungen."[23] Neben der üblichen Forderung nach einer Steuerreform, mit der Steuersenkungen für die Wirtschaft impliziert wurden, war das Verlangen nach einem ‚schlanken Staat' groß. Da-

---

20 Vgl. Turner (1985): Großunternehmer, S. 11f.
21 Eigene Berechnungen nach: Gewerbliche Betriebszählung (1929), S. 252 und S. 271f.
22 Vgl. Bücher (1922): Entwurf Wirtschaftsprogramm, S. 331.
23 Ebd.

bei ging es nicht nur um die direkte Belastung des Reichsetats durch die öffentliche Verwaltung, sondern gleichermaßen um den Abbau von Bürokratie: Es sollte „eine innere Reform und Vereinfachung des gesamten Behördenwesens Platz [...] greifen. Unproduktive Arbeiten sind einzuschränken, damit die Beamtenschaft unter auch für sie günstigeren Bedingungen zur praktischen Wiederaufbauarbeit kommt."[24]

Die in der Literatur als ‚Gegenentwurf' bezeichnete, auf Ende 1922 datierte Skizze Paul Silverbergs für den „Wiederaufbau der deutschen Wirtschaft" wurde diesbezüglich sehr viel deutlicher. Innerhalb des RDI höchst umstritten, habe dieser „tiefe Eingriffe in die sozialpolitischen Grundlagen von Weimar" vorgesehen und dementsprechend auf eine „offene Konfrontation mit der SPD" gezielt. Mit Blick auf die Silverberg, Stinnes und Vögler umgebende radikale Minderheit haben Gerald D. Feldman und Heidrun Homburg sogar von einer Form sozioökonomischer Konterrevolution gesprochen.[25] Allerdings stieß Silverberg bei anderen Großindustriellen auf scharfe Kritik, selbst Rechtskonservative wie der Schwerindustrielle Paul Reusch hielten die Forderungen für realitätsfremd.[26] Angesichts des historischen Umbruchs ließ in erster Linie die Realitätsferne im Bereich der Sozialpolitik den Entwurf radikal erscheinen, denn die Mehrheit im RDI-Präsidium strebte durchaus konsensfähig den Rückzug des Staates aus der Wirtschaft an. Boris Gehlen will die Maximalforderungen Silverbergs angesichts der drängenden wirtschaftlichen Lage ohnehin nur als „explizite politische Drohung" verstanden wissen: „Der Silverberg-Plan ist daher als programmatische Initiative des Unternehmers Silverberg nicht ernst zu nehmen, denn er verfolgte – trotz einiger tatsächlich programmatischer Inhalte – nur den politischen Zweck, den Druck auf die Regierung Cuno zu erhöhen."[27] Um grundlegende ordnungspolitische Vorstellungen identifizieren zu können lohnt es also, den Entwurf Silverbergs von den überspitzten und unrealistischen Forderungen zu befreien, wie jenen nach einer Flexibilisierung der Tarifverträge, des Streikverbots, nach Abschaffung der betrieblichen Mitbestimmung sowie des ‚Flächentarifvertrags'.

Neben dem Verzicht auf direkte Staatseingriffe in das marktwirtschaftliche Geschehen sollten demnach Eigentum und Verfügungsrechte grundsätzlich geschützt sowie die Kapitalbildung ungehindert ermöglicht werden.[28] Aus diesem ordnungspolitischen Bekenntnis zur Marktwirtschaft leitete Silverberg die Forderung nach „Aufhebung aller Demobilmachungsverordnungen und der aus ihnen entstandenen Behörden und Einrichtungen" ebenso ab wie die „endgültige Aufhebung aller Überbleibsel der Kriegs-

---

24 Vgl. ebd., S. 331 f.
25 Feldman/Homburg (1977): Industrie und Inflation, S. 128.
26 Vgl. Bähr/Kopper (2019): Industrie, Politik, Gesellschaft, S. 61.
27 Gehlen (2007): Paul Silverberg, S. 243.
28 Vgl. Silverberg (1922): Wiederaufbau der deutschen Wirtschaft, S. 324. Angesichts der industriellen Substanzaufzehrung infolge der Inflation war der Ruf nach unbehinderter Kapitalbildung sicherlich ein realwirtschaftlich dringlicher und nicht nur ein programmatischer. Vgl. hierzu Weber (2010): Gescheiterte Sozialpartnerschaft, S. 501–505.

wirtschaft" einschließlich der damit verbundenen Zwangsbewirtschaftungen, z. B. im Bereich der Außenwirtschaftskontrolle, die Aufhebung der Preistreiberei- und Wuchergesetzgebung und die grundsätzlich „freie Preisbildung in Produktion, Handel und freien Berufen".[29] Dass Silverbergs Entwurf für ein marktliberales Wirtschaftsprogramm ohne weitergehende Sozialbindung nicht frei von Widersprüchen war – da wo es genehm war, sollten Ausfuhr- und Einfuhrverbote sowie Prohibitivzölle der Industrie nützlich sein –[30], braucht hier nicht weiter betont zu werden.

Was aber diesen Entwurf für ein RDI-Wirtschaftsprogramm so interessant macht, ist die gesamtwirtschaftliche Perspektive. So sollten ebenfalls Agrarwirtschaft, Kohlen- und Bergbau sowie Wohnungsmarkt pauschal, im Detail jedoch sehr differenziert von jeder „Zwangsbewirtschaftung" befreit werden. Während für die Kohlegewinnung und -verteilung angesichts der Sachlieferungen an die Siegermächte eine gewisse staatliche Kontrolle unter transparenten Wettbewerbsbedingungen vorgesehen war, wurden die Landwirte zugleich zur Steigerung der Produktivität aufgefordert: „Einstellung der Aufwendungen und Arbeiten für Cultivierung von Odland, statt dessen: Intensivierung der Produktion auf Kulturland."[31] Wenn also Boris Gehlen feststellt, dass Silverberg mit seinen wirtschaftspolitischen Konzeptionen keine abstrakten gesellschaftlichen Machtansprüche durchzusetzen beabsichtigte, in erster Linie vielmehr die „Bewegungsfreiheit" für Unternehmen erhöhen wollte,[32] dann wollte Silverberg diese Bewegungsfreiheit offensichtlich aber zur Erhöhung des allgemeinen Wohlfahrtsniveaus genutzt wissen.

Hinzutreten sollte ein Privatisierungsprogramm für öffentliche Betriebe, das wohl besonders auf die Unzufriedenheit in kleinen und mittleren Unternehmen zielte, in denen die „kalte Sozialisierung" auf kommunaler Ebene beklagt wurde.[33] Die ordnungstheoretische Begründung Büchers dagegen ging tiefer: „Insbesondere muß die Defizitwirtschaft der in öffentlicher Hand befindlichen Betriebe beseitigt werden und durch Anwendung kaufmännischer Grundsätze in ihnen dafür gesorgt werden, daß auch sie wieder Einnahmen abwerfen, statt, wie es heute fast durchweg der Fall ist, die Allgemeinheit durch wirtschaftlich unberechtigte Zuschußforderungen zu schädigen."[34] Diese Forderung mag um die Jahreswende 1922/23 realitätsfern gewesen sein, sollte aber Jahrzehnte später Teil eines umfassenden Privatisierungsprogramms werden.[35] Gerade weil für Silverberg Sozialpolitik kein Selbstzweck sein konnte, formulierte er ein Leitbild sozialer Verantwortung, das wirtschaftlich tragfähig bleiben sollte:

---

29 Vgl. Silverberg (1922): Wiederaufbau der deutschen Wirtschaft, S. 324 f.
30 In diesem Sinne zuletzt auch wieder Di Fabio (2018): Weimarer Verfassung, S. 117.
31 Ebd., S. 325.
32 Vgl. Gehlen (2007): Paul Silverberg, S. 281.
33 Vgl. Blaich (1988): Staatsverständnis und politische Haltung, S. 170.
34 Bücher (1922): Entwurf Wirtschaftsprogramm, S. 332.
35 Vgl. Frei/Süß (2021): Privatisierung.

Für Kleinrentner und alte Leute: Aufnahme in die Sozialversicherung unter Annahme einer Versicherungsdauer vom 18. Lebensjahr ab. Voraussetzung: Nachweis, daß Vermögen aufgezehrt ist (Hausrat ausgenommen) und daß kein zahlungsfähiger gesetzlich Unterhaltungspflichtiger vorhanden ist. Kostentragung: Vom Arbeitgeber: 10 % Aufschlag auf alle Überstunden und Überschichtenlöhne, die über 48 Wochen Stunden hinaus geleistet werden; vom Arbeitnehmer: 10 % von den Überstunden und Oberschichtenlöhnen.[36]

Silverberg vergaß zudem freiberuflich Tätige, Ärzte sowie Rechtsanwälte nicht, für die er freie Honorarvereinbarungen bei festgesetzten Mindesthonoraren vorsah. Dies stützt im Übrigen die oben formulierte Arbeitshypothese von der Repräsentativität grundlegender Ordnungsvorstellungen des RDI bei durchaus bestehenden Interessendivergenzen im Detail.

3 Leitvorstellung: Rückkehr zur Marktwirtschaft – aber zu welcher?

Zu welcher Art Marktwirtschaft wollten Unternehmer also zurück, was waren die konstitutiven Elemente ihrer Ordnungsvorstellungen? Denn obschon die Wirtschaftsordnung des Kaiserreichs eine ausgesprochen liberale, mit fast unbeschränkten Verfügungsrechten über das Eigentum gewesen war, hatte diese Ausprägung bereits erste Risse gezeigt. So hatte sich eine wenngleich eng begrenzte soziale Mitwirkung zu entwickeln begonnen und – nach der Aufhebung des Koalitionsverbotes sowie durch reichsgerichtliche Anerkennung des Tarifvertrages – spätestens seit 1900 eine Entwicklung hin zum modernen Sozialstaat eingesetzt.[37] Zudem war die Außenhandelspolitik aufgrund agrarwirtschaftlicher Ansprüche protektionistischer geworden, vor allem aber begannen die Absprachen in Kartellen und Syndikaten das Ordnungsprinzip des Wettbewerbs in Teilen der Wirtschaft auszuschalten. Dem setzten Exekutive und Legislative kaum etwas entgegen, so dass der Wettbewerb ohne Schutz blieb. Mit seinen Urteilen räumte das Reichsgericht vielmehr sogar „die rechtlichen Bedenken gegen eine weitere Kartellierung aus; Kartellvereinbarungen waren seiner Meinung nach kein Verstoß gegen die Wettbewerbsfreiheit."[38] Auf diesem Boden ließen Wohlstandszuwächse die Kaiserzeit nicht nur in der Erinnerung der Großunternehmer als „Aura einer stabilen, harmonischen Zeit" erscheinen.[39]

Selbst wenn sich die Arbeitsmarktbeziehungen in der Weimarer Republik anschließend tiefergehend veränderten, das Privateigentum einer – abstrakten – Ge-

---

36 Silverberg (1922): Wiederaufbau der deutschen Wirtschaft, S. 326.
37 Vgl. Ambrosius (2001): Staat und Wirtschaftsordnung, S. 121.
38 Ambrosius (2001): Staat und Wirtschaftsordnung, S. 116; für das Vorhergehende vgl. S. 112–124.
39 Vgl. Turner (1985): Großunternehmer, S. 22.

meinwohlbindung unterworfen und die Betriebsordnung für erste Mitwirkungsrechte der Arbeitnehmer geöffnet wurden – im Vergleich zum späten Kaiserreich stellte dies alles „keinen tiefgreifenden Wandel der Ordnungsstrukturen" dar.[40] Wenn der Wettbewerb damit in der Weimarer Republik formal ebenfalls das konstitutive Prinzip der Marktverfassung verkörperte, so wurde aber auch jetzt kein wirtschaftspolitisches Instrument zu seiner Verteidigung geschaffen. „Mit der Kartellverordnung vom 2.11.1923 machte die Regierung zwar einen zaghaften Anfang, allerdings enthielt die Verordnung kein generelles Kartellverbot, sondern nur eine staatliche Missbrauchsaufsicht."[41] Hinzu kamen die den Wettbewerb schwächenden staatlichen Aktivitäten; einmal in Form staatlich initiierter Lenkungs- und Stützungskartelle, zum anderen in Form einer expandierenden öffentlichen Wirtschaft.[42] An der Unterminierung des Wettbewerbs hat der RDI anschließend durch die weitere Entschärfung der Kartellverordnung kräftig mitgewirkt.[43] Und als seit Ende des Jahres 1923 schließlich bürgerliche Kabinette für die Wirtschaftspolitik verantwortlich zeichneten, deren Parteien sich zunehmend an Spenden aus der Privatwirtschaft erfreuen durften,[44] neigten die Beamten des Wirtschaftsministeriums dazu, „das Prinzip der angeblichen ‚Selbstregulierung' dem weniger ordentlichen Funktionieren einer freien Wettbewerbswirtschaft vorzuziehen."[45] In der Folge florierten die preisbestimmenden und produktionsbegrenzenden Kartelle also unter der wohlwollenden Aufsicht des Wirtschaftsministeriums.

4 Resümee

Der Forderung der deutschen Industriellen nach einer Rückkehr zur privatkapitalistischen Wirtschaftsform lag also ein spezifisches Ordnungsmodell zugrunde: eine ‚Marktwirtschaft' mit risikofreien Märkten und garantiertem Gewinn.[46] Während Unternehmer in anderen Ländern gemäß dem Konzept des klassischen Liberalismus jegliche staatliche Intervention im wirtschaftlichen Bereich ablehnten, verhielten sich ihre deutschen Kollegen unorthodox zwiespältig: „An staatliche Hilfe vielfältiger Art gewöhnt, hatten sie keine Einwände gegen staatliches Eingreifen in die Wirtschaft, solange es ihren Unternehmen nützte. […] In ähnlicher Weise betrachteten sie es als ihr Recht, sich in Kartellen zur Beschränkung wirtschaftlicher Tätig-

---

40 Vgl. Ambrosius (2001): Staat und Wirtschaftsordnung, S. 128 f.
41 Ebd., S. 126. Zuletzt auch wieder: Hederer (2020): Wirtschaftsordnung, S. 791 f.; Hederer/Priemel (2021): Markt, Staat und Wettbewerb, S. 103.
42 Vgl. Ambrosius (2001): Staat und Wirtschaftsordnung, S. 126.
43 Vgl. Blaich (1988): Staatsverständnis und politische Haltung, S. 169.
44 Vgl. ebd., S. 167 f.
45 Turner (1985): Großunternehmer, S. 52.
46 Vgl. ebd., S. 53.

keit zusammenzuschließen".[47] So erhöhte sich die Zahl der Produktions-, Preis- und Absatzkartelle von etwa 600 vor dem Krieg auf rund 3.000 um die Zeit vor der Weltwirtschaftskrise.[48] Zu den Kartellabreden in fast allen Gewerbzweigen einschließlich des Handels traten gesetzlich lancierte Syndikate, die die ohnehin in Gang befindliche Konzentration in Konzernen, Trusts und Interessenvereinigungen vervollständigten.[49] Während der Weltwirtschaftskrise, als die Preise angesichts massiv zurückgehender Nachfrage hätten sinken müssen, wirkten sich die 1923 mit der Kartellverordnung getroffenen Entscheidungen dann in Form einer krisenverschärfenden Preispolitik der Kartelle destabilisierend auf die liberale Demokratie aus. Angesichts dessen ist in Analogie zur These von der „Demokratie ohne Demokraten" über Udo di Fabio hinausgehend festzuhalten, dass Weimar angesichts der genannten Defizite mit Blick auf die Ausbildung rein wirtschaftsliberaler Elemente von Beginn an eine „Marktwirtschaft ohne Marktwirtschaftler" gewesen ist.[50]

Quellen- und Literaturverzeichnis

Ambrosius, Gerold: Staat und Wirtschaftsordnung. Eine Einführung in Theorie und Geschichte, Stuttgart 2001.
Bähr, Johannes: Christopher Kopper: Industrie, Politik, Gesellschaft. Der BDI und seine Vorgänger 1919–1990, Göttingen, 2019.
Blaich, Fritz: Staatsverständnis und politische Haltung der deutschen Unternehmer 1918–1930. In: Bracher, Karl Dietrich; Manfred Funke, Hans-Adolf Jacobsen (Hrsg.): Die Weimarer Republik 1918–1933. Politik – Wirtschaft – Gesellschaft, Bonn ²1988, S. 158–178.
Bücher, Hermann: Entwurf für ein Wirtschaftsprogramm des Reichsverbandes der Deutschen Industrie. Die Vorlage des Geschäftsführenden Präsidialmitgliedes, Geheimrat Dr. Bücher, Juni 1922. Bundesarchiv Koblenz, Nachlass Silverberg, Nr. 312, Bl. 3 u. 4. Abgedruckt in: Feldman, Gerald D.; Heidrun Homburg: Industrie und Inflation. Studien und Dokumente zur Politik der deutschen Unternehmer 1916–1923, Hamburg 1977, S. 328–332.
Deutsche Wirtschafts- und Finanzpolitik, Berlin 1925.
Di Fabio, Udo: Die Weimarer Verfassung. Aufbruch und Scheitern. Eine verfassungshistorische Analyse, München 2018.
Epkenhans, Michael: Die wilhelminische Flottenrüstung 1908–1914. Weltmachtstreben, industrieller Fortschritt, soziale Integration, München 1991.
Feldman, Gerald D.; Heidrun Homburg: Industrie und Inflation. Studien und Dokumente zur Politik der deutschen Unternehmer 1916–1923, Hamburg 1977.
Feldman, Gerald D.; Irmgard Steinisch: Industrie und Gewerkschaften 1918–1924. Die überforderte Zentralarbeitsgemeinschaft, Stuttgart 1985.

---

47 Ebd., S. 23.
48 Vgl. Hederer/Priemel: Markt, Staat und Wettbewerb, S. 101.
49 Vgl. Preller (1949): Sozialpolitik, S. 98.
50 Vgl. Di Fabio (2018): Weimarer Verfassung, S. 113 f., der sich mit dieser Feststellung auf ein sozialliberales Leitbild, eine Art soziale Marktwirtschaft bezieht.

Fradebeul-Krein, Markus/Koch, Walter A. S./ Kulessa, Margareta/Sputek, Agnes: Grundlagen der Wirtschaftspolitik, Konstanz/München ⁴2014.

Frei, Norbert; Dietmar Süß: Privatisierung. Idee und Praxis seit den 1970er Jahren, Weimar 2021.

Gehlen, Boris: Paul Silverberg (1876–1959). Ein Unternehmer, Stuttgart 2007.

Gewerbliche Betriebszählung. Die gewerblichen Betriebe und Unternehmungen im Deutschen Reich. Teil I: Einführung in die gewerbliche Betriebszählung 1925. Die gewerblichen Niederlassungen (örtliche Betriebseinheiten) im Deutschen Reich. Bearbeitet im Statistischen Reichsamt, Berlin 1929.

Hederer, Franz: Wirtschaftsordnung. In: Voigt, Rüdiger (Hrsg.): Aufbruch zur Demokratie. Die Weimarer Reichsverfassung als Bauplan für eine demokratische Republik, Baden-Baden 2020.

Hederer, Franz; Kim Christian Priemel: In der Schwebe. Markt, Staat und Wettbewerb in Deutschland zwischen 1918 und 1948. In: Historische Zeitschrift 313, 2021, S. 89–123.

James, Harold: Deutschland in der Weltwirtschaftskrise 1924–1936, Darmstadt 1988.

Michalka, Wolfgang: Kriegsrohstoffbewirtschaftung, Walther Rathenau und die „kommende Wirtschaft". In: Der Erste Weltkrieg. Wirkung, Wahrnehmung, Analyse. Im Auftrag des Militärgeschichtlichen Forschungsamtes hrsg. von Wolfgang Michalka, München/Zürich 1994. S. 485–505.

Preller, Ludwig: Sozialpolitik in der Weimarer Republik. Unveränderter Nachdruck des 1949 erstmals erschienen Werkes, Düsseldorf 1978.

Priemel, Kim Christian: Die deutschen Unternehmer in der Revolution. Zur Kartographie eines Forschungsfeldes. In: Führer, Karl Christian/Mittag, Jürgen/Schildt, Axel/Tenfelde, Klaus (Hrsg.): Revolution und Arbeiterbewegung in Deutschland 1918–1920, Essen 2013, S. 311–335.

Schönhoven, Klaus: Kommentar zu den Beiträgen von Stefan Grüner und Werner Plumpe. In: Wirsching, Andreas (Hrsg.): Herausforderungen der parlamentarischen Demokratie. Die Weimarer Republik im europäischen Vergleich, München 2007, S. 159–167.

Silverberg, Paul: Wiederaufbau der deutschen Wirtschaft. Paul Silverbergs Entwurf für ein Wirtschaftsprogramm des Reichsverbandes der Deutschen Industrie. Historisches Archiv der Gutehoffnungshütte, Nr. 400101290l35. Abgedruckt in: Feldman, Gerald D.; Homburg, Heidrun: Industrie und Inflation. Studien und Dokumente zur Politik der deutschen Unternehmer 1916–1923, Hamburg 1977, S. 324–328.

Straßner, Alexander: Funktionen von Verbänden in der modernen Gesellschaft. In: Aus Politik und Zeitgeschichte. Beilage zur Wochenzeitung Das Parlament, 15–16/2006, S. 10–17.

Suhr, Otto: Die Organisationen der Unternehmer, Berlin 1924.

Turner Jr., Henry Ashby: Die Großunternehmer und der Aufstieg Hitlers, Berlin 1985.

Weber, Petra: Gescheiterte Sozialpartnerschaft – Gefährdete Republik? Industrielle Beziehungen, Arbeitskämpfe und der Sozialstaat Deutschland und Frankreich im Vergleich (1918–1933/39), München 2010.

Wolff-Rohé, Stephanie: Der Reichsverband der Deutschen Industrie 1919–1924/25, Frankfurt am Main u. a. 2001.

Zur Person: Knortz, Heike, Prof. Dr. phil., Professorin für Wirtschaftsgeschichte an der Pädagogischen Hochschule Karlsruhe.

Ordnungsverlust
Das Scheitern der internationalen Arbeitsteilung nach dem Krieg

WERNER PLUMPE

Die Frage, ob man an die globale Arbeitsteilung, die die Wirtschaft vor 1914 gekennzeichnet hatte und als ein Standbein ihrer erfolgreichen Entwicklung galt, nach dem Ende des Krieges wieder anknüpfen konnte, war durchaus offen. Aber selbst wenn das ohne Weiteres möglich gewesen wäre, war die große Frage, ob man dies überhaupt wollte, galt doch ein Wiederaufstieg der deutschen Wirtschaft, die vor 1914 in besonderer Weise Profiteur der ersten Globalisierung gewesen war, in vielen der ehemaligen Feindstaaten keinesfalls als wünschenswert. Nicht zuletzt in Frankreich gab es einflussreiche Stimmen, die die Gestaltung des Friedensvertrages auch als ein Mittel sahen, das deutsche wirtschaftliche Potential dauerhaft zu schwächen und zugleich die Bedingungen für ein Überwinden der Produktivitätslücke, unter der Frankreich seit langer Zeit litt, voranzutreiben. Auch viele der neuen Staaten in Ost- und Südosteuropa hatten nur ein geringes Interesse, ihre jungen Volkswirtschaften der vermeintlich überlegenen deutschen Konkurrenz auszuliefern. Und nicht einmal in Deutschland war die Frage der Rekonstruktion einer offenen Weltwirtschaft unstrittig, galt doch die Abhängigkeit Deutschlands von ausländischen Zufuhren als eines der zentralen Mittel der alliierten Kriegsführung. Wollte man derartige Abhängigkeiten und damit derartige Drohpotentiale wirklich wiederherstellen? Dieser kleine Artikel bietet nicht den Platz, all diese Fragen auch nur ansatzweise zu thematisieren. Im Folgenden geht es eher um eine materielle Bilanz der internationalen Arbeitsteilung der Nachkriegszeit vornehmlich aus deutscher Sicht und eine Markierung jener Problemfelder, die letztlich eine reibungslose Fortsetzung der Globalisierung der Vorkriegszeit verhinderten.

Und in der Tat gelang es nach dem Krieg nicht, eine reibungslos funktionierende weltwirtschaftliche Arbeitsteilung zu rekonstruieren. Das war nicht nur eine Folge politischen Versagens und fehlender Kompromissbereitschaft, sondern hatte eine Vielzahl von Gründen. Denn der Krieg hatte die Strukturen der regionalen Arbeitsteilung deutlich verändert, ganz abgesehen davon, dass das notwendige Schmiermittel eines reibungslosen Handels, die Währungsordnung des Goldstandards, nicht mehr existierte und hierfür auch kein hinreichender Ersatz gefunden wurde. Der schließlich erreichte Goldstandard war gemessen an seinem Vorgänger von sehr viel größeren Problemen und Ungleichgewichten gekennzeichnet, zumal es einen Hüter der Währung, wie es vor 1914 die Bank von England gewesen war, nicht mehr gab. Erst Mitte der 1920er Jahre einigermaßen rekonstruiert, zerbrach er bereits im September 1931, als Großbritannien den Goldstandard einseitig aufkündigte. Gleichwohl ist das Reden davon, der Erste Weltkrieg und seine Folgen hätten eine Zeit der Deglobalisierung eingeleitet, ungenau, worauf vor allem Jan-Otmar Hesse hingewiesen hat.[1] Und in der Tat stabilisierte sich in der zweiten Hälfte der 1920er Jahre zumindest das Volumen des Welthandels, das jetzt auch die Vorkriegswerte übertraf. Erst die Weltwirtschaftskrise und namentlich das Zerbrechen des Goldstandards leiteten 1931 einen Niedergang des Welthandels ein, der erst nach dem Zweiten Weltkrieg unter dann völlig veränderten Bedingungen korrigiert werden konnte.[2]

Für die wirtschaftliche Rekonstruktion in Deutschland waren nach 1918 die Rahmenbedingungen daher überaus schwierig, da das Land weder mit einer wohlwollenden Wiederaufnahme in die internationale Arbeitsteilung rechnen konnte, noch die Probleme der Weltwirtschaft einfache Lösungen zugelassen hätten. Die Lösungen, die schließlich für diese Problematik gefunden wurden, waren folglich alles andere als belastbar, ja das prekäre weltwirtschaftliche Fließgleichgewicht, das 1924 erreicht schien, wurde selbst zur veritablen Krisenursache.

1   Die erste Globalisierung

Die deutsche Wirtschaft war – im internationalen Vergleich zumindest – einer der Hauptprofiteure der ersten Hochphase der Globalisierung vor 1914 gewesen. Während sich die Industrieproduktion Deutschlands zwischen 1870 und 1914 verdreifachte, wuchs sie in Frankreich nur um das Doppelte; in Großbritannien lagen die Zahlen noch niedriger.[3] Zwar waren die absoluten Unterschiede nicht so gravierend, da Frankreich und Großbritannien höhere Ausgangsdaten hatten, aber die relativen Gewichte verschoben sich in diesen Jahren deutlich: 1913 entfielen 35,8 % der Weltindustrieproduktion auf die USA, die damit uneinholbar die Rangliste der Industrienationen anführten. Großbritannien, das in der Mitte des 19. Jahrhunderts noch etwa die Hälfte der Weltindustrieproduktion allein bewältigt hatte, war mit 14 Prozent deutlich zurückgefallen, und Frankreich, das um 1850 noch klar hinter Großbritannien an zweiter Stelle stand mit 6,4 Prozent fast deklassiert. Das Deutsche Reich, Mitte des 19. Jahrhunderts noch relativ bedeutungslos, hatte hingegen 1913 mit 15,7 % der Industrieproduktion einen deutlichen zweiten Platz erobert.[4] Die Dynamik dieser Veränderung wird klar, wenn man bestimmte Parameter genauer betrachtet. So lag Deutschland 1860 bei der Förderung von Kohle mit 17 Mio. Tonnen

---

1 Hesse (2023): Exportweltmeister, S. 77.
2 Findlay/O'Ruorke (2007): Power and Plenty, S. 458.
3 Mitchell (1976): Statistical Appendix, S. 768.
4 Fischer (1979): Weltwirtschaft, S. 87.

noch weit abgeschlagen hinter Großbritannien (81 Mio. Tonnen) und nicht entscheidend vor Frankreich (8 Mio. Tonnen). Im Durchschnitt der letzten drei Jahre vor dem Krieg hatte sich das Bild völlig verändert. Zwar führte Großbritannien mit rund 278 Mio. Tonnen die Liste weiterhin an, doch Deutschland hatte auf 256 Mio. Tonnen aufgeholt, während Frankreich mit 40 Mio. Tonnen deutlich zurückgefallen war.[5] Noch eindeutiger war der Befund im Bereich der Roheisenherstellung, wo Deutschland vor dem Krieg mit 15,4 Mio. Tonnen Großbritannien (9,7 Mio. Tonnen) und Frankreich (4,9 Mio. Tonnen) klar hinter sich gelassen hatte.

Diese Gewichtsverschiebungen prägten das Gesicht der weltwirtschaftlichen Arbeitsteilung. Auch wenn Deutschland vor 1914 traditionell Importüberschüsse hatte, forcierte das Land seine Exporte nicht zuletzt deshalb, um die für die beschleunigte Industrialisierung notwendigen Importe von Nahrungsmitteln, Rohstoffen und Halbfabrikaten finanzieren zu können. Auch die Auslandsinvestitionen, bei denen Deutschland nach Großbritannien und Frankreich schließlich einen dritten Platz erreichte (bei den industriellen Direktinvestitionen lag das Land bereits vor Frankreich, das sich vor allem auf Finanzgeschäfte spezialisiert hatte), dienten nebenher dem Zweck, die Leistungsbilanz auszugleichen und dadurch die Stellung der Mark im Goldstandard zu stabilisieren. Vor allem aber kam es auf Industrieexporte an, und diese wuchsen in den Jahren zwischen 1890 und 1913 durchschnittlich um 5,3 Prozent pro Jahr, während die vergleichbaren Zuwachsraten in Großbritannien und Frankreich bei 2,6 bzw. 2,8 Prozent lagen.[6] Die deutsche Wirtschaft holte auf bzw. ließ die französische Konkurrenz deshalb hinter sich, weil sie vor allem die seinerzeitigen Wachstumsindustrien souverän beherrschte. Im Bereich der Farbstoffe, zweifellos eine Extremposition, aber gleichwohl überaus aussagefähig, betrug der der deutsche Weltmarktanteil 1914 mehr als 90 Prozent, woran gemessen die weiteren Anteile der Schweiz (7,3), Großbritanniens (2,1) und Frankreichs (0,4) marginal, wenn nicht bedeutungslos waren.[7] Eine derart starke Marktstellung erzielten andere Branchen nicht, doch entfalteten auch sie eine gewaltige Exportdynamik wie etwa die optische Industrie mit Carl Zeiss als Marktführer, der Maschinenbau mit der Linde AG oder die elektrotechnische Industrie mit Siemens und der AEG. Von der Exportdynamik her gesehen, lag die Chemie (hier die Pharmazeutik eingeschlossen) hinter dem Maschinenbau auf Platz zwei, gefolgt von der Eisenerzeugung und dem Textilgewerbe.[8] Zwar reichten alle Exporterfolge nicht aus, das Handelsbilanzdefizit auszugleichen, doch in der Kombination von Exporterlösen und den Erträgen der Auslandsinvestitionen gelang es, die Zahlungsbilanz zu stabilisieren und die Stellung der Mark im Goldstandard zu konsolidieren.

---

5 Mitchell (1980): European Historical Statistics, S. 381–385, 414–415.
6 Feinstein/Temin/Toniolo (1997): European Economy, S. 10.
7 Gottfried Plumpe (1990): Die I. G. Farbenindustrie AG, S. 52.
8 Ebd., S. 56, Torp (2005): Globalisierung, S. 373.

2   Die Folgen des Krieges und das Dilemma der Problemlösungen

Der Erste Weltkrieg zerstörte die Weltarbeitsteilung streng genommen nicht; ihre Strukturen kehrten nach Kriegsende, wenn auch in vielerlei Hinsicht modifiziert, wieder zurück. Sie wurde vielmehr genutzt, um der in hohem Maße von einem funktionierenden internationalen Austausch abhängigen deutschen Wirtschaft massiv zu schaden. Einerseits sollte durch den Ausschluss des Landes vom Welthandel dessen Rüstungsproduktion getroffen werden; andererseits wurde der Krieg auch als Chance begriffen, die weltwirtschaftlichen Strukturen grundsätzlich zu Ungunsten Deutschlands zu korrigieren. Die Maßnahmen der Alliierten beschränkten sich daher keineswegs nur auf eine Blockade des Austausches kriegswichtiger Rohstoffe und von Rüstungsgütern. Gleichzeitig wurden gezielt schon von Kriegsausbruch an Maßnahmen ergriffen, um sich deutsches Eigentum geistiger und materieller Art anzueignen und die deutsche Präsenz auch in der neutralen Welt so weit wie möglich zurückzudrängen. Für die deutsche Exportwirtschaft bedeutete die Blockade zusammen mit der Wegnahme von Eigentum und der Verdrängung von neutralen Märkten faktisch einen kompletten Verlust der Auslandsmärkte, die in den zuvor genannten Bereichen existentielle Bedeutung hatten. Die Wirkung war verheerend. Um nur ein Beispiel zu nennen: Von den zehn größten Auslandsmärkten der I. G. Farbenindustrie-Gruppe von 1913 war schließlich nur noch Österreich-Ungarn zugänglich; alle anderen Kundenländer befanden sich, Italien und die USA 1915 bzw. 1917, im Kriegszustand mit Deutschland[9], blockierten Importe aus dem Land, verhinderten Exporte dorthin, eigneten sich zugleich das Eigentum der deutschen Unternehmen an und verkauften es zumeist an die jeweilige Konkurrenz.[10] Der deutsche Außenhandel kam durch den Krieg zwar nicht völlig zum Erliegen, musste aber schwere Einbußen hinnehmen. Lagen die Importe 1913 bei 10,8 Mrd. Goldmark, so waren sie bis 1918 auf 4,2 Mrd. Goldmark geschrumpft; bei den Exporten war der Wert von 10,1 auf 2,8 Mrd. Goldmark zurückgegangen. Zusätzlich zum Volumenverlust kam während des Krieges ein kumuliertes Außenhandelsdefizit von gut 11 Mrd. Goldmark hinzu, das jetzt aufgrund des konfiszierten Auslandsbesitzes auch nicht durch dessen Erträge zumindest einigermaßen kompensiert werden konnte.[11]

Die Ergebnisse des Ersten Weltkrieges und der sich anschließenden Inflation kamen für Deutschlands globale Position einer deutlichen Schwächung gleich. Der

---

9 Gottfried Plumpe (1990): I. G. Farbenindustrie AG, S. 51.
10 Beispielhaft Scholtyseck (2022): Transatlantischer Wirtschaftskrieg, S. 285–309.
11 Hardach (1973): Der Erste Weltkrieg, S. 42. Vgl. auch Findlay/O'Rourke (2007): Power and Plenty, S. 432, die in einer vergleichenden Tabelle zeigen, dass dem Rückgang des deutschen Außenhandels keinesfalls ein paralleles Schrumpfen in den anderen kriegführenden Nationen entsprach. Im Gegenteil, der englische und französische Außenhandel wuchsen im Krieg stark an, namentlich die Importe explodierten (v. a. amerikanische Rüstungszufuhr), während die Exporte zeitweilig schrumpften, aber auf einem deutlich höheren Niveau als im deutschen Fall blieben.

deutsche Anteil am Weltexport schrumpfte von 1913, wo er bei gut 13 Prozent gelegen hatte, auf etwas über 7 Prozent 1925, um sich danach zwar ein wenig zu erholen, doch war das nur kurzfristig und in absoluten Werten nicht sehr eindrucksvoll. Nominell erreichten der deutsche Außenhandel in der Weltwirtschaftskrise zwar fast wieder das Niveau von 1913, aber das vor dem Hintergrund eines drastisch gesunkenen Welthandels.[12] Deutlich wird das viel niedrigere Niveau des Außenhandels, wenn man seinen Anteil an der wirtschaftlichen Gesamtleistung Deutschlands vergleicht. Machte die Ausfuhr vor dem Krieg 21,5 Prozent des Volkseinkommens aus, so waren es 1928 nur noch 19,3 und 1932 sogar nur noch 11 Prozent. Die Werte der Ausfuhr sanken parallel von 20,2 über 17 auf 13,5 Prozent.[13] Zwar war im deutschen Fall auch vor dem Krieg die Binnenwirtschaft dynamischer als der Außenhandel, doch dessen starkes Wachstum trug maßgeblich zur Stabilisierung der Zahlungsbilanz und damit zur Finanzierung des für die Binnenwirtschaft notwendigen Imports bei, wie ein Blick auf die einschlägige Handelsstatistik zeigt. Die Einfuhr bestand 1913 zu mehr als 90 Prozent aus Nahrungsmitteln, Rohstoffen und Halbwaren, während Fertigwaren nur 9,7 Prozent ausmachten. Ganz anders sah es im Export aus, bei dem fast zwei Drittel auf Fertigwarenausfuhr entfiel, zusammen mit Halbwaren sogar drei Viertel, während Nahrungsmittel und Rohstoffe nur etwa 25 Prozent umfassten.[14]

Zwar änderte sich die Außenhandelsstruktur durch den Krieg nicht grundlegend, aber ihre Dynamik war gering. War der deutsche Export vor 1914 jährlich mit einer Rate von 4,3 Prozent gewachsen, so lagen die Veränderungsraten zwischen 1913 und 1929 bei durchschnittlich 0,1 Prozent, nimmt man die Jahre 1913 bis 1938 zusammen, so schrumpften die deutschen Exporte gar jährlich um 2,2 Prozent.[15] Der Befund ist eindeutig: Vor dem Krieg dynamisches Wachstum der Außenwirtschaft, im Krieg Schrumpfung auf weniger als die Hälfte, in der Nachkriegszeit bis zur Weltwirtschaftskrise Rückkehr zu den Vorkriegswerten, danach Zusammenbruch der deutschen weltwirtschaftlichen Integration, die von der nationalsozialistischen Regierung durch ihre Autarkiestrategie freilich auch gezielt verstärkt wurde.[16] Die Exporte in den 1920er Jahren erreichten zwar schließlich in etwa das Vorkriegsniveau, 1929 wurden etwa neunzig Prozent erreicht, doch Deutschland lag im europäischen Vergleich damit weit abgeschlagen. Schlechtere Daten hatten allein Österreich und Großbritannien, während alle anderen Staaten das Vorkriegsniveau zum Teil deutlich übertrafen, die Niederlande um mehr als 70 Prozent, Frankreich um fast 50 Pro-

---

12 Knortz (2010): Wirtschaftsgeschichte, S. 100.
13 Petzina (1977): Zwischenkriegszeit, S. 187.
14 Ebd., S. 187.
15 Aldcroft (1978): Zwanziger Jahre, S. 345. Ferner Feinstein/Temin/Toniolo (1997): European Economy, S. 10.
16 Die deutschen Außenhandelsdaten jetzt im Überblick bei Hesse (2023): Exportweltmeister, die Daten S. 31.

zent und selbst Italien um mehr als zwanzig Prozent.[17] Insofern kann man es drehen und wenden, wie man will: eine deutsche Erfolgsgeschichte lässt sich aus den Außenhandelsdaten der 1920er Jahre nicht erkennen.

Auch wenn sich nach dem Krieg, namentlich während der irregulären ersten Jahre der Hyperinflation, der deutsche Außenhandel sukzessive erholte, das traditionelle Handelsbilanzdefizit kehrte gleichwohl wieder und hielt bis in die Weltwirtschaftskrise an, um nur in den ersten Jahren der Regierung Brüning einem kurzfristigen Exportüberschuss, allerdings auf niedrigem Gesamtniveau, Platz zu machen. Das Handelsbilanzdefizit konnte nach dem Krieg nun freilich nicht mehr durch die Erträge des Auslandsvermögens kompensiert werden, da dieses bis auf Reste verloren war. Statt eines umfangreichen Auslandsguthabens, das 1913 etwa 5 Mrd. Goldmark betragen hatte, hatte das Reich aufgrund der Reparationspolitik der Alliierten hingegen nunmehr umfängliche Auslandsschulden in einem Gesamtvolumen von etwa 130 Mrd. Goldmark[18], die zu jährlichen Reparationsleistungen seit 1924 in Höhe von etwa zwei Mrd. Goldmark verpflichteten. Das zwangsläufig entstehende gewaltige Kapitaldefizit ließ sich nur durch umfangreiche Kapitalimporte ausgleichen. Die Höhe dieser Kapitalimporte war beträchtlich; zwischen 1924 und 1929 erzielte Deutschland Kapitalzuflüsse in Höhe von 16,9 Mrd. Mark, mit denen es freilich nur so eben möglich war, das Handelsbilanzdefizit in Höhe von 7,8 Mrd. Mark und die Reparationsverpflichtung von 8,4 Mrd. Mark zu finanzieren.[19] Diese Konstellation wurde in Deutschland selbst als große Belastung empfunden und löste wiederholt schwere innenpolitische Krisen aus, doch gab es hierzu keine ernsthaften politischen Alternativen. Zwar forderte die Industrie wieder und wieder die Entlastung von Kosten und anderen Lasten, um sich auf den Weltmärkten besser behaupten und damit auch das Handelsbilanzdefizit verringern zu können, doch blieben diese Forderungen in der zweiten Hälfte der 1920er Jahre ohne große Wirkung.[20]

Massive Kapitalimporte waren mithin nahezu unvermeidlich; auf diese Weise wurde die Reparationsschuld zwar langsam abgetragen, aber faktisch durch den Aufbau einer entsprechenden Privatverschuldung im Ausland, namentlich den USA, ersetzt. Aber andere Auswege existierten nicht: Nicht zuletzt, weil man auf

---

17 Feinstein/Temin/Toniolo (1997): European Economy, S. 48.
18 Nach dem Londoner Ultimatum vom Mai 1921; unter dem Dawes-Plan war eine Summe nicht fixiert, sondern nur Annuitäten festgelegt, die von 2 Mrd. Reichsmark ausgehend entsprechend der wirtschaftlichen Situation ansteigen sollten. Eine feste Summe brachte dann erst der Young-Plan, nach dem Zahlungen in Höhe von 36 Mrd. Reichsmark in jährlichen Annuitäten bis 1988 zu zahlen waren, wodurch sich durch den Zinseszinseffekt eine Gesamtzahlungslast von etwa 112 Mrd. RM ergab. Das entsprach einer jährlichen Abgabe von 2,5 Prozent des Inlandsprodukts, 12 Prozent der Exporterlöse und 7,3 Prozent der öffentlichen Einnahmen; Gestrich (1930): Young-Plan.
19 Knortz (2010): Wirtschaftsgeschichte der Weimarer Republik, S. 109.
20 Werner Plumpe (2007): Reichsverband der Deutschen Industrie, S. 129–157.

diese Karte setzte, war es überhaupt möglich gewesen, die Hyperinflation zu beenden und Deutschland international wieder kreditfähig zu machen. Die mit dem Dawesplan[21] vereinbarte Bindung der Mark an das Gold zur Vorkriegsparität war dabei eine politische Konzession, die sich auch der Tatsache verdankte, dass bei einer stärkeren Abwertung der Mark, wie es Mitte der zwanziger Jahre mit dem französischen Franc erfolgte, die Reparationsschulden in Mark womöglich explodiert wären, ein Punkt, der auch später das Reich daran hinderte, an eine Änderung des Wechselkurses oder gar eine Aufgabe der Goldbindung zu denken. Die Wiederherstellung der Vorkriegsparität, aus reparationspolitischen Gründen kaum vermeidbar, erschwerte den Güterexport zusätzlich, der zuvor in der Inflation von der Mark-Schwäche stark profitiert und – nebenher – in zahlreichen Ländern Maßnahmen gegen vermeintliche oder wirkliche Dumpingexporte ausgelöst hatte.[22] Vor allem aber zwang die Bindung der Mark an den Goldstandard zur Vorkriegsparität das Reich zu einer Hochzinspolitik, um durch den so ermöglichten Zufluss von Gold und Devisen die Mark überhaupt im Goldstandard halten zu können. Der Preis dafür, das war schon den Zeitgenossen klar, war hoch, denn er wurde mit stark eingeschränkten wirtschaftspolitischen Spielräumen der jeweiligen Regierungen bezahlt.

In England hatte die Orientierung an der Vorkriegsparität ganz ähnliche Folgen, und auch dort brach ein großer Streit u. a. zwischen John M. Keynes und Winston Churchill über die Frage aus, ob ein derartiger Goldstandard im Interesse der englischen Wirtschaft liege.[23] Hohe Zinsen bedeuteten im Zweifelsfall harte Kreditrestriktionen und Konjunkturdämpfungen im Inland, die die strukturellen Probleme verschärften und die Industrie zu erheblichen Anstrengungen zwang, um ihre internationale Wettbewerbsfähigkeit zu behaupten oder überhaupt zu erreichen. Ohne eine derartige Parität, so das Argument der Befürworter, würde es nicht möglich sein, die zentrale Rolle des Finanzplatzes London in der globalen Finanzarchitektur zu behaupten. Die zuvor angesprochene Kritik etwa des Reichsverbands der Deutschen Industrie (RDI) an der Reparationspolitik und der damit erzwungenen Hochzinsstrategie der Reichsbank hatte hier einen wesentlichen Grund, aber das Beispiel Großbritannien zeigt, dass es bei einer entsprechenden Konstellation mit negativer Handelsbilanz und Leistungsbilanzdefiziten keineswegs der Reparationen bedurfte, um ein Land in die Schieflage zu bringen.[24] Auch Großbritannien blieb durchweg auf amerikanische Kredite angewiesen, die in anderen Fällen diese Bedeutung deshalb nicht erlangten, weil etwa Frankreich schließlich zu einem deutlich gesunke-

---

21 Zum Dawes-Plan Knortz (2010): Wirtschaftsgeschichte der Weimarer Republik, S. 105–112.
22 Findlay/O'Rourke (2007): Power and Plenty, S. 443–455.
23 Vgl. etwa Keynes (1925): The Economic Consequences of Mr. Churchill. Zum Kontext Eichengreen (1992): Golden Fetters. Siehe auch Feinstein/Temin/Toniolo (1997): European Economy, S. 45–51.
24 Zur britischen Wirtschaft in der Zwischenkriegszeit Brüggemeier (2010): Geschichte Großbritanniens. Detailliert Feinstein/Temin/Toniolo (1997): European Economy, S. 63–67.

nen Kurs in den Goldstandard zurückkehrte.²⁵ Die Folgen dieser Entscheidungen waren mithin überaus bedeutend. Die jeweilige Wirtschafts-, Finanz- und Handelspolitik befand sich in einem multiplen Dilemma, dem faktisch nicht zu entkommen war. Die eine Problemlösung war die Ursache der anderen Probleme. Eine Art entwicklungsfähiges Fließgleichgewicht zwischen den europäischen Volkswirtschaften war so unerreichbar; im Gegenteil war es nur eine Frage der Zeit, bis es zu einer wirklich schweren Krise kommen musste. Auch wenn es heute anderslautende Stimmen gibt²⁶, die Zeitgenossen waren da sehr viel nüchterner.²⁷

3 Multiples Ordnungsversagen

De facto gelang es nach dem Ersten Weltkrieg nicht, an die Arbeitsteilung der Vorkriegszeit so anzuknüpfen, dass der weltwirtschaftliche Austausch wieder zu einem, eventuell sogar dem dynamischen Faktor der Wirtschaftsentwicklung wurde, wie es vor dem Krieg der Fall gewesen war. Stattdessen waren die globalen Austauschbeziehungen der Jahre seit 1924 von großen Instabilitäten, politischen Konflikten und der Hypothek einer letztlich politisch nicht eingehegten internationalen Schuldenwirtschaft bestimmt. Das Bündel der Ursachen dieses Scheiterns ist vielfältig.²⁸ Es hat einerseits sehr viel mit der Angst insbesondere Frankreichs zu tun, eine rekonstruierte Weltwirtschaft würde vor allem Deutschland nutzen und ihm damit die Möglichkeit zu einer unter Umständen gewaltsamen Korrektur der Ergebnisse des Krieges geben, zumal die USA sehr rasch nach dem Ende des Krieges signalisierten, sich nicht für eine europäische Friedensordnung engagieren zu wollen. Den Versailler Vertrag unterzeichneten sie ebenso wenig wie sie später dem Völkerbund beitraten, und auch in der Frage der interalliierten Schulden zeigten die USA ihren ehemaligen Verbündeten wenig Entgegenkommen.²⁹ Dass Frankreich sich einem wiedererstarkenden Deutschland gegenüber allein sah, war mithin durchaus nachvollziehbar, seine Politik der nicht immer nur verhaltenen Blockade daher zumindest begrün-

---

25 Zu den Paritäten Feinstein/Temin/Toniolo (1997): European Economy, S. 46. Zur Vorkriegsparität kehrten neben Deutschland und Großbritannien nur die Niederlande und die skandinavischen Länder bis auf Finnland zurück, während Frankreich und Italien zwischen 20 und 30 Prozent abwerteten und sich so deutliche Wettbewerbsvorteile verschafften. Hierzu ebd., S. 68–71.
26 Tooze (2015): Sintflut. Tooze' Buch erinnert stark an Gerald Feldmans Bemerkung, die einzigen, die den Vertrag von Versailles nicht missglückt fanden, seien einige spätere Historiker; Vorwort zu Glaser-Schmidt/Feldman/Boemeke (1998): The Treaty of Versailles.
27 Siehe vor allem die Arbeiten von Felix Somary (1929): Wandlungen der Weltwirtschaft und Somary (1932): Die Ursachen der Krise, der als Schweizer Bankier nicht notwendig in dem Ruf steht, die Nachkriegsordnung aus politischen Gründen schlecht reden zu müssen.
28 Siehe hierzu den Überblick Hesse/Köster/Plumpe (2014): Große Depression, Kapitel 2.
29 Zur US-Politik in den 1920er Jahren vgl. Lindert (2000): US Foreign Trade and Trade Policy, S. 407–462.

det.³⁰ Dabei war es vor allem die Weigerung der USA, ihren bei ihnen hochverschuldeten europäischen Verbündeten in der Frage der interalliierten Schulden entgegenzukommen, die zusätzlich zur Frage der fehlenden Sicherheitsgarantien die europäischen Finanzverhältnisse destabilisierte. Die USA zwangen Großbritannien und versuchten es zumindest bei Frankreich, ihre Schulden einzutreiben, was diese über deutsche Reparationen zumindest auszugleichen trachteten. Die deutschen Kapitaldefizite wiederum glichen die USA durch kurzfristige Geldmarktkredite aus; von denen war ja bereits die Rede. Solange in Deutschland die Lage einigermaßen stabil und die Zinsen zumindest deutlich über dem amerikanischen/internationalen Niveau lagen, war das für amerikanische Banken ein lukratives Geschäft, doch es war klar, dass das Schuldenkarussell mit verheerenden Folgen zusammenbrechen musste, wenn die US-Banken nicht mehr zahlungswillig oder zahlungsfähig waren.³¹ Als 1928/29 die US-Regierung Goldabflüsse befürchtete und daher den Kapitalexport stoppte, kam er in der Tat zum Erliegen, was die deutsche und die englische Regierung mit großen Problemen konfrontierte, ihre Währungen im Goldstandard zu halten. Als 1931 der Bankensektor in Österreich und Deutschland in eine schwere Krise geriet, zogen die US-Banken ihre Kredite fast panikartig zunächst aus Deutschland ab, und, nachdem das Land zur Devisenzwangswirtschaft übergegangen war, wandten sie sich England zu, das darauf im September 1931 überstürzt den Goldstandard aufgab und sich hinter „imperial preferences" in eine eigene Währungszone zurückzog. Jetzt brach die Weltwirtschaft in der Tat zusammen.³²

Das nichtbewältigte Problem der internationalen Schulden und der nicht wirklich funktionierende Goldstandard als Währungsordnung waren indes nur eine Ursache des globalen Desasters, das sich 1931 voll entfaltete. Beide Problemlagen signalisierten freilich unmissverständlich, dass die mit Abstand führende Weltwirtschaftsnation, die USA, nicht bereit waren, eine zentrale Funktion bei der Restabilisierung der internationalen Arbeitsteilung zu übernehmen oder gar an die alte Rolle Großbritanniens anzuknüpfen, das die Aufgabe, Hüterin des Goldstandards zu sein, aktiv wahrgenommen hatte. Die USA zeigten vielmehr auch durch die Anhebung des Zollschutzes, die sie 1922 durchführten und danach in den gesamten zwanziger Jahren weiterverfolgten³³, dass sie vor allem am eigenen Erfolg interessiert waren und kein besonderes Interesse besaßen, die europäische Konkurrenz zu stabilisieren oder vor größeren Krisen zu schützen. Durch den Weltkrieg zum globalen Goldhort geworden – nach dem Krieg lagerten drei Viertel der weltweiten Goldvorräte in den

---

30 Zu Frankreich ausführlich Boyce (2009): The Great Interwar Crisis.
31 Zu den interalliierten Schulden Aldcroft (1978): Die zwanziger Jahre, S. 97–116. Zur Krisenanfälligkeit der internationalen Finanzbeziehungen siehe die aufschlussreichen zeitgenössischen Vorträge und Aufsätze von Somary (1929): Wandlungen der Weltwirtschaft; sowie Somary (1932): Die Ursachen der Krise.
32 Findlay/O'Ruorke (2007): Power and Plenty, S. 465–469.
33 Ebd., S. 446.

USA – verweigerten sich die USA in den 1920er Jahren dem internationalen Handelsaustausch, ließen ihre europäischen Schuldner zahlen, ohne ihnen zugleich ausreichend Möglichkeiten einzuräumen, die hierfür notwendigen Devisen im Export zu verdienen. Dass sich Länder wie Großbritannien und Deutschland nur mühsam und durch eine letztlich viel zu restriktive Zinspolitik, deren Untergrenze von 5 Prozent für Deutschland im Dawes-Plan übrigens festgelegt war, im Goldstandard halten konnten, störte nicht, im Gegenteil bot das europäische Zinsniveau amerikanischen Anlegern noch Anreize, vor allem durch kurzfristige Geldmarktkredite gut zu verdienen. Der Bankier Felix Somary wies bereits in den späten zwanziger Jahren wiederholt auf die toxische Konstellation hin, die hier entstanden war, obwohl sie bei einer ausgewogeneren Haltung der amerikanischen Regierung hätte vermieden werden können.[34]

Weitere Punkte, die sich nicht unbedingt politischem Fehlverhalten, sondern strukturellen Verschiebungen der Weltwirtschaft verdankten, kamen hinzu. Hierzu zählten zunächst die Folgen der agrarischen Überproduktion, die nach der Rückkehr Russlands in den internationalen Getreidehandel die Getreidepreise dauerhaft drückte und die globale Landwirtschaft schwer belastete.[35] Dazu zählten des Weiteren die Folgen der Importsubstitution, die in vielen Staaten als Reaktion auf die während des Krieges ausbleibenden Industrieexporte der europäischen Industriestaaten erfolgt waren, also etwa die Aufnahme der Farbstoffherstellung in Ländern, die eine derartige Produktion bisher nicht betrieben hatten und nun naheliegenderweise ihre jungen Industrien gegen die Rückkehr der vermeintlich übermächtigen deutschen Konkurrenz zu schützen suchten. Die Selbstversorgungsquoten mit Farbstoffen etwa stiegen in den USA, Großbritannien und Frankreich durch den Krieg und in den Jahren danach (inkl. der Produktion deutscher Tochtergesellschaften) von niedrigen 13 Prozent in den USA (Frankreich 75 Prozent, Großbritannien 30,5 Prozent) 1913 auf Werte über 100 Prozent Mitte der 1920er Jahre an, d. h. es existierten in diesem Marktsegment nun gewaltige Überkapazitäten. An eine Wiederherstellung der Arbeitsteilung vor 1913 war nicht zu denken; die Farbstoffkapazitäten der I. G. Farbenindustrie AG waren Mitte der 1920er Jahre nicht einmal zu 40 Prozent ausgelastet.[36] Ähnliche Überkapazitätsprobleme gab es im Bereich der Eisen- und Stahlindustrie, da alle am Krieg beteiligten Staaten ihre entsprechenden Kapazitäten deutlich erweitert hatten, die sie jetzt nicht mehr auslasten konnten.[37] Viele der durch die Pariser Vorortverträge gebildeten neuen Staaten im östlichen Mitteleuropa und in Südosteuropa suchten sich überdies durch Schutzzölle abzuschotten;

---

34 Somary (1929): Wandlungen der Weltwirtschaft.
35 Feinstein/Temin/Toniolo (1997): European Economy, S. 71–76.
36 Gottfried Plumpe (1990): I. G. Farbenindustrie AG, S. 114, 116.
37 Zur Eisen- und Stahlindustrie, namentlich zum starken Aufstieg der amerikanischen Hersteller und ihrer überaus protektionistischen Einstellung vgl. Möbius (2024): Vergleichen in der Konkurrenz.

die einst intensive Arbeitsteilung im Gebiet der früheren Donaumonarchie kam weitgehend zum Erliegen. Das Protektionsniveau stieg nach dem Krieg, trotz gegenteiliger Absichtserklärungen vieler Politiker, daher noch über das Niveau aus der Zeit vor dem Krieg an.[38]

Die Weltwirtschaft, wie sie es vor dem Krieg gegeben hatte, als vor allem Großbritannien im Zeichen des Freihandelsimperialismus eine offene internationale Ordnung und ein leistungsfähiges Währungssystem garantiert hatte, kehrte nach 1918 nicht zurück. Quinn Slobodians Untersuchungen zur Geschichte des Neoliberalismus, dessen Entstehen er in dieser Konstellation verortet, sind überaus einschlägig, versuchten doch jene Theoretiker, die hinter den ersten neoliberalen Überlegungen standen, eine Antwort auf die Frage zu finden, wie sich der Ausfall der bisherigen Ordnung im Interesse einer Wiederherstellung prosperierender Weltmärkte durch funktionale Äquivalente kompensieren lasse, die gerade nicht mehr auf der ordnungsstiftenden Bedeutung einer einzelnen Macht oder einer bestimmten Mächtekonstellation beruhten, die mit dem Krieg definitiv untergegangen waren. Ihre Hoffnungen ruhten schließlich auf der Idee des Völkerbundes und der mit ihm verbundenen freiwilligen Selbstregulierung der an der Weltwirtschaft beteiligten Staaten mit dem Ziel, einen möglichst freien Fluss von Gütern, Dienstleistungen und Kapital zu garantieren.[39] Der Versuch, über den Völkerbund zu einer Neuregelung der Weltwirtschaft zu gelangen, scheiterte bekanntlich ebenso wie die Wiederherstellung des Goldstandards letztlich an den unterschiedlichen politischen Interessen und Befürchtungen der beteiligten Staaten, die sich auf keine Ordnung einlassen wollten, die potentielle Gegner begünstigte und die eigene Position nicht stärkte. Der Konflikt war im Kern politisch, aber er lag in einer ökonomischen Gemengelage, die in der Tat überaus kompliziert war. Da diese Situation zudem wiederholt von schweren zyklischen und strukturellen Krisenmomenten belastet wurde, war das schließliche Auseinanderbrechen der Weltwirtschaft 1931 nicht einmal wirklich überraschend, auch wenn den meisten Beteiligten wohl klar war, dass die Flucht in eine Politik des „beggar-thy-neighbour" nichts Gutes nach sich ziehen würde.

Quellen- und Literaturverzeichnis

Aldcroft, Derek H.: Geschichte der Weltwirtschaft im 20. Jahrhundert. Bd. 3: Die zwanziger Jahre. Von Versailles zur Wallstreet 1919–1929, München 1978.
Boyce, Robert: The Great Interwar Crisis and the Collapse of Glabalization, London 2009.
Brüggemeier, Franz-Josef: Geschichte Großbritanniens im 20. Jahrhundert, München 2010.

---

38 Zu den Zollsätzen Findlay/O'Rourke (2007): Power and Plenty, S. 444 f.
39 Slobodian (2019): Globalisten, v. a. Kapitel 1.

Eichengreen, Barry: Golden Fetters. The Gold Standard and the Great Depression, 1919–1939, New York 1992.

Feinstein, Charles H./Temin, Peter/Toniolo, Gianni: The European Economy between the Wars, Oxford 1997.

Findlay, Ronald/O'Ruorke, Kevin H.: Power and Plenty. Trade, War, and the World Economy in the Second Millenium, Princeton 2007.

Fischer, Wolfram: Die Weltwirtschaft im 20. Jahrhundert, Göttingen 1979.

Gestrich, Hans: Der Young-Plan. Inhalt und Wirkung, Leipzig 1930.

Glaser-Schmidt, Elisabeth/Feldman, Gerald/Boemeke, Manfred F. (Hrsg.): The Treaty of Versailles. A Reassessment after 75 years, Cambridge 1998.

Hardach, Gerd: Geschichte der Weltwirtschaft im 20. Jahrhundert. Bd. 2: Der Erste Weltkrieg 1914–1918, München 1973.

Hesse, Jan-Otmar: Exportweltmeister. Geschichte einer deutschen Obsession, Berlin 2023.

Hesse, Jan-Otmar/Köster, Roman/Plumpe, Werner: Die Große Depression. Die Weltwirtschaftskrise 1929–1939, Frankfurt am Main 2014.

Keynes, John M.: The Economic Consequences of Mr. Churchill, London 1925.

Knortz, Heike: Wirtschaftsgeschichte der Weimarer Republik. Eine Einführung in Ökonomie und Gesellschaft der ersten Deutschen Republik, Göttingen 2010.

Lindert, Peter H.: U.S. Foreign Trade and Trade Policy in the Twentieth Century. In: Engerman, Stanley L./Gallman, Robert E. (Hrsg.): The Cambridge Economic History of the United States, Bd. 3: The Twentieth Century, Cambridge 2000, S. 407–462.

Mitchell, Brian R.: European Historical Statistics 1750–1975, London 1980.

Möbius, Torben: Vergleichen in der Konkurrenz. Transnationale Vergleichspraktiken der deutschen und der US-amerikanischen Eisen- und Stahlindustrie (1870–1940), Göttingen 2024.

Petzina, Dietmar: Die deutsche Wirtschaft in der Zwischenkriegszeit, Wiesbaden 1977.

Plumpe, Gottfried: Die I. G. Farbenindustrie AG. Wirtschaft, Technik, Politik 1904–1945, Berlin 1990.

Plumpe, Werner: Der Reichsverband der Deutschen Industrie und die Krise der Weimarer Wirtschaft. In: Wirsching, Andreas (Hrsg.): Herausforderungen der parlamentarischen Demokratie. Die Weimarer Republik im europäischen Vergleich, München 2007, S. 129–157.

Scholtyseck, Joachim: Ein transatlantischer Wirtschaftskrieg im globalen Wettstreit. Ein neuer Blick auf den Alien Property Custodian der USA im Ersten Weltkrieg und in der Nachkriegszeit. In: Ziegler, Dieter/Hesse, Jan-Otmar (Hrsg.): 1919 – Der Versailler Vertrag und die deutschen Unternehmen, Berlin 2022, S. 285–309.

Slobodian, Quinn: Globalisten. Das Ende der Imperien und die Geburt des Neoliberalismus, Berlin 2019.

Somary, Felix: Wandlungen der Weltwirtschaft seit dem Kriege, Tübingen 1929.

Somary, Felix: Die Ursachen der Krise, Tübingen 1932.

Tooze, Adam: Sintflut. Die Neuordnung der Welt 1916–1931, München 2015.

Torp, Cornelius: Die Herausforderung der Globalisierung. Wirtschaft und Politik in Deutschland 1860–1914, Göttingen 2005.

Zur Person: Plumpe, Werner, Prof. Dr. phil., Professor i. R. für Wirtschafts- und Sozialgeschichte an der Goethe-Universität Frankfurt am Main.

Politik der Unpolitischen

Zur katholischen Liturgischen Bewegung in der Weimarer Republik

Von Julie Adamik

Weimarer Schriften zur Republik – Band 27

Mit ihrem Werk *Politik der Unpolitischen* wirft Julie Adamik ein neues Licht auf die bislang traditionsgeschichtlich basierte Erforschung der Liturgischen Bewegung in der Weimarer Republik, indem sie die vernachlässigte politische Dimension dieser scheinbar unpolitischen Reformbewegung herausarbeitet. Der geschichtswissenschaftliche Ansatz und die damit verbundene umfassende Analyse der Quellen zeigen die komplexen Interaktionen zwischen den vier liturgisch bewegten Akteuren Romano Guardini, Abt Ildefons Herwegen, Abt Albert Schmitt sowie Theodor Abele und politischen Kontexten der Weimarer Republik. Dabei wird das Phänomen einer Politik der Unpolitischen untersucht, das sich im Kontext der Liturgischen Bewegung als destabilisierender Faktor der Weimarer Republik erweist.
Das Buch bietet damit nicht nur neue Einblicke in das Selbstverständnis der Liturgischen Bewegung, sondern eröffnet darüber hinaus innovative Zugänge zu den Verflechtungen zwischen Religion und Politik.

Die Autorin

Julie Adamik absolvierte von 2012 bis 2018 ein Lehramtsstudium an der Universität Paderborn mit der Spezialisierung auf die Fächer Katholische Theologie und Spanisch, das sie mit dem Master of Education erfolgreich abschloss. Seit April 2023 ist Adamik als wissenschaftliche Mitarbeiterin am Lehrstuhl für Kirchen- und Religionsgeschichte tätig und promovierte im Mai 2024 ebenda. Ihre Forschungsschwerpunkte sind der politische Katholizismus, die Weimarer Republik, Reformbewegungen, die katholische Jugendbewegung und die Liturgische Bewegung.

Franz Steiner Verlag
2025
308 Seiten
978-3-515-13804-8 Gebunden
978-3-515-13808-6 Open Access E-Book

Bitte bestellen Sie bei:
service@steiner-verlag.de

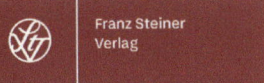

Universität und Gewalt

Akademisch-militärische Kooperationen in Welt- und Nachkrieg 1914–1921

Florian J. Schreiner

Weimarer Schriften zur Republik – Band 24

Der Erste Weltkrieg stellte die deutschen Universitäten vor bis dahin ungekannte Herausforderungen – organisatorisch, personell, wissenschaftlich und politisch. Zwischenzeitlich waren 90 Prozent aller Studenten des Deutschen Reichs zum Kriegsdienst eingezogen. Anhand der akademisch-militärischen Zusammenarbeit der Universitäten im Welt- und Nachkrieg wird deutlich, wie eng Hochschulen und Militär spätestens seit 1914 vernetzt waren – und es auch über das Kriegsende hinaus blieben.

Die anfänglich große Kriegsbegeisterung und die hohen Opferzahlen unter den Universitäten und ihren Studenten begründeten im November 1914 den „Mythos von Langemarck", eine verklärte Heldensage, die sich die Universitäten weit über das Kriegsende hinaus zu eigen machten. Die Niederlage von 1918 erlebten Studenten und Dozenten meist als Zusammenbruch der eigenen Ideale. Bei ihrem fortgesetzten Kampf im blutigen Nachkrieg der frühen Weimarer Republik folgten die Universitäten einem „Primat des Militärs" und wurden zu einer verlässlichen, antirevolutionären Rekrutierungsquelle für Freikorps, Zeitfreiwilligenverbände und Reichswehr.

Florian Schreiner geht der spannenden Frage nach, welche militärische Rolle den Universitäten vor, während und nach der Geburtsstunde der ersten deutschen Demokratie zukommt.

Der Autor

Florian J. Schreiner ist Referent beim Deutschen Militärischen Vertreter im Militärausschuss der NATO und der EU in Brüssel. Seine wissenschaftlichen Schwerpunkte sind Militär- und Kulturgeschichte der Gewalt in der Weimarer Republik.

Franz Steiner Verlag
2024
320 Seiten
3 farb. Abb., 4 Tab.
978-3-515-13693-8 Gebunden
978-3-515-13696-9 E-Book

Bitte bestellen Sie bei:
service@steiner-verlag.de

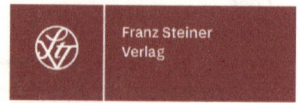